उमराउकोश

संपादन

लक्ष्मीधर मालवीय

आदित्य प्रकाशन
नई दिल्ली

तारा को

उसके द्वारा अधूरे छोड़े हुए को पूरा कर!

पिता की ओर से!

उमराउकोश

प्रथम संस्करण २०१०
ISBN : 978-81-7742-097-5

आवरण
नीलगाँव प्रति का प्रथम पृष्ठ

प्रकाशक
आदित्य प्रकाशन,
२ /१८, अंसारी रोड,
नई दिल्ली - ११०००२
www.adityaprakashan.com

मुद्रक
D. K. Fine Arts Press Pvt. Ltd.,
Delhi-110052

मूल्य
रू ४९५

UMRAUKOSHA
(Ed :) Lakshmidhar Malaviya
Price : Rs. 495

अनुक्रमणिका

——— ० ———

सहायक ग्रंथ सूची तथा संक्षेप चिह्न

अप० : अपभ्रंश।

अप०कोश० : अपभ्रंश-हिंदी कोश; डॉ नरेश कुमार, इंडो-विज़न प्रा० लि०, गाज़ियाबाद, १९८७।

अमर० : देवकोश अर्थात् अमरकोश; देवदत्त तिवारी, प्रथम संस्करण, १८७९। (तथा 'अमरोकोश' के अन्य संस्करण।)

अमर० : 'अमरकोश' का संक्षेप।

अमरकोष भाषा : रतलाम निवासी महंत चतुरदास, (रचनाकाल 'युग रस वसु अरु निसापति' अर्थात् संवत् १८६४ - सन् १८०८); मुंशी नवलकिशोर प्रेस, लखनऊ; तीसरा संस्करण सन् १९०५।

आप्टे० : संस्कृत-हिंदी कोश; वामन शिवराम आप्टे, मोतीलाल बनारसीदास पब्लिशर्स, दिल्ली, १९९६।

उम० : 'उमराउकोश' का संक्षेप।

उर्दू० : उर्दू-हिंदी शब्दकोश; मुहम्मद मुस्तफ़ा ख़ाँ 'मद्दाह', हिन्दी समिति, लखनऊ, १९७२।

उर्वशीनाममाला : शिरोमणि मिश्र (शाहजहाँ के आश्रित); रचनाकाल सं० १६८२। प्रति सं० १८६५। ब्रिटिश लाइब्रेरी, लंडन। Add. 2536 (i)

कबीर० : कबीर कोश; (सं०) आचार्य परशुराम चतुर्वेदी (आदि); स्मृति प्रकाशन, इलाहाबाद, १९७३।

कविता कौमुदी : (सं०) रामनरेश त्रिपाठी; हिंदी मंदिर, इलाहाबाद, १९२९।

गीत० : गीतगोविंद, जयदेव; वाणी प्रकाशन, दिल्ली।

छ०प्र० : छंदःप्रभाकर; जगन्नाथप्रसाद 'भानु', जगन्नाथ प्रेस, विलासपुर १९३९।

जय० : जयसिंहविनोद, देव।

झा० : 'अमरकोश' के संपादक, पं० विश्वनाथ झा।

ति० : 'अमरकोश' के संपादक, पं० देवदत्त तिवारी।

तु० : तुलना करें।

तुलसी० : तुलसी-शब्दसागर, भोलानाथ तिवारी, हिंदुस्तानी एकेडमी, इलाहाबाद, प्रथम संस्करण।

दे० : देखिए।

दे०ना०मा० : Desinamamala Of Hemachandra; By R. Pischel. Second Edition, Bhandarkar Oriental Research Institute, Poona, 1989।

दे०सं०ग्र० : देव संपूर्ण ग्रंथावली; खंड १, २ और ३; लक्ष्मीधर मालवीय; आदित्य प्रकाशन, नई दिल्ली, २००२।

नामलिङ्गानुशासनम् : दो खंडों में (सं०) एन्० पी० उण्णी; न्यू भारतीय बुक कार्पोरेशन, दिल्ली, २००८।

नाममाला : नंददास; प्रति सं० १७५२। वेलकम इंस्टीट्यूट, लंडन। WH Indic 426.

पदमावत : वासुदेवशरण अग्रवाल, साहित्य सदन, झाँसी, १९९८।

पाइअ० : पाइअ सद्द महण्णओ, पं० हरगोविन्ददास त्रिक्रमचंद सेठ, प्राकृत टेक्स्ट सोसाइटी, वाराणसी १९६३।

पिंगल० : उमराउ पिंगल। सम्मेलन संग्रह ८३५२ । ४७३७। (गधौली प्रति) पृ० १२७ [सन् १८९०]

पु० : पुंलिंग।

प्रा० : प्राकृत।

فرہنگ آصفیہ : देहली, १९७४।

फ़ा० : फ़ारसी।

बि०स० : बिहारीदास की सतसई; खंड १, २ और ३; लक्ष्मीधर मालवीय; आदित्य प्रकाशन, नई दिल्ली, २००८।

भागवत० : श्रीमद्भागवतपुराणम् : आचार्य जगदीशलाल शास्त्री; मोतीलाल बनारसीदास, दिल्ली, १९८८।

भारतीय० : भारतीय पक्षी; सुरेश सिंह; उत्तर प्रदेश हिंदी संस्थान, लखनऊ, १९९२।

مہذب اللغات : सैयद एजाज़ हसन लखनवी, लखनऊ।

मानक० : मानक हिंदी कोश; (सं०) रामचंद्र वर्मा, हिंदी साहित्य सम्मेलन, प्रयाग, १९९१।

शब्दसागर : हिंदी शब्दसागर (सं०) श्यामसुंदरदास, नागरीप्रचारिणी सभा, वाराणसी १९७१।
श्रीपति० : श्रीपति मिश्र ग्रंथावली; (सं०) लक्ष्मीधर मालवीय; आदित्य प्रकाशन, नई दिल्ली, १९९९।
सं० : संस्कृत; संवत्; संपादक।
संक्षिप्त० : हस्तलिखित हिंदी पुस्तकों का संक्षिप्त विवरण, भाग १-२, नागरीप्रचारिणि सभा, वाराणसी, प्रथम संस्करण, सं० २०२१।
सुमन० : कृषक जीवन संबंधी ब्रजभाषा शब्दावली, भाग १ - २, डॉ अंबाप्रसाद 'सुमन'; हिंदुस्तानी एकेडेमी, इलाहाबाद। प्रथम संस्करण १९६०।
सूर० : सूर शब्द-सागर; (सं०) डॉ हरदेव बाहरी, स्मृति प्रकाशन, इलाहाबाद, १९८१।
हलायुध० : हलायुधकोश; (सं०) जयशंकरजोशी, उत्तर प्रदेश हिंदी संस्थान, लखनऊ, तृतीय संस्करण १९९३।
हिंदी-जापानी शब्दकोश : कोगा कत्सुरो - ताकाहाशि अकिरा; ताइश्यूकान शोतेन, तोक्यो, २००५।
हिंदी मुहावरे : प्रतिभा अग्रवाल; कलकत्ता विश्वविद्यालय, कलकात्ता।
हिंदी साहित्य कोश : (सं०) डॉ धीरेंद्र वर्मा (आदि), ज्ञानमंडल, वाराणसी, १९५८।

Fallon : NEW HINDUSTANI ENGLISH DICTIONARY; S.W. Fallon, AES Reprint 1989.
Hobson-Jobson : Col. Henry Yule etc.; Munshiram Manoharlal, New Delhi, 1979.
MMW : SAMSKRIT-ENGLISH DICTIONARY; Sir M. Monier-Williams, Oxford 1960; and over the Internet.
Platts : A DICTIONARY OF URDU, CLASSSICAL HINDI AND ENGLSIH. John T. Platts, Oxford. 1965; and over the Internet.
Steingass : A COMPREHENSIVE PERSIAN-ENGLISH DICTIONARY, F. Steingass, Asian Educational Services, New Delhi. 1992; and over the Internet.
Turner : A COMPARATIVE DICTIONARY OF THE INDO-ARYAN LANGUAGES. R. L. Turner, Oxford University Press, London. 1989
Webster Webster's Third New International Dictionary. Over the Internet.

? : पाठ अथवा पाठांतर के बीच '?', संदिग्ध या अस्पष्ट वर्ण या पद।
संस्कृत के ग्रंथों से दिए गए उद्धरणों में स्थलनिर्देश सर्ग, अध्याय तथा छंद के क्रम से है।

आभार

मेरी छोटी बेटी गौरी ने **उमराउकोश** की पोथी का पुनरुद्धार कर उसे जापान भेजा। यह हस्तलेख तो बनारस में पड़ा रहा, बारह वर्ष, मगर भारत कलाभवन में जमा न कराया जा सका! मुझे कविवर देव की पंक्ति स्मरण आती है, 'हौ सु कहू नहि राषि सकी सु कहू सुनि तैही परोसिनि पाल्यो!' इस समय वह पांडुलिपि लंडन की ब्रिटिश लाइब्रेरी के संग्रह में है। इसके ऊपर भी गौरा ने **पिंगल** आदि बीसियों हस्तलेख भारत में जुटाकर मुझे जापान में उपलब्ध कराए हैं। मुझे योग्य बनाने में, मेरी माता के बाद, मेरी इस बेटी का स्थान है!

इस कोश में वनस्पति विज्ञान और जीव विज्ञान विषयों के बहुत सारे शब्द हैं। जहाँ तक मुझसे बन पड़ा, उन प्राचीन शब्दों के आधुनिक वैज्ञानिक प्रतिशब्द मैंने इधर-उधर से संकलित किए। श्री अजय सक्सेना भारतीय वन विभाग में उच्च पदाधिकारी हैं। इन दोनों क्षेत्रों में उनकी गहरी रुचि भी होने से उन्होंने आवश्यकता होने पर मेरी बड़ी सहायता की। दैव संयोग से वह मेरे बड़े दौहित्र के पिता भी हैं। उन्हें साशीष आभार।

रायपुर निवासी डॉ० पंकज ओढिया [1] ने उड़ीसा के आदिवासी क्षेत्रों की जड़ी-बूटियों का गहरा अध्ययन कर उसके संरक्षण और प्रचार पर महत्वपूर्ण काम कर उसे इंटरनेट पर सर्वजन सुलभ किया है। कदाचित् वह उसी क्षेत्र के मूल निवासी भी हैं।

इस कोश के संपादन में देवदत्त तिवारी के **देवकोश** नामक संस्करण से मुझे बड़ी भारी सहायता मिली। तिवारी जी सन् १८७५ के आसपास बरेली कालेज में संस्कृत के अध्यापक थे। निवासी वह कहाँ के थे, इसका पता मैं न लगा पाया। भाषा बोली से लगते तो वह उसी सीतापुर क्षेत्र के हैं, जहाँ के **उमराउकोश** रचयिता सुवंश थे। दिवंगत तिवारी जी के प्रति हार्दिक आभार प्रगट करता हूँ।

एक और व्यक्ति का विशेष रूप से आभारी हूँ। मेरी आँख बचपन से बहुत कमज़ोर रही है। इधर वार्धक्य से और भी! पिछले वर्षों में तो कोश - विशेषतः उर्दू-फ़ारसी के शब्दकोश - पढ़ना मेरे लिए दूभर हो गया था! यह संपादन भी बीच में छोड़ देने की नौबत आ गई थी। क्योतो ज़िले में नान्तान अस्पताल में नेत्र विशेषज्ञ 伴由利子先生 (डॉ० बान् युरिको) ने मेरी आँख का ऑपरेशन कर मुझे यह कार्य पूरा करने योग्य बनाया। दिन में इतना स्वच्छ, इतना नीला, और रात्रि में छोटे-बड़े ग्रह-नक्षत्रों से अटा हुआ आकाश मैंने जीवन में पहली बार देखा, उनकी अनुकंपा से! इस अति मृदु तथा शालीन जापानी महिला को इस पुस्तक की एक प्रकाशित प्रति भेंट करने की मेरी बड़ी इच्छा है।

आभारी हूँ चिरंजीव श्री आदित्य गोयल का। आदित्य प्रकाशन ही ने मेरे द्वारा संपादित कवि देवदत्त तथा श्रीपति मिश्र की ग्रंथावलियों और बिहारीदास की **सतसई** का प्रकाशन किया है - आदित्य जी साग्रह मुझसे लेकर इस कोश का प्रकाशन कर रहे हैं। उन्हें हार्दिक धन्यवाद तथा आशीष।

हिंदी भाषा साहित्य में नया जोड़ने की प्रतीक्षा में अपार सामग्री है - मगर इस भाषा के सैकड़ों शब्द प्रति दिन मरते जा रहे हैं! अभी ही यह संसार की दूसरी भारी जनसंख्या की भाषा होते हुए भी थोथा चना के समान है! इसका भारी दंड हिंदी भाषी उत्तर भारत का आर्थिक, राजनैतिक, सांस्कृतिक - शतमुखी पतन - हमारे सामने है, भविष्य की तो सोचने का भी साहस नहीं होता!

जनवरी १, २०१०

लक्ष्मीधर मालवीय

3-124 Takahashi, Sengahata
Hatano-cho, Kameoka
Kyoto Pref. JAPAN 621-0261

*

[1] pankajoudiya@usa.net

भूमिका

अब से पचास वर्ष पहले की बात है, सन् ५६ में मैं कवि देव के लक्षण ग्रंथों के पाठ संपादन के निमित्त उनके हस्तलेखों का संग्रह कर रहा था। सभा की खोज रिपोर्ट में ज़िला सीतापुर के एक पुराने ताल्लुकेदार ललिताबख्श सिंह के संग्रह में देव कृतियों के एकाधिक हस्तलेख होने का उल्लेख पाकर मैं वहाँ गया। उनके खंडहर 'महल' के एक बंद कमरे के भीतर एक सड़े हुए काठ के संदूक से मैं ३०-३५ पोथियाँ निकालकर ले आया था – उसमें से समुधृत पहला हस्तलेख था, 'उमराउकोश'!

सन् ६६ में मैं जापान चला आया। संगृहीत पोथियाँ मैं देश से बाहर न करना चाहता था, वहीं अपने घर में सहेजकर रख आया। यहाँ विश्वविद्यालय में २५ वर्ष अध्यापन कार्यकाल पूराकर देव संपूर्ण ग्रंथावली के संपादन में लगा। सन् २००० में इसे पूरा कर बिहारी सतसई के पाठ संशोधन में हाथ लगाया।

मेरी सबसे छोटी बेटी तारा की माता जन्मना जापानी है, सो तारा की मातृभाषा भी जापानी। तारा ने ओसाका विदेशी भाषा विश्वविद्यालय में दाख़िला लिया – उसी विश्वविद्यालय में, जहाँ मैं २५ वर्ष पढ़ाकर मुक्त हुआ था – और उसने चुनी पितृभाषा, हिंदी।

तारा को घर पर मैं हिंदी पढ़ाता था। भाषा में उसकी सहज गति है। छह माह भी न बीते होंगे कि हिंदी वह बेहिचक बोलने लगी! सुनने वाला कोइ दूसरा हो तो उसकी पटुता के आगे पहचान भी न पाए कि तारा मूलतः जापानी भाषी है!

मुझे अब भी प्रत्यक्ष-सा दिखलाई देता है, वह विश्वविद्यालय में दूसरे वर्ष की कक्षा में थी, मुझसे वह हज़ारीप्रसाद द्विवेदी का उपन्यास **बाणभट्ट की आत्मकथा** पढ़ती थी। एक बार प्रसिद्ध खगोल शास्त्री डॉ० जयंत विष्णु नार्लीकर जापान आए थे, मैं उनसे भेंट करने गया था। तारा साथ में थी। किसी प्रसंग में वरीयता की बात चली तो मैंने तारा से मनुस्मृति का श्लोक, **वित्तं बन्धु वयः कर्म** सुनाने को कहा। तारा का शुद्ध उच्चारण वाचन सुनकर जयंत जी मुग्ध हो गए। स्वयं तारा की आकांक्षा अध्यापक की वृत्ति चुनने की थी – अर्थात् जापान के इने-गिने विश्वविद्यालयों में से किसी एक में। इसे ध्यान में रखते हुए मैं उसे असामान्य रूप से तैयार करना चाहता था। मैंने उसे अपने संग्रह की उम० पोथी उसका पाठ कंप्यूटर में भरने को दी। तारा ने बड़ा श्रम और समय लगाकर पूरा पाठ कंप्यूटर में भरा।

अपने जीवन में मैंने अपनी पहुँच से थोड़ा बाहर अपनी आकांक्षा का लक्ष्य चुना है। मैं तो मन के लड्डू खा रहा था कि तारा स्नातक होने के बाद उसी विश्वविद्यालय में अध्यापकी करने का प्रस्ताव उधर से किए जाने पर नम्रतापूर्वक अस्वीकार कर दे – **उमराउकोश** (इसके आगे उम०) का संपादन किए हुए युवा अध्येता को लंडन या शिकागो जैसे विश्वविद्यालय से आमंत्रित किया जाए तब तो कोई बात हुई!

तारा विश्वविद्यालय में अंतिम वर्ष में थी कि एक दिन उसने मुझे अपना निर्णय कह सुनाया कि उसका लक्ष्य बदल गया है और वह हिंदी का अध्ययन छोड़ रही है। उम० का पाठ जिन फ़्लॉपियों में उसने भरा था, वे फ़्लॉपियाँ तथा अन्य सामग्री भी उसने मुझे लौटा दी। माता हो या पिता, उनका अपनी महदाकांक्षा को संतान पर बलात् थोपना मैं अनुचित मानता हूँ। मैंने इतना ही कहा कि हिंदी का अध्ययन एक बार छोड़ने के बाद तुम हिंदी के निकट दोबारा फिर कभी न आ सकोगी। गुण कहें या दोष, टेकी स्वभाव मुझे माता-पिता, दोनों पक्षों से मिला है! मेरी बेटी ने मेरे द्वारा उसे सौंपा गया जो काम अधूरा छोड़ दिया, उसे मैं पूरा कर, उसी को भेंट कर रहा हूँ! संयोग की बात है, उम० के दोनों हस्तलेख तारा की बड़ी बहिन गौरा ने जापान भेजा था! सम्मेलन वाली प्रति के लिए मेरे बार-बार के तगादे से तंग आकर उसने मुझे लिखा, "पापा, अगर तुम्हारा काम होता तो मैं मना कर देती, पर काम तारा का होने से मैं नहीं टाल सकती।"

सतसई का संपादन पूरा हुआ, मैंने अपनी देह के भीतर टटोलने पर पाया कि अभी थोड़ा तेल-बाती बच रहे हैं। कोई १८ वर्ष बाद मैंने उम० निकालकर देखा। भाषा का इतना अधिक व्यापक विशाल कोश, और अब तक उपेक्षित पड़ा है! उसके विषय वर्गीकरण पर ध्यान गया – लगा, इसे तो मैं कहीं देख चुका हूँ! कहाँ? संयोग से

मेरे संग्रह में संस्कृत 'अमरकोश' (इसके आगे **अमर०**) के दो प्रकाशित संस्करण थे। उनसे मिलान किया तो पता चला उम० तो **अमर०** का सुवंश शुक्ल द्वारा किया हुआ भाषा अनुवाद है! (रचनाकाल सन् १८०७।)

सुवंश शुक्ल "बिसवाँ (सीतापुर) निवासी। राजा उमराव सिंह और सूबा सिंह के आश्रित।" [2] बिसवाँ ज़िला सीतापुर में, राष्ट्रीय मार्ग २४ पर, नीलगाँव तथा सिधौली के अति निकट है।

अमर० (लगभग सन् ३८०) विक्रमादित्य के नवरत्नों में से एक अमरसिंह की विश्वप्रसिद्ध कृति है। यहाँ यह ध्यान में रखना आवश्यक है कि नाम में 'कोश' होने पर भी यह सामान्य अर्थ में शब्दकोश न होकर विषय क्रम से, पर्यायवाची शब्दों का 'लिंगानुशासन', अर्थात् संस्कृत व्याकरण के अनुसार वह पद किस लिंग का है, इसका व्याख्यान है। बड़े पुराने समय से संस्कृत में इस ग्रंथ पर टीकाएँ लिखी जाती रही हैं; भारत की विविध भाषाओं में से प्रत्येक में इसकी एकाधिक टीकाएँ मिलती हैं – आध दर्जन तो बँगला ही में हैं! [3] इस कोश की इतनी व्यापक लोकप्रियता का कारण इसकी सर्वांग पूर्णता है। तभी तो संस्कृत के मेदिनीकोश आदि दूसरे तमाम कोशों के ऊपर **अमर०** का प्रचार हुआ है।

अमर० का मात्र अनुवाद न होकर उम० संस्कृत मूल का परिवर्धित ही नहीं परिष्कृत संस्करण है। एक तो **अमर०** की रचना के बाद लगभग एक हज़ार वर्षों के बीच प्रचलित हुए संस्कृत भाषा के बहुत सारे शब्द उम० में संकलित किए गए हैं।

अशन [२-९-१११] (अर्थात् खाना) जैसा प्रचलित शब्द (अन्न प्राशन) **अमर०** में नहीं है। आँवला का पर्याय धात्री [२-४-९६] **अमर०** में नहीं। चविक, चाव्य तथा चाव [२-४-१६३] ये नाम **अमर०** में नहीं मिलते। क्रमशः छिपकली और गिरगिट के पर्याय पल्ली और गिरदान [२-५-१७] **अमर०** में नहीं संकलित हुए हैं। नेत्र के लिए अंबक [२-६-१४५] जैसा बहु प्रसिद्ध पर्याय भी **अमर०** में नहीं! सौ से ऊपर ऐसे पद होंगे, जो उम० में **अमर०** से अधिक हैं!

बहुत से शब्द फ़ारसी-अरबी के हैं, जो मुस्लिम काल में प्रचलित हुए। जैसे 'ए षट नाम कपूर कहरुवा [२-६-२०३]' कहरुबा **[फ़ा०]** کہربا attracting straws, i.e., amber. **Steingass** 1066. **अमर०** में नहीं है। बखतर [२-८-११०] بکتر। खाखतूदा [२-८-१४७] तीरंदाज़ी के लिए बनाए गए मिट्टी के ढेर के अर्थ में फ़ारसी خاک توده का रूपांतर है – वह भी 'शराभ्यास' और 'उपासन' जैसे संस्कृत तद्रूप शब्दों के आगे! [4] इतना ही नहीं, उम० में भाषा के बहुतेरे ऐसे पद हैं जो कवि सुवंश के समय में प्रचलित थे, आज खड़ी बोली हिंदी में नहीं पाए जाते। 'कासिद के ए नाम त्रै जानि लीजिए मित्र [२-८-१२४]' 'क़ासिद,' **قاصد** पत्रवाहक के अर्थ में ठेठ अरबी का शब्द है! (हलकारा - ति०।)

गलफर : कहत नाम यह सृक्किणी गलफर को बुधिवान [२-६-१४४] 'गलफर' पुरानी हिंदी में है - **گلپھڑ** [gal + phara=phata, fr. phatna,] The jaw; corner (of the mouth.) **Platts** p. 912. गलफड़ = गालों के दोनों ओर का वह मांस जो दोनों जबड़ों के बीच में होता है। गाल का चमड़ा। **शब्दसागर** पृ० १२४९। क्षौम और भंगरादिक जानि [२-६-१७७] भंगरादिक = بھنگیلا भंगेला coarse hempen cloth; sacking (made of the fibers of hemp); sack or pannier (made of hemp). **Platts** p. 193. بھنگیلا भँगेला Hempen cloth for wear or for sacks; sacks made of hemp. **Fallon** p. 302. भँगेला - भाँग की छाल का बना हुआ कपड़ा। भँगेरा। भँगरा। **शब्दसागर** पृ० ३५९८। **अमर०** में नहीं! तरुवा [२-६-१४३]। तारू - ति०; تارو = taru - **Platts** p. 305. को छोड़ **शब्दसागर** आदि में नहीं मिलता।

सुवंश ने उम० में **अमर०** का परिष्कार-परिवर्धन भी किया है, संस्कृत के ऊपर भाषा के पदों को सम्मिलित कर। उदा० **अमर०** में मल्लाह के केवल तीन नाम हैं, 'कैवर्ते दासधीवरो' **अमर०** १-१०-१५। सुवंश ने पाँच नाम गिनाए हैं, धीवर केवट दास कहि औ कैवर्त मलाह [१-९-२०]

---

[2] **संक्षिप्त०** २-५७६।

[3] **अमर०** के विषय में ऐतिहासिक जानकारी के लिए दे०, **नामलिङ्गानुशासनम्** की भूमिका में, *The Kosa literature in Sanskrit.*

[4] a heap of earth; a butt to shoot at. **Steingass** p 441

ध्यान दें, सन् १८०० - १८१० का ही समय है जब ईस्ट इंडिया कंपनी के वेतन भोगी गिलक्राइस्ट आदि कर्मचारी फ़ोर्ट विलियम में बैठकर, कंपनी के राजनीतिक-आर्थिक उद्देश्यों की सिद्धि के लिए, नए औज़ारों के रूप में हिंदी-उर्दू भाषाओं का नया रूप गढ़ रहे थे।

नीलगाँव की मूल प्रति (नी० सन् १८८६) तो मैंने लंडन की ब्रिटिश लाइब्रेरी को दान कर दी। गंधौली संग्रह की प्रति, मलबे के नीचे से निकाली जाकर, इस समय हिंदी साहित्य सम्मेलन, इलाहाबाद, में है। परीक्षा करने पर ये एक या दूसरे की प्रतिलिपि न होकर एक ही आदर्श की स्वतंत्र प्रतियाँ हैं। यह संपादन इन्हीं दो हस्तलेखों पर आधृत है।

अमर० की एकाधिक हिंदी टीकाएँ उपलब्ध हैं। उम० के संपादन में उनसे सहायता ली गई एक टीका है, **अमरकोष भाषा**, रतलाम निवासी महंत चतुरदास की। इसका रचनाकाल है, 'संवत शसि ग्रह वेद शर' (संवत् १९६५) सन् १८०८। उम० से मात्र एक वर्ष बाद की! लखनऊ के मुंशी नवलकिशोर प्रेस से इसका तीसरा संस्करण सन् १९०५ में निकला है। यह टीका छंदोबद्ध है।

विशेषतः अप्रचलित शब्द प्रयोगों के लिए एक हिंदी टीका का उल्लेख यहाँ विशेष रूप से करना चाहूँगा। **देवकोश अर्थात् अमरकोश** में पहले नाम से आकर्षित हो इसकी प्रति मैंने देव का पाठ संपादन करते समय मँगाई थी। कवि देव से असंबद्ध होने से मैंने इस पर, तब, विशेष ध्यान न दिया। यह **अमर०** का हिंदी में सटीक अनुवाद है, देवदत्त तिवारी का – इसी से उन्होंने इसका नाम 'देवकोश' रखा। पंडित देवदत्त तिवारी हेड पंडित थे, बरेली कालेज में। उनकी भूमिका है, ३ अप्रैल १८७५ ई० की। इसका पहला संस्करण सन् १८७९ में खेमराज श्रीकृष्णदास ने प्रकाशित किया था। इस कोश का दूसरा संस्करण मेडिकल हाल प्रेस, वाराणसी, से सन् १८८३ में निकला। तुलना के लिए देखें, सर मोनियर विलियम्स के संस्कृत-अँग्रेज़ी कोश (प्रथम संस्करण सन् १८९९) से तिवारी जी का कोश प्रायः २५ वर्ष पुराना है! पंडित देवदत्तजी की पैठ कितनी गहरी थी, इसका एक नमूना 'प्राग्वंश' [२-७-२३] की दोनों विद्वानों की उद्धृत परिभाषा में देखा जा सकता है -

> हवि के गृह से पूर्व देश में सदस्य आदि का जो गृह है उसे प्राग्वंशः कहते हैं, वा यज्ञशाला से पूर्व और पश्चिम के खंभों में रक्खे बड़े काष्ठ को प्राग्वंशः कहते हैं यह कहीं है - ति०।
>
> the space before the वेदि (perhaps a kind of sacrificial chamber having columns or beams towards the east and situated opposite to the वेदि; accord. to others , a room in which the family and friends of the person performing the sacrifice assemble) **MMW** p. 704.

तिवारी जी ने मान्य पाठ के साथ-साथ उसी शब्द के दूसरे वाचन भी अपनी हिंदी टीका में दे दिए है। जैसे कि, **अमर०** २-८-५ की टीका देखें -

> गज के ललाट को अवग्रहः 'और भी अवग्राहः कहते हैं, ईषिका, 'और भी इषिका वा **ईषीका** और भी ईशीका' आदि अक्षिकूटकं ये २ हाथी के नेत्र गोल के नाम हैं।

भिन्न वाचन उपलब्ध होने से पाठ निर्धारण में सुगमता हुई। यह विशेषता अन्य टीकाओं में नहीं पाई जाती।

अब से कोई डेढ़ सौ वर्ष पुरानी इस टीका का भाषा वाला अंश अब अप्रचलित हो रहे शब्द प्रयोगों का ख़ज़ाना है! इसके बहुतेरे शब्द पूर्वी ब्रजभाषा के स्थानीय प्रयोग हैं। जैसे कि फफूल [१-९-५१]। तिवारीजी की टीका में भी अप्रचलित हो रहे शब्द बहुतेरे हैं। इन्हें भाषा की संपदा मानकर, टीका के रूप में, समाहित किया गया है। यों सुवंश भी उधर ही के थे, बिसवाँ, सीतापुर, के। दोनों के समय में भी ६०-७० बरस ही का अंतर है।

सुवंश ने **अमर०** का भाषा में अनुवाद करते हुए भी संस्कृत पदों को तद्रूप रखने में आश्चर्यजनक सफलता पाई है। **अमर०** तो मुक्त छंद श्लोक में निबद्ध है; अर्थात् उसमें पाँचवाँ वर्ण लधु, छठाँ वर्ण दीर्घ होता है, इसके सिवा और कोई बंधन नहीं! इसके विपरीत सुवंश को दोहा आदि मात्रिक छंदों का भी निर्वाह करना आवश्यक था। उम० में व्यवहृत छंदों की विविधता कवि के गंभीर पिंगल ज्ञान का प्रमाण है।

संपादन

वर्तनी : व तथा ब में भेद है, यद्यपि संस्कृत में भी एक को दूसरे से परिवर्तनीय माना जाता है। ऐसे स्थलों पर तत्सम के अनुसार वर्तनी रखी गई है। इसी प्रकार ख् और 'ष्' में भेद किया गया है।

'न्' और 'म्' के अतिरिक्त अन्य अनुनासिक वर्गीय पंचम व्यंजन के स्थान पर 'न्' तथा 'म्' का व्यवहार हुआ है। जैसे कि 'कञ्चुकी' के स्थान पर 'कंचुकी' – कारण भाषा की वर्तनी में 'ञ' आदि नहीं हैं, भ्रम न उत्पन्न न हो, इसलिए। (इसके एकाध अपवाद मिलेंगे। जैसे कि 'शार्ङ्गी' [१-२-११], 'वाङ्मुख' [१-६-१३], तो प्रयुक्त कंप्यूटर प्रोग्राम की अपूर्णता से विवश होकर ऐसा करना पड़ा।)

संस्कृत के वर्गीय पंचम ञ् ङ् न् भाषा में श्रुत न होने से [5] इनके स्थान पर अनुस्वार विंदु का प्रयोग हुआ है – इसी प्रकार 'बृद्ध्याजीव बार्द्धुषिक बार्द्धुषि' [२-९-१०] जैसे पदों में द्वित्व भाषा में श्रुत नहीं है इस लिए द्वित्व नहीं दिखाया गया।

पाठ संशोधन करते हुए अशुद्ध पद के स्थान पर प्रामाणिक शब्द रखने से दोहा की मान्य मात्रा संख्या में भेद हुआ है तो यथा संभव इसे सुधारा गया है, जैसे कि शुद्ध 'स्थायुक' के स्थान पर नी०ग० में 'आस्थायुक' है। भारी भेद होने पर पाठांतर दिया गया। अन्यथा संशोधित पाठ के वाचन में यदि गति शुद्ध है तो कोई उल्लेख नही किया गया। दोहा छंद पर्याप्त ऋजु है, एकाध मात्रा का अंतर आत्मसात् कर लेता है।

कहीं-कहीं अपनी ओर से संशोधन करना पड़ा है, तो **अमर०** के अधार पर – जैसे कि 'उच्चघुष्ट' नी०, 'उच्चघृष्ट' ग० प्रति का पाठ है - दोनों ही भ्रामक अतः **अमर०** १-६-१२ का पाठ 'उच्चैर्घुष्ट' [१-६-१९] ग्रहण किया गया।

छंद के आदि में शीर्षक के साथ 'नाम' है – निरपवाद रूप से सर्वत्र इस रूप में, 'दास नाम', 'आलसी नाम' आदि। मूल प्रतियों में छंद पाठ के ऊपर छंद नाम तथा विषय का घोलमेल था। संपादित पाठ में केवल विषय दिया जा रहा है।

ग० प्रति :

श्री सुभ संवत १९४७ प्रथम भाद्रपद मासे शुक्लपक्षे तिथौ प्रतिपदायां शनिवासरे लिषितं इदम पुस्तकं वलदेव मिश्रेण ठाकुर सूर्यवली सिंह स्यपठनार्थं सच शुभंभूयात। श्रीवृंदावनविहारिणे नमः।

बलदेव मिश्र (देखें 'काव्य० की म० प्रति' **दे०सं०ग्र०** पृ० ३-६।) लिपिक ही नहीं, संपादक भी हैं! अपनी प्रति के!

जाके उपवन कोकिला करती कलरव बेस। मनो मनोभौ सौ कहै रति की सषी सदेस [१-१-४]

ग० प्रति में पाठ है, 'मनौ मनोभव को कहत रति सौ सषी संदेश।' ऐसे प्रसंगों में प्रति नी० का पाठ ग्रहण किया जा रहा है।

सुवंश की रचनाएँ :

श्रीउमराउप्रकास में कह्यो वंश विस्तार। वालचंद महिपाल ते वरनौ मति अनुसार [१-१-१३]

आगे उमराउप्रकास का एक कवित्त भी उद्धृत हुआ है - [१-१-२३]; किंतु **संक्षिप्त०** में इस ग्रंथ का नामोल्लेख नहीं है। [१-१-२९] में उमराउशतक का नामोल्लेख है; यह भी **संक्षिप्त०** में नहीं मिलता।

उम० (तथा इसके भिन्न नाम 'अमरकोश' से) लगभग आध दर्जन प्रतियों का उल्लेख **संक्षिप्त०** में मिलता है। मिश्रबंधुओं के गंधौलीवाले पैत्रिक पुस्तकालय को बरसात में ढहे तीन दशक से ऊपर होते हैं। पिछले २५ वर्ष से नागरी प्रचारिणी सभा के हज़ारों हस्तलेख फ़र्श पर बोरों में बंद पड़े हैं। ऐसी स्थिति में **संक्षिप्त०** में अब से ७०-७५ वर्ष पहले सूचीबद्ध की गई उम० की प्रतियाँ नामशेष ही होंगी!

---

[5] विस्तृत विवेचन के लिए देखें, **बि०स०** पृ० १-४७।

संक्षिप्त० में उम० के अतिरिक्त सुवंश की अन्य कृतियों के नाम हैं, उमराव वृत्ताकर, ढेकी, द्विघटिका, पिंगल, रसतरंगनी, रसमंजरी, रामचरित्र, तथा स्फुटकाव्य। इनमें से पिंगल को छोड़ और कोई ग्रंथ मेरे देखने में नहीं आया – वर्तमान समय में इनके अस्तित्व में रह जाने की संभावना भी कम ही है।

ग्रंथ रचना का उद्देश्य : सुवंश ही नहीं, संपूर्ण रीतिकालीन कवियों का व्यापक उद्देश्य था, संस्कृत में विपुल मात्रा में उपलब्ध साहित्य शास्त्र विषयक ज्ञान का जन भाषा में अनुवाद। श्रीपति मिश्र ने भानुदत्त मिश्र के ग्रंथों की सामग्री ली है; देव ने विश्वनाथ के साहित्यदर्पण से। सुवंश ने इस तथ्य को इन शब्दों में स्वीकार किया है –

पढि सकत जे नहि संसकृत न हेत भाषा छंद ते। लहि अमरकोस करौ उमगि उमराउकोस अनंद ते [१-१-३१]

ग्रंथ का विषय विस्तार :

नाम कहौ त्रैलोक के करिकै वुद्धि नवीन। याहीते या ग्रंथ मै कांड लसत है तीनि [१-१-३२]

छंद :

ध्यान रहे, कि **अमर०** आद्यंत श्लोक छंद में बँधा होने से, छोटे पद हों या बड़े, उन्हें आगे पीछे रखा जा सका। भाषा के मात्रिक छंदों में बहुवर्णी शब्दों को स्वेच्छा पूर्वक आगे-पीछे नहीं किया जा सकता। यह कवि सुवंश की प्रतिभा का प्रमाण है कि उन्होंने लधु आकार के शब्दों के लिए दोहा, बरवा जैसे छंद लिए, तो लंबे शब्दों के लिए छप्पय आदि बड़े कलेवर के छंद। यह है, छंदों की विविधता का रहस्य। उम० में प्रयुक्त छंदों की सूची नीचे दी जा रही है - [संख्या प्रथम बार प्रयुक्त स्थल की है] -

दोहा [१-१-१] छप्पय [१-१-२] घनाक्षरी [१-१-३] कवित्त [१-१-१४] छप्पय [१-१-१६] कुंडलिया [१-१-२५] हरिगीतिका [१-१-२६] चौपाई [१-१-२९] बरवै [१-२-२२] पद्धटिका [१-२-३९] कृष्ण छंद [१-२-६०] पद्धटिका [१-३-३] नागस्वरूपिणी [१-६-९] सोरठा [१-७-३४] मालिनी सवैया [१-७-३६] नरेंद्र [२-४-६१] राम छंद [२-४-१७९]।

आगे इनमें से कुछ के लक्षण है -

दोहा : दोहा में प्रायः ही मात्रा वृद्धि देखी जाएगी। यह दोष नहीं, दोहा छंद की ऋजुता का द्योतक है। (दे० 'दोहा छंद की ऋजुता' **दे०सं०ग्र०** पृ० ३-७।)

नागस्वरूपिणी : कह्यो प्रबंध कल्पना कथाहि चित मानियो। प्रवह्लिका प्रहेलिका सुनाम दोऊ जानियो [१-६-९]

मदनाग (१७ - ८) **छ०प्र०** ६६।

नाग (१० - ८ - ७ अंत ऽ ।) **छ०प्र०** ६६। कृष्ण छंद [३-१-८५] : कृष्णातुल। तू ला मन। गोपी घन। तृष्णै तज। कृष्णै भज॥ **छ०प्र०** पृ० ११९।

हरिगीतिका – **छ०प्र०** प ६९।

राम छंद : एक मात्रिक छंद जिसमें ९ और ८ के विराम से प्रत्येक चरण में १७ मात्राएँ होती हैं और अंत में यगण होता है। जैसे - सुनिए हमारी। विनय मुरारी। दीजै हमारी। विपत्ति टारी। **शब्दसागर** पृ० ४१६५। छंद० पृ० ५३ पर भी यही लक्षण बताया गया है। सुवंश का यह लक्षण किसी अन्य छंद में है।

पाठ संपादन

§ [१-२-११] विष्णु के ४६ नामों में से एक है, 'विष्वक्सेन'। यों तो 'विश्व' ही विष्णु का विशेषण है, (**आप्टे०** पृ० ९५८) किंतु 'विश्वक्सेन' अप्रचलित पद लगता है। विश्वक्सेन और भी विष्वक्सेन - ति०। विष्वक्सेन (विषु नाना अञ्चतीति 'विषूची सेना यस्य' चत्वेस्यासिद्धत्वात् गकारेण व्यवधानात्रषः - झा०। विश्वक्सेन w.r. for विष्वक्-स् **MMW** p. 994. संपादित पाठ में 'विष्व-' रूप ग्रहण किया गया है।

§ [१-२-१३] बलराम द्वारा प्रलंब नामक राक्षस की हत्या होने से 'प्रलंबनाशन' उनका विशेषण तो है मगर शुद्ध रूप 'प्रलंबघ्न' या 'प्रलंवमथन' होगा। 'प्रलंबनाशन' तो इनका भाषा रूप है। दे० **आप्टे०** पृ० ६७२।

§ [१-२-१५] मैन - मदन - मयन। **शब्दसागर** पृ० ४०२३।

§ [१-२-४३] संतान one of the five trees of इन्द्र's heaven, the कल्प tree or its flower. **MMW** p. 142

§ [१-२-४७] अप्पित्त = अग्नि। **शब्दसागर** २४४। शुष्मः = आग। **आप्टे०** पृ० १०२६; शुष्मा **हलायुध०** १०७।

§ [१-२-४८] वसु fire. **MMW** p. 932. होत्र घी आदि की आहुति के अर्थ में होने से असंगत। **हलायुध०** से पाठ पूर्ति की गई है।

§ [१-२-५२] 'प्रेतराट' सं० 'प्रेतराज' अथवा 'प्रेतमाथ' का भाषानुवाद है - 'राट' प्रायः यौगिक पद अंत में आता है, जैसे 'धूर्तराट'।

§ [१-२-५४] पुण्यजन - राक्षस, पिशाच। **आप्टे०** ६२०; **हलायुध०** ५६३।

§ [१-२-५५] यादसांपति - शुद्ध 'यादसांपति' समस्त पद न होकर 'यादसाम् पतिः' है।

§ [१-२-६१] अतिशय अर्थात् बारंबार के नाम हैं - ति०।

§ [१-२-६३] शुद्ध 'शंभुगिरि' नहीं, 'कैलास' है।

§ [१-३-१४] स्फूर्जथुः - **अमर०** १-३-११।

§ [१-३-१८] दे० व्यवधा - ग० १-२-१४।

§ [१-३-२३] वस्तुतः 'सुषमा' आदि छवि के पर्याय 'दीप्ति' के अनेकार्थ हैं। दे० **हलायुध०** ३५६। अभिख्या - चमक-दमक, शोभा, कांति; कहना, घोषणा करना; पुकारना, संबोधित करना; नाम; शब्द, पर्याय; प्रसिद्धि, यश, कुख्याति, माहात्म्य। **आप्टे०** पृ० ६९।

§ [१-३-३८] कर a ray of light, sunbeam, moonbeam. **MMW** p. 53.

§ [१-४-१४] तैष और सहस्य = पौष।

§ [१-४-२२] रवि form of the sun (sometimes regarded as one of the 12 आदित्य s; hence रवि is also a N. of the number "twelve." **MMW** p. 869.)

§ [१-५-१९] श्याव कपिश - धूसर और अरुण वर्ण, बानर के समान रंग; 'कपिः मर्कटः तद्वद्वर्णोस्त्यस्य कपिशः' - ति०।

§ [१-६-१] ब्रह्माणी वचनं वाचा जल्पितं गदितं गिरा। इति **शब्दार्णवः**। 'ब्रह्माणी' (**शब्दसागर** पृ० ३५९२।) अन्य स्रोतों में 'सरस्वती' के पर्यायवाची रूप में संदिग्ध है। इसका पुष्ट प्रमाण कहीं नहीं मिलता। यह तो ब्रह्मा की पत्नी, उनकी एक शक्ति दुर्गा का द्योतक है! शुद्ध 'ब्राह्मी' है। दे० **हलायुध०** ४८६। हाँ, ब्रह्मा की पुत्री थीं, सरस्वती। पुराणों में इन्हें उनकी पत्नी भी बताया गया है। कदाचित् सुवंश ने यहाँ तुक मिलाने के लिए 'ब्राह्मी' को 'ब्रह्माणी' रूप दिया है।

§ [१-६-४] शिक्षाकल्पो व्याकरणं निरुक्तं ज्योतिषांगणः छन्दो विचित्तिरित्येषः षडङ्गो वेद उच्यते, कल्पः कल्पसूत्रं।

§ [१-६-४] दो बेर कहने को आम्रेडित कहते हैं, जैसे 'सर्पः-सर्पः' - ति०।

§ [१-६-२१] भर्त्सन - जो अपकार के लिए कहना है, अर्थात् चोर है तुझे मारूँगा आदि इसे भर्त्सन कहते हैं - ति०।

§ [१-६-२२] आक्षरणा - मैथुन के निमित्त परस्त्री और पुरुष के संयोग के हेतु आक्रोश - ति०। calumnious accusation (especially of adultery) **MMW** p. 22.

§ [१-६-२४] विप्रलाप - परस्पर विरुद्ध भाषण - ति०।

§ [१-६-३१] जो परस्पर से पराहत है, जैसे मेरी माँ वंध्या है, अर्थात् पूर्व और पर से जो विरुद्ध है उसके संकुल क्लिष्ट ये दो नाम हैं, जैसे बिना आँखि देखता है, बिना कान सुनता है। - ति०।

§ [१-६-३३] त्वरितउदित - यह **अमर०** के 'लुप्तवर्णपदं ग्रस्तं निरस्तं त्वरितोदितम्' का अनुवाद है। समस्त पद के रूप में इसकी पुष्टि अन्यत्र किसी कोश से नहीं होती।

§ [१-६-३५] सुवंश ने 'अबद्ध' का अर्थ 'असमय वचन' बताया है। शुद्ध है, 'अर्थशून्य'। इसी प्रकार 'अत्यंत अभूतार्थक जो वचन है उसे मृषार्थक कहते हैं, जैसे यह वंध्यासुत जाता है' - ति०।

§ [१-६-३७] सोत्प्रासम् - व्यंगपूर्ण उक्ति। **आप्टे०** पृ० ११२७। **अमर०** में नहीं।

§ [१-६-३८] रतिकूजित : रतकूजितम् - कामासक्त व्यक्ति की मैथुन के समय की सीत्कार। **आप्टे०** पृ० ८४५। मणितम् - एक अस्पष्ट सी सीत्कार जो स्त्री संभोग के समय उत्पन्न करती है। **आप्टे०** पृ० ७६२।

§ [१-६-४३] झाई शब्दहि = शब्दहि झाई सुवंश का आविष्कार है!

§ [१-७-६] तत any stringed instrument. **MMW** p. 76.

§ [१-७-७] वादित्रं - **अमर०** १-७-५।

§ [१-७-८] मृदंगा - मृदंग बहुत प्रकार के हैं इस लिए बहुवचन हैं - ति०। तथापि 'मृदंगा' प्रामाणिक नहीं है।

§ [१-७-१०] प्रणव - एक प्रकार का वाद्ययंत्र (डोल या मृदंग)। - **आप्टे०** पृ० ६४६। a kind of small drum or tabor = (and prob. w.r. for) पणन **MMW** p. 659.

§ [१-७-२७] अपत्रपते पितुः साकाशात लज्जते - पिता के समीप होने वाली लज्जा - झा०; वही लज्जा जो दूसरे से होय - ति०।

§ [१-७-३०] अभिध्या - अन्य के धन के लेने के विषय में जो स्पृहा है वह अभिध्या कहलाती है। अभिचार अर्थात् जादू आदि के ध्यान को भी अभिध्या कहते हैं - ति०।

§ [१-७-४२] इस प्रसंग में 'वेश' पद संक्षेप है, वेशधारिन् का! वेशधारिन् - छद्मवेशी, कपटरूपधारी। **आप्टे०** पृ० ९७७। वेषधारिन् a hypocrite, false devotee. **MMW** p. 1019.

§ [१-७-४५] आच्छुरितकम् - अट्टहास। **आप्टे०** पृ० १४२।

§ [१-७-४६] अभिप्राय के सहित हास को सोत्प्रासः कहते हैं - ति०।

§ [१-७-५१] छलयुक्त भाषाण से आशा भंग करने के नाम - ति०। विसंवाद - धोखा, प्रतिज्ञा भंग करना, निराशा। **आप्टे०** पृ० ९६२।

§ [१-८-६] काद्रवेय N. of certain नाग s or serpent-demons supposed to people the lower regions e.g. of अर्बुद **MMW** p. 93.

§ [१-८-७] 'ता सुत को तक्षक कहत' यह अशुद्ध है - तक्षक तो कश्यप और कद्रू का पुत्र था! [6]

§ [१-९-५] अप्य being in water, coming from water, connected with water. **MMW** p. 195

§ [१-९-७] उत्तरार्ध की, 'धारा स्रोत प्रवाह औ पूर चारि ए नाम' – ये संज्ञाएँ भाषा की हैं।

§ [१-९-११] चूहा - सूखी नदी आदि में जल के अर्थ जो गड़हा करते हैं उसका नाम। - ति०। सूखी नदी में किए हुए गढ़े - झा०। इस अर्थ में 'चूहा' शब्द अन्यत्र **सुमन०**, टर्नर आदि में कहीं देखने में नहीं आता! आगे कुछ ऐसे शब्द दिए जा रहे हैं, जिनसे 'चूहा' संदर्भित लगता है। चोहला = छोटा गड्ढा जिसमें कीचड़ और पानी रहता है। **शब्दसागर** पृ० १५९०। चौहड़= छोटा जलाशय। जोहड़। १६०५। 'चह-' कीचड़ का अर्थ देता है - चहला, चहबच्चा (फ़ा० چاه (चाह) = कुआँ) आदि में है। - और इसका संबंध 'चूहा' से हो तो कोई अचरज नहीं।

तु० L. coha 'spring', ćhohra 'giving little water', coa 'spring water' P. co 'rivulet', coa 'trickle down a rock, water oozing from a hole', coi 'small stream, defile, Dog co 'spring; [7]

[6] पाताल के मुख्य नागों अर्थात् सर्पों में से एक - **आप्टे०** पृ० ४१५।

[7] **Turner** 270.

नाव्य - नाव से पार होने के योग्य जल आदि को नाव्य कहते हैं - ति०। यहाँ 'उतरै' के स्थान पर नी०ग० का 'उतरी' भ्रामक है।

§ [१-९-१२] घन्नई - मिट्टी के घड़ों और लकड़ी के लट्ठों को जोड़कर बनाया हुआ बेड़ा जिससे छोटी छोटी नदियाँ पार करते हैं। घरनई। घरनैली। **शब्दसागर** पृ० १३८६।

§ [१-९-१५] नौकाबांस - पतवार।

§ [१-९-१७] समुद्रिय **अमर०** में नहीं। 'समुद्रयानम्' के भी लिए 'समुद्रिय' प्रामाणिक नहीं।

§ [१-९-२०] दास - दास दाश (दशति हिनस्ति मत्स्यान्), दोनों शुद्ध हैं।

§ [१-९-२२] चिलहुल = एक प्रकार की छोटी मछली जो डेढ़ बालिश्त के लगभग होती है। यह सिंध पंजाब उत्तर प्रदेश और बंगाल की नदियों में पाई जाती है। **शब्दसागर** पृ० १५४६।

§ [१-९-२३] गडक = गड a kind of gold-fish (the young of the Ophiocephalus Lata or another species, Cyprinus Garra) **MMW** p. 342.

§ [१-९-२५] 'ग्यगटा' भी **अमर०** से अधिक तथा हिंदी में सर्वथा अप्रचलित पद है।

§ [१-९-२६] डुली - डुलि एक छोटी कछवी। **आप्टे०** पृ० ४१४।

§ [१-९-२७] नाक नक्र - नाक [सं० नक्र] according to Panini (6-3-74) crocodile, alligator. **MMW** p. 524. **णक्क** - ग्राह, नाका। **पाइअ०** पृ० २७८। नाक = मगर की जाति का एक जलजंतु। मगर में इसमें यह अंतर होता है कि यह उतनी लंबी नहीं होती, पर चौड़ी अधिक होती है। मुँह भी इसका अधिक चिपटा होता है और उसपर घड़ा या थूथन नहीं होता। पूँछ में काँटे स्पष्ट नहीं होते। यह ज़मीन पर मगर से अधिक दूर जाकर जानवरों को खींच ला सकती है। सरजू या उससे मिलने वाली और छोटी-छोटी नदियों में यह बहुत पाई जाती है। **शब्दसागर** पृ० २५६०।

§ [१-९-२९] किंचुलुक अरु महीलता **हलायुध०** २२५।

§ [१-९-३०] **अमर०** में शंख के केवल दो नाम हैं, 'शङ्खःस्यात् कम्बुरस्त्रियौ' **अमर०** १-१०-२३; उम० में तीन 'दर कंबु शंख त्रै नाम' – 'दर' संस्कृत में तो है ही (**आप्टे०** पृ० ४४९।) श्रीपति मिश्र में भी इसी अर्थ में आया है –

> चंद्र चंद्रिका कास ईस चंदन गंगाजल। कैरव कुंद कपूर हासरस दर मुकुताहल [स० ९-२३]

§ [१-९-३३] तारा रलयोरऽभेद से तालाब का संक्षिप्त रूप है। भाषा का प्रयोग! तु० श्रीपति मिश्र :

> ग्रीषम में वीषम ह्वै उदयो सहसकर वापी तारे नारे नदी नद सूषि जात है [क० ३२७]

खाँवाँ - [सं० खम्] अधिक चौड़ी और गहरी खाई। उ० कंचन के कोट पै कगूरे अति रूरे बने खाँवाँ जल पूरै रक्षै शूरे शस्त्र धारे है। - रघुराज। **शब्दसागर** पृ० ११४७।

§ [१-९-३९] **अमर०** में नर्मदा के आगे सतलज, विपाशा आदि नदियों का विस्तार है; सुवंश ने इन्हें अप्रासंगिक मानते हुए इनकी छँटनी कर दी है।

§ [१-९-४१] जलपुष्प अर्थात् पुरैन - ति०। वारिपर्णी **शब्दसागर** पृ० ४४३१। कुंभिका - **शब्दसागर** पृ० ९७०। दोनों Pistia Stratiotes. **MMW** p. 943.

§ [१-९-४४] कल्हार - सफ़ेद कुईं। श्वेत कमलिनी। **शब्दसागर** पृ० ८५९। कल्हार the white esculent water lily, (Nymphaea Lotus) **MMW** p. 266.

§ रक्तसंध्यक हल्लक [१-९-४५] ये **अमर०** तथा **हलायुध०** में नहीं। रक्तसंध्यक the flower of Nymphaea Rubra **MMW** p. 862. हल्लक the red lotus **MMW** p. 1293.

§ [१-९-४६] केरवस्य हंसस्येदं प्रियं कैरवम् अर्थात् हंस के प्यारे कमल को कैरव कहते हैं - ति०। पृ० ७० के पार्श्व पर टीप में 'श्वेत कमल के भेद वा फफूला' ति० ने दिया है। इसी प्रकार कुमुदिनी की टीका में भी 'ये २ कुमुदिनी वा फफूली के नाम हैं'! 'पफूल' के लिए दे० **बि०स०** २-२९०।

§ [१-९-४७] पौडारी - यह 'मृणालं बिसमब्जादिकदम्बे षण्डम्' **अमर०** १-१०-४२ का अनुवाद है, किंतु कमल तंतु के अर्थ में 'पौडारी' अन्यत्र कहीं नहीं मिलता। ति० की टीका में 'मृणाल अर्थात् भंसीड़ा'। सं० में 'पुंड्रः' है पर इसका अर्थ तो श्वेत कमल है!

पद्म समूह के अर्थ में 'षंड' तुलनीय है, कलरवमुपगीते षट्पदौघेन घत्तः कुमुदकमलषण्डे तुल्यरूपामवस्थाम् - **आप्टे०** १०४३।

§ [१-९-४८] शालुक the esculent root of different kinds of lotus. **MMW** p. 1068.

§ [१-९-५१] 'फफूल' शब्द बड़ा ही रोचक है! **बि०स०** में केवल एक स्थान पर यह पाठभेद के रूप में आया है –

पफुला हार हिये लसै। सन की वेंदी भाल। राषति षेत षरी षरी। षरे उरोजनि वाल [२४८]
पभुला - उ०न०वे०गा०; पहुला - को०शि०वा०मि०मु०ह०; प्रफुला - पा०; प्रभुला - स०; **फफुला** - **भा०**; याहुल - नी०।[8]

पुराने-नए सभी टीकाकारों ने इस शब्द को लेकर भारी खींचतान की है! 'रत्नाकर' जी के अनुसार, 'हमारे मित्र पं० कृष्णविहारीजी मिश्र का कथन है कि देहातों में 'पफूल' कोईं अर्थात् कुमुदुनी के फूल को कहते हैं। अतः 'पहुला' शब्द को 'पफूल' अथवा 'प्रफुला' का अपभ्रंश रूप मानने में कोई बाधा नहीं प्रतीत होती।' बहुत संभव है, 'रत्नाकर' जी से सुनने में भूल हुई हो या कि उन्होंने सारे प्राप्त पाठों को ध्यान में रखकर 'फफूल' को 'पफूल' समझा हो! जो भी हो, बिहारीदास के इस दोहे में 'पफुला' पाठ, प्रफुल्लित के अर्थ में, संदेह से परे है।

उम० के दोहे में 'फफूल' न केवल पाठ में है, ति० के संस्करण में भी यह पार्श्व पर तथा टीका में चार स्थलों पर मिलता है, यथा, उत्पल कुवलय के हाशिए पर 'कुमुद वा कमल विशेष वा फफूला' (पृ० ७०); कुमुद कैरव के बगल में टीप 'श्वेत कमल के भेद वा फफूला' (पृ० ७०); 'कुमुदिनी वा फफूली के नाम हैं' (पृ० ७१); इसी प्रकार 'कुमुद्वान' [२-१-१२] की टीका में, पार्श्व पर, 'फफूला का देश वा कोईं का' (पृ० ७५)। संपादक देवदत्त तिवारी जी बरेली के थे; पंडित कृष्णविहारी जी सीतापुर के – और सुवंश भी उधर ही के। अनुमानतः यह ब्रजभाषा का पुराना शब्द है, जो हिंदी, उर्दू तथा टर्नर आदि के किसी भी कोश में नहीं मिलता – न ही इसका कोई कवि प्रयोग मेरे देखने में आया!

§ [२-१-५] खिल a piece of waste or uncultivated land situated between cultivated fields, desert, bare soil. **MMW** p. 40. अप्रहत untilled, waste. **MMW** p. 59.

§ [२-१-७] मध्यदेश - हिमवद् विन्ध्ययोर्मध्यं यत् प्राग्विनशनादपि। प्रत्यगेव प्रयागाच्च मध्यदेश प्रकीर्तितः॥

§ [२-१-१०] आसमुद्रात्तु वै पूर्वादासमुद्राच पश्चिमात् तयोरेवान्तरं गिर्योरार्यावर्त्तं विदुर्बुधाः।

§ [२-१-१५] कछोह - कछौहा दे० कछार। **शब्दसागर** पृ० ७४४। **मानक०** में भी यह इसी अर्थ में दिया गया है। कवि प्रयोग देखने में नहीं आता। **Turner** 2618. में सूचीबद्ध अन्य भाषाओं के समानार्थी पदों से भी 'कछोह' की पुष्टि नहीं होती।

§ [२-१-१६] सिकटिहा - सिकटा - खपड़े या मिट्टी के टूटे बरतनों का छोटा टुकड़ा। सिकटी - छोटी कंकड़ी या टुकड़ी। **शब्दसागर** पृ० ६००९।

§ [२-१-२०] प्राप्त दोनों ही पाठ, व्यमउरु - नी०; व्यमउरि - ग०, निरर्थक हैं। 'विमौट' ति० की टीका से ग्रहण किया गया प्रसंग संगत प्रयोग पुष्ट शब्द है। दे० **शब्दसागर** पृ० ४५१७।

§ [२-१-२१] पुल پل फ़ारसी!

§ [२-१-२७] किष्कु - हाथ भर की लंबाई। **आप्टे०** पृ० २७८।

§ [२-१-२८] उपनिष्कर - राजधानी से निकासी का मार्ग।

8 **बि०स०** पृ० २-२९०।

द्यावा (du. of दिवा, द्यु "heaven", generally connected with another du. meaning earth, but also alone) heaven and earth. **MMW** p. 99.

§ [२-२-६] वप्र पुश्त चय - खाई से खुदी मृत्तिका समूह के ढेर के नाम - ति०। पुश्तः (پشته) टीला, ढूह; वह मिट्टी या कंकड़ चूना आदि जो दीवार को मज़बूत करने के लिए उसकी जड़ में लगाते हैं; वह मिट्टी का बांध या दीवार जो नदी के किनारे चढ़ाव का पानी रोकने को बनाते हैं। **उर्दू०** ३८३।

§ [२-२-९] तवेला طویله - **फ़ा०!**

§ [२-२-११] 'पानीयशालिका' [9] पानीयशालिका का अनुवाद 'नीरशालिका' अशुद्ध ही नहीं असंगत भी है। 'पानीय' पेय का समानार्थी है, जैसे पेय जल, ठंडा रस आदि। कदाचित् 'पानीय' नहीं, मात्र 'पानी' का पर्याय 'नीर' धर दिया गया है। संस्कृत छोड़, हिंदी में भी यह कहीं नहीं मिलता। तृणच्छाय गढ़ा हुआ लेकिन संगत शब्द है।

§ [२-२-२१] पटल - पटल प्रांत में गृह के छादन के अर्थ भीत से बाहर गड़े घोड़ा वा घोरिया वा छज्जा - ति०।

वरौनी - सं० वरणम् (ढकना, परदा डालना, प्ररक्षा करना। **आप्टे०** पृ० ८९९) से व्युत्पन्न अप्रचलित शब्द।

§ [२-२-२३] यहाँ विशंक वेदिका का पर्याय नहीं, तुक पर 'शंकारहित' के अर्थ में आया है।

§ [२-२-२५] कपाट के रोकने के अर्थ जो मुसल है उसे अर्गल कहते हैं; बेंवड़ा वा शांकल वा अगरी - ति०।

§ [२-२-२७] कूट - मृत्कूट, अर्थात् नगरद्वार में सुख से आने जाने के अर्थ जो मृत्कूट अर्थात् क्रम से ऊँचा बनाते हैं उसे हस्तिनख कहते हैं। - ति०।

§ [२-२-३०] सदनभू पर्याय है, वेश्मभू का।

§ [२-२-३१] भिल्ल के ग्राम के नाम - ति०।

§ [२-३-३] 'पूर्वगिरि' पाठ, पश्चिमी के अर्थ में प्रयुक्त 'चरमगिरि' पद के आधार पर सुवंश का गढ़ा हुआ शब्द है – पहले तो चरमगिरि में केवल 'चरम' मात्र पश्चिमी का व्यंजक है, 'चरमगिरि' जैसा पद संस्कृत में प्रचलित नहीं, शुद्ध तो 'चरमक्ष्माभृत' है। 'क्ष्माभृत' कठिन पर्याय होने से सुवंश ने उसका सरल रूप धरा है, गिरि और इसकी जोड़ पर पूर्वगिरि।

§ [२-३-४] निषध N. of a mountain or chain of mountains (described as lying immediately south of इलावृत and north of the हिमालय) **MMW** p. 561. दर्दुरः = दक्षिण में स्थित एक पहाड़ का नाम (मलय सम्मिलित) स्तनाविव दिशस्तस्याः शैलौ मलयदर्दुरौ – रघु० ४-५१ – **आप्टे०** पृ० ४५०।

§ [२-३-५] ग्रावन् a stone or rock. a mountain. **MMW** p. 74.

§ [२-३-६] अद्रि के मध्य भाग अर्थात् नितंब को कटक कहते हैं - ति०।

§ [२-३-१०] गंडशैला - पर्वत से गिरा स्थूल पाषाण - ति०। प्रत्यंतपर्वत - वह छोटा पहाड़ जो किसी बड़े पहाड़ के पास हो। **शब्दसागर** पृ० ३१६५।

§ [२-३-१२] सुवर्णरौप्यताम्राणि हरितालं मनः शिला। गैरिकांजनकासीस सीस लोहाः सहिङ्गुलाः। गन्धकोऽभ्रक इत्याध्याः धातवो गिरिसंभवा - ति०।

§ [२-४-१०] बंझटा हिंदी-उर्दू में अप्रचलित, कदाचित् स्थानीय प्रयोग है।

§ [२-४-१२] जिसको प्रकांड अर्थात् शाखा विद्यमान नहीं है - ति०।

§ [२-४-१८] अंघ्रि = वृक्ष की जड़। **आप्टे०** पृ० ११।

§ [२-४-१९] वर्रोह - ऊँचे से नीचे को उतरना वा वर्रोह इस प्रसिद्ध का नाम - ति०। (वर्रोह वरोह शब्द संस्कृत-हिंदी, कहीं नहीं मिलता। शिखा साख अवरोह वर्रोह - ये पद झा० संस्करण में भी नहीं हैं।)

§ [२-४-२२] वकला [सं० वल्कल] **शब्दसागर** पृ० ४३५१।

---

[9] नीरशालिका - नी०ग०।

§ [२-४-२४] प्रसवबंधन - प्रसवः अर्थात् पुष्प आदि बांधे ज़ाते हैं जिससे उसे वृंत कहते हैं या गुच्छा - ति०। झ्रटुरा हिंदी का प्रचलित शब्द न होकर स्थानीय प्रयोग लगता है।

§ दधिफल मन्मथ दंतशठ ग्राही कहत दधित्थ। कयथ रु सहित प्रसूनफल कहि वसु नाम कपित्थ [२-४-३२] [10]

'ग्राहि' नहीं 'ग्राही' शुद्ध है। इस एक पद के लिए पूरे दोहे का पाठ संशोधन किया गया।

§ [२-४-३५] सतावरि - छितिवन सतवन्रा - ति०। सत्तच्छद - सतवन का पेड़। **पाइअ०** पृ० ८६०।

§ [२-४-३६] व्याधिघात - **अमर०** २-४-४। Cathartocarpus Fistula **MMW** p. 1037.

§ [२-४-३७] अमिलतास वा वाहवा - ति०। Golden shower tree, Indian Laburnum . Marathi: बहावा Urdu: أملتاس Botanical name: Cassia fistula. Family: Caesalpiniaceae (Gulmohar family)

§ [२-४-३९] वारुण या वरना Crataeva Roxburghii.

§ [२-४-४१] 'पारिभद्र' तथा 'पारिजातक' ये दो पद एक से अधिक पुष्पों के व्यंजक होने से अति भ्रमोत्पादक हैं! यथा, पारिजात प्रसिद्ध पुष्प हरासिंगार ही नहीं, कचनार, पारिभद्र, फरहद का भी द्योतक बताया गया है। (**शब्दसागर** पृ० २९६९) इसी प्रकार पारिभद्रक फरहद, देवदारु और नीम का समान पर्याय है। (**शब्दसागर** पृ० २९७०) ध्यान देने योग्य तथ्य यह है कि संस्कृत में इन सब में से कुछ ही की पुष्टि समानार्थी शब्द के रूप में होती है। यही हाल इनके वनस्पति वैज्ञानिक नामों का है। पारिजात ही को लें। इसका अर्थ हरसिंगार या शृंगारहार होने की पुष्टि संस्कृत में कहीं नहीं होती। [11] ऐसा लगता है कि सागर मंथन से निकलने या समुद्रोद्भव होने की कथा के प्रभाव में आकर या कि देवतरु मानने से, परवर्ती काल में एक से अधिक वनस्पतियाँ एक ही नाम पर चस्पा की गई! यही कारण है कि मोनियर विलियम्स आदि कोशकारों ने एक ही नाम के भिन्न-भिन्न वनस्पति शास्त्रीय लैटिन नाम गिनाए हैं। नीचे सारे संकलित संदर्भ दिए जा रहे हैं।

निंबतरु वा कडू निंब - ति०।

पारिभद्रकः - निम्बतरुः; मन्दारः; पारिजातकः; रक्तकुसुमः; कृमिघ्नः; बहुपुष्पः; रक्तकेसरः; देवदारुवृक्षः; 'पलाशैस्तिलकैश्चूतैश्चम्पकैः पारिभद्रकैः' महाभारते (१।१२५।३) **हलायुध०** ४२८।

पारिभद्र Erythrina Fulgens Indica. Azadirachta Indica. Pinus Deodora or Longifolia. **MMW** p. 602.

पारिभद्र commonly known as: Indian coral tree, tiger claw . Bengali: raktamandar . Hindi: dhol-dhak, mandara, Kannada: mandara . Konkani: paangaar . Marathi: pangara . Sanskrit: mandara, paribhadra

English : Indian coral tree Hindi : Dadap, Pharhad, Pamkara. Internet.

पारिजातकः - 'पारे जातो विष्णुपद्याः पारिजातेति शब्दितः' पारि पारं प्राप्तं जातं जन्म यस्य; देवतरुः; मन्दारः; पारिभद्रवृक्षः; सुरतरुः; 'पारिभद्रे तु मन्दारुर्मन्दारः पारिजातकः' हेमचन्द्रः १३५ - **हलायुध०** ४२८।

पारिजात the coral tree, Erythrina Indica (losing its leaves in June and then covered with large crimson flowers) N. of one of the 5 trees of paradise (produced at the churning of the ocean and taken possession of by इन्द्र from whom it was afterwards taken by कृष्ण) **MMW** p. 620.

मन्दारः - स्वर्गीयपञ्चवृक्षान्तर्गतदेवतरुविशेषः; पारिभद्रवृक्षः; - **हलायुध०** ५१५।

मंदार the coral tree, Erythrina Indica (also regarded as one of the 5 trees of paradise or स्वर्ग) a white variety of Calotropis Gigantea, the thorn-apple. **MMW** p. 788.

बकायन - नीम की जाति के एक पेड़ का नाम जिसकी पत्तियाँ नीम की पत्तियों के सदृश पर उनसे कुछ बड़ी होती हैं - **शब्दसागर** पृ० ३३४१।

हरिचंदन A sort of yellow (and very fragrant) sandal-wood;—one of the five trees of paradise (the other four being called Pa-rija-t, Manda-r, Santa-n, and Kalp); **Platts** p. 1223.

---

10 दधिफल मन्मथ दंतशठ कहि दधित्थ अरु ग्राहि। कयथ कपित्थ प्रसूनफल कहि वसु नाम सराहि - नी०ग०।

11 हरसिंगार [सं० हार + शृंगार] मझोले कद का एक पेड़ और उसका पुष्प। इसे परजाता भी कहते हैं। **शब्दसागर** पृ० ५४५३।

मन्दार مندار The coral tree, Erythrina indica; one of the five trees in Indra's paradise;—swallow-wort, Asclepias gigantea, or a white variety of Calotropis gigantea. **Platts** p. 1073.

हारसिंगार هارسنگار The weeping night flower; Nictantles arbor tristis. **Fallon** p. 1194.

§ आम्रातक पीतन बहुरि अमरा गनौ सुजान। नाम कपीतन पांच जुत ए आम्रात [12] प्रमान [२-४-४३] **अमर०** का तुलनीय अंश इस प्रकार है -

पीतनः, कपीतनः; ॥ ७ ॥ आम्रातकः, "और भी अम्रातकः" ये ३ अमला इस प्रसिद्धि के नाम हैं, [13]

आम्रातः - अमरे का पेड़। **आप्टे०** पृ० १५५। the hog-plum, Spondias Mangifera. **MMW** p. 147.

आम्रातकः (आम्रमतति इति वुन्, अम्लत्वमतति इति विग्रहे ह्रस्वादिः) [14]

'आम्रात' के स्थान पर नी० का 'अमरत' मात्र वर्तनी भेद है।

दूसरी यति में 'अमरा,' रलयोरऽभेद से, हिंदी अमला है। आदर्श प्रति नी० के 'अमरत' को सार्थक पद बनाने के लिए ग० प्रति में 'अमरूत' संशोधन किया गया है। 'अमरूत' का तो कोई प्रसंग ही नहीं!

यहाँ यह स्पष्ट कर देना चाहिए कि [अमरूत امروت amrut, امرود amrud A pear, guava. [15] इनमें pear तथा guava, क्रमशः नाशपाती तथा अमरूद में कोई नाता ही नहीं! वनस्पति विज्ञान में ये तो सर्वथा भिन्न परिवार के हैं! दूसरे, अमरूद भारत में इधर के वर्षों में आया है, कदाचित् पुर्तगालियों के साथ। है भी यह मूलतः दक्षिण अमरीकी वनस्पति।

§ [२-४-४४] मधुद्रुम - महुआ Madhuca longifolia and Madhuca indica. Internet.

§ [२-४-४५] पिलुवा - यह गुजरात देश में उत्पन्न होता है। कंदराल आक्षोड पर्वत में उत्पन्न पीलु वृक्ष के वा अखरोट के नाम हैं - ति०। धर पिलुवा - 'धर' = पर्वत। तु०

सलिल मुसलधारा झरत धर धरा वृजराज [स० ९-४६] [16]

कंदराल N. of several plants (Hibiscus Populneoides; Ficus Infectoria; the walnut tree) **MMW** p. 249.

§ [२-४-४६] अंकुहर वा पिस्ता - ति०। निकोचक - Alangium Decapetalum; its fruit. (also nikothaka) **MMW** p. 545. अंकोल वृक्ष। ढेरा। **शब्दसागर** पृ० २६०८। अंकोट के वा अंकुहर वा पिस्ता इस प्रसिद्ध का नाम - ति०।

§ [२-४-४९] परिव्याध - नरकुल या सरकंडे की एक जाति। **आप्टे०** पृ० ९५०। Calamus Fasciculatus or Pterospermum Acerifolium **MMW** p. 602.

§ मोचक शिग्रु तीक्ष्णगंधक शोभांजन बुधिसीव। ये छह नाम सहिजन सहित अरु है जुत अक्षीव [२-४-५०] [17]

गंधक तथा अतीक्ष्ण सहिजन के पर्याय नहीं हो सकते - तीक्ष्णगंधक **आप्टे०** पृ० ८३। Moringa pterygosperma **MMW** p. 448.

shobhanjan - Page 1 Drumstick tree, Horseradish Tree, Marango Tree, Murunga, Kelor, Shobhanjan, Ben Tree, Moringa Tree Moringa oleifera syn. M. pterygosperma F. Moringaceae

Drumstick plant

tikshna :

Botanical name : Moringa oleifera Lam. Family : Moringaceae. Sanskrit synonyms : Sigru, Sobhanjana, Akshiva, Mochaka, Teekshnaganda.

English : Drumstick tree. Hindi : Senchan, Sahijan, Mungana. Internet.

---

[12] अमरत - नी०, अमरूत - ग०।
[13] ति०।
[14] झा०।
[15] **Steingass** p. 100.
[16] श्रीपति० पृ० १७१।
[17] मोचक गंधक शिग्रु पुनि शोभांजन बुधिसीव। सात नाम तीक्ष्ण सहित सहिजन जुत अक्षीव - नी०ग०।

§ २-४-५३] पाकर - **शब्दसागर** पृ० २९२६। Ficus venosa - **Fallon** p. 328.
§ [२-४-५४] पिचुल - रुई। **आप्टे०** पृ० ६१२। a species of tree (Barringtonia Acutangula or Tamarix Indica **MMW** p. 624.

H جهاو झाऊ [S. झवुकः], s.m. A tree of the Tamarisk kind, Tamarix gallica, or T. Indica (called, in P., gaz, or shora-gaz, from its growing in marshy or sandy ground: it is much used for thatching, making baskets, hedging, and as fuel);—name of a plant, (that grows wild and is used to adulterate chiretta). **Platts** p. 402.

§ [२-४-५८] उलूखलक - bdellium. **MMW** p. 218. a gum resin similar to myrrh obtained from various trees (genus Commiphora) of the East Indies and Africa. **Webster**. पुरम् = गुग्गुल। **आप्टे०** पृ० ६२२।

§ [२-४-६१] गंभारी - **शब्दसागर** पृ० १२०१; the tree Gmelina arboria **MMW** p. 348.

§ [२-४-६४] कंटाय वा शमी - ति०; कटाय, कठेर - झा०।

§ [२-४-६७] काले तेंदुआ के फल कुचिला - ति०। काकपीलुक plant Diospyros tomentosa **MMW** p. 267.

§ [२-४-६८] काली पाढरि - ति०।

§ [२-४-७०] अश्वत्थ के आकार वृक्ष भेद से वा सहतूत - ति०। तूत the mulberry tree; **MMW** p. 452. तूल = tuuta **MMW** p. 452. तूद = tuuta توت Thespesia populnioides; **MMW** p. 452. ब्रह्मण्य the mulberry tree; **MMW** p. 740. क्रमुक the mulberry tree; (Morus indica), (brahmadaru) **MMW** p. 320. تود (for tut) The mulberry. **Steingass** 334. شهتوت A blackberry; a mulberry. **Steingass** 769.

§ [२-४-७२] भिलावा दे० **शब्दसागर** पृ० ३३६०।
§ [२-४-७३] गेंठी - ति०; लाही पीपल, गेंढी - झा०। गेंठी [सं० गृष्टि] - बाराही कंद। **शब्दसागर** पृ० १३२९। गृष्टि Gmelina arboria; a variety of Dioscorea. **MMW** p. 363.

पाकर - एक वृक्ष जो पंच वटों में मना जाता है। रामअंजीर। पाखर। जंगली पिपली। पलखन। **शब्दसागर** पृ० २९२६।

H پاکر पाकड़, = H پاکڑیا पाकड़िया [S पर्कटी, s.m. The waved-leaved fig-tree, Ficus infectoria (syn. gu-lar.) **Platts** p. 218.

§ [२-४-७५] संखुआ वा शाल वा कोरौ - ति०।

§ [२-४-७६] Terminalia arjuṇa. Other names : Arjuna, Koha, Kahu, Arjan, White Marudah, White Murdh, Arjuna Myrobalan and many more. Internet.

§ [२-४-७८] इंगुदी। हिंगुपत्र। जंगली बदाम। **शब्दसागर** पृ० ५५०३। तापसतरु "tree of ascetics", Terminalia Catappa or पुत्रंजीव Roxburghii. **MMW** p. 442.

§ [२-४-८१] गाद [सं० गाध = जल के नीचे का तल] १ तरल पदार्थ के नीचे बैठी हुई गाढ़ी चीज़। २ तलछट। ३ गाढ़ी चीज़। जैसे गोंद, राल। **शब्दसागर** पृ० १२७०। पिच्छा the gum of Bombax Heptaphyllum **MMW** p. 624. शाल्मलीवेष्ट the gum or resin of the शाल्मली tree. **MMW** p. 1068.

§ [२-४-८३] कंजा - शब्दसागर पृ० ७२०। नक्तमाल - करंजक - चिरबिल्व Pongamia Glabra **MMW** p. 398.

§ [२-४-८५] प्लीहशत्रु आदि Andersonia Rohitaka **MMW** p. 890.

§ [२-४-८७] शमी - a fetid Mimosa, Vachellia Farnesiana. **MMW** p. 87.

§ [२-४-८९] शमी - the शमी tree, Prosopis Spicigera or (accord. to others) Mimosa Suma (possessing a very tough hard wood supposed to contain fire. it was employed to kindle the sacred fire, and a legend relates that पुरु-रवस् generated primeval fire by the friction of two branches of the शमी and अश्वत्थ trees) **MMW** p. 1054.

§ [२-४-९१] मदन the fruit of Vanguiera Spinosa; a thorn-apple and various other plants. **MMW** p.

778. Mainphal Randia dumetorum, family Rubiaceae. Internet. मैनफल - मझोले आकार का एक प्रकार का झाड़दार और कँटीला वृक्ष। **शब्दसागर** पृ० ४०२३।

§ [२-४-९३] पाटलि Bignonia Suaveolens **MMW** p. 693. इसका फूल प्रायः लाल रंग का होता है और आकार में भोंपू-सा - अँग्रेज़ी में इसे ट्रंपेट फ़्लावर कहते भी हैं। इसका आकार तथा रक्त रंग, हो सकता है इसी से कवि देव ने इस पुष्प को भयोत्पादक बताया है -

चंपक दाडिम नूत महाडर पाडर डार डरावनी फूली [सुष० ६९०] [18]

§ [२-४-९४] प्रियंगु वा ककुनी - ति०। प्रियङ्गु - सुगन्धिवृक्षविशेषः - **हलायुध०** ४७२।
The Sanskrit word priyangu literally means that which is lovable or charming. It is one of the herbs mentioned in all ancient scriptures of Ayurveda and has numerous synonyms like phalapriya, subhaga, nandini, mangalya, priya, sreyasa, syama, priyavalli etc. There are two varieties of the plant, described in Samhitas, as priyangu and gandha priyangu. The second variety is fragrant one.

The plant grows in sub-Himalayan tracts, Bengal and Assam, up to 1800 – 2000 meters altitude. An erect shrub grows 1-2 meters in height, with branches having tomentose tips. The leaves are 15-25 cm long, opposite, ovate-lanceolate, with rounded base and white tomentose beneath. The flowers are small, rose colored, in globose cymes of 2 cm length and 5 cm diameter. The fruits are white drupes, succulent, 30 - 45 cm in diameter.

The botanical name of priyangu is Callicarpa macrophylla and it belongs to family Varbenaceae.

http://www.herbalcureindia.com/herbs/callicarpa-macrophylla.htm

§ [२-४-९५] सोना = सरिवन - ति०; सरिवन [सं० शालपर्णी] **शब्दसागर** पृ० ५०००। सोनापाठा - झा०; **शब्दसागर** पृ० ७०९८। The botanical name of Mandukaparni is Centella asiatica and it belongs to family Umbelliferae, apiaceae. Internet. मंडूकपर्ण - टुंटुक - शुकनास Calosanthes Indica = कपीतन **MMW** p. 251. सोणक - ऋक्ष Bignonia Indica **MMW** p. 224.

§ [२-४-९७] भूतावास - कर्षफल Terminalia Bellerica. **MMW** p. 260. § [२-४-९८] अभया the plant Terminalia Chebula. **MMW** p. 60.

§ [२-४-१००] धूपः - २ सरल वृक्ष। **आप्टे०** पृ० ४९९। सरल वा सरल देवदारु - ति०। पीतद्रु Pinus Longifolia or Curcuma Aromatica. **MMW** p. 629.

§ [२-४-१०१] नैनिया - कठ चंपा। ति०। कर्णिकार Named as 'Pterospermum Acerifolium' in science, the 'Karnikar Tree' is normally a very nice and tall tree. The name 'Pterospermum' derived from two Greek words, 'Pteron' and 'Sperma' that mean "winged seed". The name of its family is 'Sterculiaceae'. Being very famous in the name of 'Kanak Champa' in Bengali, the tree is known as 'Kanak champa' or 'Kaniar' or 'Katha Champa' in Hindi. The tree is also known as 'Bayun' in Malay. The origin of this beautiful tree is in the Northern parts of India, Assam and Burma. It remains a slim and high tree in those areas, but in further South, it fails to achieve a great height.

As the tree contains very large sized flowers and leaves, it looks outstanding and can become evergreen as well. The leaves of the 'Karnikar Tree' The Karnikar Treeare pale grey in colour underneath it. When the wind spins and twists them on their long stalks, they look most prominent. The bark of the tree is also grey in colour and soft. The twigs are feathery and are of rusty-brown colour. At the young age, the leaves also have this downy covering and when they develop, the covering drops on. A fully matured leaf can achieve the maximum length of 35 cm. They are almost the same in width as well. They have some margins in themselves and the margins are wavy or sometimes bear lobes. The lobes terminate in a point occasionally. They are rough and leathery and dark green at the top. They are silvery below the down gets dense clothing.

The velvety flower calices bear an ochre or khaki shade. At the beginning they are seen as long and uneven buds, but ultimately they crack into five slender sepals. The sepals curve elegantly back and release the creamy white petals. These petals curl and bend around the cluster that bears white and

[18] **दे०सं०ग्रं०** १-२०८।

gold stamens. From the months of February to May, the flowers start to spread a delicate fragrance that remains for a long time even after they fall down and become dry. The fruit of the 'Karnikar Tree' is like a hard capsule. They sometimes get the length of 15 cm. It has a covering of rough, brown hairs and it is also divided into five sections. The fruits take quite a very long period of about one year to get matured properly and after ripening, the sections of the fruits split open and release a large number of winged seeds.

Flowers and leaves of the Karnikar Tree [kanak champa] The Indians consider The 'Karnikar Tree' as a valuable tree as it has some important uses. The large, round leaves of this tree can make fine plates and can also be used to wrap up something. People lay down the leaves on roof boards under the thatch and thus make a strong 'felt' and they also use the down from the under-surface in order to stop bleeding. The flowers of the tree have their respective medicinal uses as well. A good tonic can be prepared from them and can be used as a cure for i nflammation, ulcers and tumours. Not only this, if you keep them among your clothes, they will impart a pleasant perfume and also keep away the insects. The Hindu people use them for their religious purposes. The timber of the 'Karnikar Tree' is not very firm but is quite durable and people use this for planking, boxes, spars, etc. Internet.

§ [२-४-१०२] बडहर छोड़ किसी पद की पुष्टि सं० से नहीं होती; **शब्दसागर** में भी नहीं है। **अमर०** के आधार पर उपरोक्त पाठ निर्माण किया गया है, 'लकुचः, उसी प्रकार 'नकुचः' लिकुचः डहुः, और भी डहूः' - ति०।

§ [२-४-१०४] इज्जल - जलवेतस का भेद वा समुद्रफल - ति०। small tree growing in wet and saline soil (or on low grounds near the sea), Barringtonia Acutangula Gaertn. **MMW** p. 64.

§ [२-४-१०५] कठूमर - काला गूलर या कठूंबरी - ति०। मलपू - जघनेफला - फल्गु Ficus Oppositifolia. **MMW**

§ [२-४-१०७] सिरस - [सं० शिरीष] शीशम की तरह का लंबा एक प्रकार का ऊँचा पेड़। **शब्दसागर** पृ० ६०३१। سرس सं० शिरीष Mimosa sirissa or Acacia sirissa. **Fallon** p. 762. सिंसुपा - **शब्दसागर** पृ० ६००४।

§ [२-४-१०८] सिरसा - **शब्दसागर** पृ० ६०३१। कपीतन Acacia Sirissa **MMW** p. 251. शिरीष Acacia Sirissa **MMW** p. 1073.

§ [२-४-११०] अरणी - ति०। जाही - [सं० जाती] चमेली की जाति का एक प्रकार का सुगंधित फूल। **शब्दसागर** पृ० १७५१। अगेंथ - [सं० अग्निमंथ] अरनी का पेड़। गनियारी। **शब्दसागर** पृ० ९७। तर्कारि - शुश्रुत ६-१७-४९। तर्कारी Sesbania aegyptiaca. **MMW** p. 440. वस्तुतः पूर्वार्ध के पाँच पद अरणि वृक्ष के नाम हैं तथा उत्तरार्ध की पाँच संज्ञाएँ चमेली के एक प्रकार जाही या जाती के पर्याय। अरणि the plant Premna Spinosa. **MMW** p. 86. जाती Jasminum grandiflorum. **MMW** p. 18.

§ [२-४-१११] मौलसिरी = मवशली ति०। बकुल - केसर Mimusops Elengi (said to put forth blossoms when sprinkled with nectar from the mouth of lovely women.) **MMW** p. 719.

§ [२-४-११२] कुटज - शक्र Wrightia antidysenterica **MMW** p. 288.

कुरैया [सं० कुटज] **शब्दसागर** पृ० १००१। کُٹج Echites antidysenterica **Fallon** p. 911.

§ [२-४-११३] इंद्रजव [सं० इन्द्रयव] **शब्दसागर** पृ० ४९८। (मराठी में भी इंद्रजव। भाषा में प्रचलित होने पर उस शब्द का तत्सम रूप नहीं दिया जा रहा है।)

§ [२-४-११६] ये देवताली के वा वंदाल वृक्ष के जो गुजरात में गोडी इस प्रसिद्धि के नाम हैं - ति०। जीमूत Luffa foetida or similar plant; Cyperus rotundus. **MMW** p. 422.

§ [२-४-११७] म्योंड़ी - एक सदाबहार झाड़ का नाम। **शब्दसागर** पृ० ४०४८। निर्गुंडी Vitex negundo. **MMW** p. 554.

§ [२-४-११८] सूर्यमुखी के भेद वा हाथीशुंडा वा घुइयाँ - ति०। श्रीहस्तिनी the sunflower, Heliotroplum Indicum (so called as held in the hand of श्री or लक्ष्मी) **MMW** p. 1100.

हाथीशुंडा वा घुइयां - ति०। श्रीहस्तिनी (श्रीहस्तो विद्यतेऽस्याः) भूरुंडी ये दो नाम एक तरह के शाक विशेष के हैं। - झा०।

'हाथीशुंडा' तो देखने में नहीं आता; 'घुइयां' फ़ेलन के कोश में इस प्रकार व्याख्यायित है, گھئیاں An esculent root; Arum Colocasia. **Fallon** p. 1027. प्लाट्स में گھئی घूया तथा گھیاں घूयां p. 940. (आश्चर्य नहीं होता कि पिछले एक सौ वर्ष में हिंदी भाषियों की नाक सामूहिक रूप से कट गई! देखें, "घुँइयाँ - अरुई नामकी तरकारी। **शब्दसागर** पृ० १४०५।)

§ [२-४-१२०] जंगली मोगरी वा बेला - ति०।

§ [२-४-१२१] यह श्वेत फूल की नेवारी श्वेत सुरसा, और भूतवेशी भी कहलाती है। उसी को पर्वत में भूतकेशी कहते हैं - ति०।

§ [२-४-१२४] अति उजले कुंद के वा कुंद भेद के नाम हैं वा मधुमाधवी लता के नाम हैं - ति०। वासंती - माधवी - अतिमुक्त - मधुमाधवी Gaertnera Racemosa. **MMW**

§ [२-४-१२६] बन्धुजीव "living in groups", Pentapetes Phoenicea (a plant with a red flower which opens at midday and withers away the next morning) **MMW** p. 721.

§ [२-४-१२८] ओड्रपुष्प - गुडपुष्प वा ओढ़ौल - ति०; अढ़उल - झा०। अड़हुल - जया या जवा पुष्प। देवी फूल। गुड़हर। **शब्दसागर** पृ० १३५। वज्रपुष्प - तिल का फूल। **आप्टे०** पृ० ८९१; the blossom of sesamum **MMW** p. 913.

§ हयमारक चंडात अरु शतप्रास करवीर। कनइल [19] जुत प्रतिहास षट नाम कहत वुधिधीर [२-४-१२९]

करवीर के वा कनइल इस प्रसिद्धि के नाम हैं - ति०; ये पाँच नाम कनइल पुष्प वृक्ष के हैं - झा०।

एक 'कनइल' पद व्युत्पत्ति के विचार से जितना ही गूढ़, उतना ही रोचक भी है! 'कनेर' का 'कनइर' रूप परिवर्तन दोहा छंद के आग्रह से समझ में आता है और '-इर' का '-इल' तनिक भी नहीं चौंकाता, लेकिन अचरज होता है, 'कनइल' शब्द आया कहाँ से – और फिर भाषा से लुप्त कैसे हो गया!

कनइल **अमर०** में मिलता है और न संस्कृत के कोशों में! इतना ही नहीं, रलयोरऽभेद से हिंदी के कोशों में भी यह नहीं है! **शब्दसागर** में कनियर मिलता है, सं० कर्णिकार से व्युत्पन्न - 'दे० कनेर' **शब्दसागर** पृ० ७७४। इसी कोश में 'करवीर' का अर्थ 'कनेर का पेड़' बताया गया है (पृ० ८१५।)

यह कनेर [सं० कणेर] एक पेड़ (पृ० ७७७।); श्री रामचंद्र वर्म्मा के मानक में कनेर सं० कणर से पैदा हुआ है – राम जाने, नक़ल उतारने में एकार छूट गया, कि छपाई में टूट गया! कोख टटोलने पर 'कणेर' मिलता तो है पर अर्थ प्रसंग से कुछ न्यारा लगता है – हथिनी वग़ैरह! सो इन्हें जाने दें!

फ़ैलन के कोश में کنیر S करवीर The Oleander. Nerium odorum. **Fallon** p. 952.

हाँ, मोनियर विलियम्स ने ऊपर के दोहे के सभी प्रतिशब्दों का संग्रह कर व्याख्या की है -

इयमारक Nerium odorum. **MMW** p. 1288.

चंडात Nerium odorum. (cf. Chandi kusuma) **MMW** p. 383.

शतप्रास Nerium odorum. **MMW** p. 1049.

करवीर Oliander. Nerium odorum. **MMW** p. 253.

प्रतिहास Fragrent oliander. Nerium odorum. **MMW** p. 673.

पालि तथा अपभ्रंश में भी '-इर' रूप है, "कणइर" **पाइअ०** पृ० २९८; "कणइर कम्ब – कनेर के वृक्ष की लकड़ी" – **अप०कोश०** पृ० १८५।

टर्नर के कोश में[20] संकलित अन्य आर्य भाषाओं की व्यापक सूची में मैथिली 'कनैल' पर हमारा ध्यान अटकता है!

---

[19] कनथर - नी०; कनयर - ग०।

[20] 2800 Karavira - **Turner** p. 141.

काल प्रवाह में भाषा के कितने ही पुराने पद पालि तथा अपभ्रंश में ही रह गए, उसके आगे न बढ़ पाए। हो न हो, 'कनइल' भी ऐसा ही एक लुप्तप्राय शब्द हो!

कनेर Nerium indicum Mill. Syn. Nerium odorum Soland (Fam. Apocynaceae)

§ [२-४-१३१] बिजौरा नींबू - ति०। रुचक a citron, **MMW** p. 882.

§ [२-४-१३२] मरुआ वा दवना - ति०। मरुआ - बनतुलसी या बबई की जाति के एक पौधे का नाम। नागबेल। नादबोई। **शब्दसागर** पृ० ३८०३। marjoram; a kind of Ocimum. **MMW** p. 790. फणिज्झक marjoram and another similar plant. **MMW** p. 716.

§ गनौ कुठेरक कठिंजर वहुरि कह्यौ पर्णास। अनन्नास के नाम जुग भाषत वुद्धिप्रकास [२-४-१३३]

पर्णास व बवई - ति०।

संस्कृत में 'कुठेरक' के सिवा अन्य पद नहीं हैं; हिंदी के कोशों में भी 'अनन्नास' को छोड़, ऊपर परिगणित 'कुठेरक' आदि शब्द नहीं मिलते – बवई भी नहीं। फ़ैलन ने انناس का वैज्ञानिक नाम दिया है, Ananassa sativa. **Fallon** p. 167.

अनन्नास के विषय में आश्चर्यजनक रूप से विस्तृत जानकारी हमें हॉब्सन-जॉब्सन के कोश (१८८६) में मिलती है। नीचे उसका सार-संक्षेप दिया जा रहा है –

> अनन्नास Ananassa sativa, Lindel. Bromelea Ananas L. का मूल स्थान मेक्सिको तथा पनामा है। ब्रासील में इसे नानास कहते हैं और यही नाम पुर्तगाली भाषा में प्रचलित हो, संसार भर में इस पादप के साथ-साथ फैला। पूर्वी देशों में इसका प्रसार इतने व्यापक क्षेत्र में हुआ कि सहसा विश्वास नहीं होता कि यह सुदूर लातीन अमरीका से आया होगा। बंगाल और आसाम तथा सिंगापुर, मलाया और चीन के कैंटन आदि प्रांतों में यह १७वीं सदी के मध्य से पाया जाता है। आइने अकबरी (सन् १५९०) में भी अनन्नास का उल्लेख मिलता है।[21]

आप्टे० में दोहे में गिनाए तीन नामों में से कोई भी नहीं मिलता – मोनियर विलियम्स में कुठेरक के साथ ये दो नाम भी आए हैं –

> कुठेर - the plant Ocimum pilosum.
> कुठेरज - a kind of Basilicum (Ocimum sanctum or Ocimum gratissimum) Susr.; **MMW** p. 289.

किंतु Basilicum, L. तो ग्रीक Basilicon, Gr. का रूपांतर है और यह तो पुदीना mint परिवार की तुलसी, काली तुलसी तथा मंजरीक तुलसी से संबंधित है! अनन्नास से तो इसका दूर का भी कोई नाता नहीं!

अतः यह मानना होगा कि **अमर०** में गिनाए गए नाम अनन्नास से भिन्न किसी दूसरे फल के हैं, क्योंकि **अमर०** की रचना के समय दूसरी शती में इस फल का भारत में होना संभव नहीं है। सुवंश ने 'पर्णास' को ध्वनि साम्य से अनन्नास समझा हो तो कोई आश्चर्य नहीं!

इसी प्रकार ति० ने 'बवई' और उनके साक्ष्य पर झा० ने! **शब्दसागर** में 'बबई' 'बवई' जैसा कोई पद नहीं है - ति० के निम्न अंश से अर्थ खुलता है, शाखा और फूल से श्वेत पर्णास वा बवई को 'अर्जक' कहते हैं। अर्जक barbari-, arjaka - Ocimum basilicum L. Identified with (Hin) ba-bul, ba-buyitulasi-, Sweet basil, Common basil. **MMW** p. 90. यह भी 'तुलसी' ही का एक प्रकार है।

§ [२-४-१३४] चित्रक, पाठिन् Plumbago zeylanica. **MMW** p. 615.

§ [२-४-१३६] शिवमल्ली = Getonia Floribunda. **MMW** p. 1075. पाशुपत। मौलसिरी। **शब्दसागर** पृ० ४७५४। एकाष्ठीला a species of Calotropis. Clypea Hernandifolia. **MMW** p. 30.

§ [२-४-१३७] वृक्षादिनी Vanda Roxburghii **MMW** p. 1008. बाँदा [सं० बन्दाक] एक प्रकार की वनस्पति जो अन्य वृक्षों की शाखाओं पर उगकर पुष्ट होती है। **शब्दसागर** पृ० ३४३३।

---

21 **Hobson-Jobson** p. 25 - 28.

§ [२-४-१३८] गुरुचि वा नीमगिलोय - ति०। गुरुच - एक प्रकार की मोटी बेल जो रस्सी के रूप में बहुत दूर तक चली जाती है। यह बेल पेड़ों पर चढ़ी मिलती है और बहुत दिनों तक रहती है। **शब्दसागर** पृ० १३०९। गुडूची Cocculus cordifolius. **MMW** p. 57.

§ [२-४-१३९] स्रुवा Sanseviera Roxburghiana **MMW** p. 1274. मूर्वा **शब्दसागर** पृ० ३९९६।

§ [२-४-१४०] पीलुपर्णी Momordica Monidelpha **MMW** p. 630.

§ [२-४-१४१] पाठा वा पाढ़रि - ति०। एकाष्ठीला Clypea Hernandifolia **MMW** p. 230. पाठा - **शब्दसागर** पृ० २९३५।

§ [२-४-१४२] कुटकी **शब्दसागर** पृ० ६७९। Katuka (Latin name, Picrorhiza kurroa) is a stem-less perennial herb seen in the alpine regions of Himalayas. Internet.

§ [२-४-१४४] केवांच - जिसके फल पर रोम होते हैं और शरीर में लगने से खाज चलती है (मर्कट तुल्य लोमयुक्तत्वान्मर्कटी, यत्स्पर्शेन कण्डूरुत्पद्यतेऽतः कण्डूरा) - ति०। the plant Mucuna Pruritus Hook **MMW** p. 135.

§ [२-४-१४५] लटजीरा, चिचिंडा व आधा झाड़ा - ति०; चिचिढ़ा - झा०। चिचिंडा; अपामार्ग the plant Achyranthes Aspera. **MMW** p. 54. چچینڈا S चिञ्चिड - चचैंडा - Snake gourd, Tricosanthes anguina **Fallon** p. 522. चचींड़ा [सं० चिचिण्ड] **शब्दसागर** पृ० १४५१।

§ [२-४-१४७] Salvinia Cucullata **MMW** p. موسلی S मूसली 1 A taproot. 2 The fusiform receptacle of a many seeded fruit, as, of the artocarpus, anona, etc. **Fallon** p. 1133. मूसली - [सं० मूशली] हल्दी की जाति का एक पौधा। **शब्दसागर** पृ० ४०००।

§ [२-४-१४८] भृंगराज वा भंगरैया - ति०। Eclipta Prostrata. Wedelia Calendulacea **MMW** p. 765. ब्राह्मणी - ब्राह्मणयष्टिका Clerodendrum Siphonantus **MMW** p. 742. भृंगराज Eclipta Prostrata, Wedelia Calendulacea. **MMW** p. 765. भारंगी **शब्दसागर** पृ० ३६४४।

§ [२-४-१४९] मंजिष्ठा Indian madder, Rubia Munjista **MMW** p. 774

§ [२-४-१५१] धन्वयास वा धमासा वा यवासा - ति०। यवासक Alhagi Maurorum **MMW** p. 847. Camel thorn. Internet. जवास **शब्दसागर** पृ० १७२३।

§ [२-४-१५२] सिंहपुच्छी के आकार की फूलवाली औषधि वा चाकुलियां वा पिठवन - ति०। पिठवन - **शब्दसागर** पृ० २९९८। पृथक्पर्णी Hemionitis Cordifolia **MMW** p. 646.

§ [२-४-१५५] नीली के वा नील के वा वस्त्र आदि के रंगने के लिए काले वर्ण के नाम हैं - ति०। मधुपर्णिका Indigofera Tinctoria &c. **MMW** p. 780.

§ [२-४-१५६] बकुची - **शब्दसागर** पृ० ३३४२। بکچی बकची Vermonia anthelmintica, the seed of which is used for curing the itch. **Fallon** p. 262. सोमराजी - बकुची। **शब्दसागर** पृ० ८००४। Vernonia Anthelminthica **MMW** p. 1250.

§ [२-४-१५९] काकचिंची Abrus precatorius **MMW** p. 266. गुंजा वा घुंघची - ति०; गुंजा - झा०।

§ [२-४-१६०] वंनशृंगाट Tribulus Lanuginosus **MMW** p. 918.

§ [२-४-१६१] गोखरू [सं० गोक्षुर] (पर्याय त्रिपुट) **शब्दसागर** पृ० १३३९। गोक्षुर = -kanta or Tribulus lanuginosus **MMW** p. 364. گوکھرو गोखरू The plant ruellia longifolia; the plant Tribulus lanciginosus. **Platts** p. 925

§ [२-४-१६३] चविका [सं०] चव्य नामकी औषधि। **शब्दसागर** पृ० १४९४। चवन Piper Chaba, **MMW** p. 391. Chavika. (Piper retrofractum Vahl) Vern. Chai, Beng. Chab. Internet.

§ [२-४-१६४] ऋष्यप्रोक्ता - शतमूली - इंदीवरी Asparagus Racemosus.

§ [२-४-१६६] दार्वी [सं०] दारुहलदी। **शब्दसागर** पृ० २२६२। Curcuma Aromatica or Xanthorrhiza, also a kind of collyrium extracted from it **MMW** p. 476.

§ [२-४-१६७] वचा वा खुरासानवच - ति०; घुड़बच - झा०। बच - **शब्दसागर** पृ० ३३५१। वचा - उग्रगंधा - गोलोमी Acorus calamus. Internet. गोलोमी N. of a plant; white flowering durva grass. **MMW** p. 366.

§ [२-४-१६८] सिंहास्य - सिंही Gendarussa Vulgaris **MMW** p. 1213. अडूसा व रूस वा बिसौंटा - ति०।

§ [२-४-१७१] मिश्रेया Anethum Panmori or dill **MMW** p. 817. मिशि Anethum Panmori and Anethum Sowa **MMW** p. 817. वनसौंफ - Foeniculum Vulgare Mill.

§ [२-४-१७२] समंतदुग्धा a species of Euphorbia **MMW** p. 115.

§ [२-४-१७३] باوبڈنگ बाओबिडंग Embelia ribes. **Fallon** p. 216.

§ [२-४-१७४] बरिआर वा बरिअरा - ति०। बला Sida Cordifolia **MMW** p. 722. घंटारवा Crotolaria of various species. **MMW** p. 376. Crotalaria sericea Internet शणपुष्पिका Crotolaria Verrucosa. **MMW** p. 1048.

§ [२-४-१७६] निसोत वा उपविष - ति०। त्रिवृता Ipomoea Turpethum. **MMW** p. 460.

§ [२-४-१७७] अर्धचंद्रा the plant Convolvulus Torpethum. **MMW** p. 92. कालमेषिका Psoralea Corylifolia. Internet. पालिंधी a species of Ipomoea with dark blossoms. **MMW** p. 623.

§ [२-४-१७८] मुलेठी; क्लीतक Glycyrrhiza glabra. **MMW** p. 324.

§ [२-४-१७९] भूमिकुष्मांड वा गंगाफल वा कोंहड़ा - ति०।

§ [२-४-१८०] शकुलादनी kind of potherb (accord. to L. Commelina Salicifolia, Scindapsus Officinalis &c) **MMW** p. 1046. जलपिप्पली Commelina salicifolia and another species. **MMW** p. 415.

§ [२-४-१८१] मयूरशिखा वा अजमोदा - ति०। दीप्य Celosia Cristata. **MMW** p. 481.

§ [२-४-१८२] करियाट, करिघट, गुलीरस श्याम लता, पीपरि व शांब के नाम हैं - ति०; शारिवा - झा०। सारिवा N. of two creeping plants (Hemidesmus Indicus and Ichnocarpus Frutescens), **MMW** p. 1209. उत्पलशारिवा Hemidesmus indicus. Hindi : anantamul, hindisalsa, janglichanbelli, kalisar, magrabu, salsa, anandmul-kapuri, mugrabu, aushba, dudhli. Internet

§ [२-४-१८४] मुद्गपर्णी Phaseolus Trilobus. **MMW** p. 822. महा [सं०] गोपवल्ली **शब्दसागर** पृ० ३८३९। गोपवल्ली the गोपा plant; Sanseviera Roxburghiana. **MMW** p. 3; **MMW** p. 68. पर लेकिन 'गोपा' तो 'गोपी' [२-४-१८२] का पर्याय है! 'गोपी श्यामा गोपवल्ली गोपा गोपालिका च सा - इति वाचस्पतिः' - झा०। अतः 'महा' का यहाँ मुद्गपर्णी या मूँग से कोई संबंध नहीं, यह मात्रापूर्ति के लिए प्रयुक्त हुआ है।

§ [२-४-१८५] वृंताक - बैंगन का पौधा। **आप्टे०** पृ० ९७२; **शब्दसागर** पृ० ४५८२।

§ [२-४-१८६] रास्ना वा रासन - ति०। रास्ना - **शब्दसागर** पृ० ४१७४। गंधनाकुली Piper Chaba, Vanda Roxburghii, Artemisia Vulgaris. **MMW** p. 345.

§ [२-४-१८८] शालपर्णी Desmodium or Hedysarum Gangeticum. **MMW** p. 1067. सरिवन - **शब्दसागर** पृ० ५०००।

§ [२-४-१९०] वला, नागवला वा ककही - ति०; गँगेरन - झा०, **शब्दसागर** पृ० १२०१; गाङ्गेरुक the plant Uraria Logopodioides. **MMW** p. 353. ह्रस्वगवेधुका Uraria Lagopodioides **MMW** p. 1307.

§ [२-४-१९१] तुरई - ति०; पीले फूलवाली तरोई - झा०। घोषक the creeping plant Luffa foetida or a similar plant. **MMW** p. 378. महाजाली a species of घोषा with yellowish flowers. **MMW** p. 796.

§ [२-४-१९२] तरकारी वाला चिचिंढ़ा - ति०। पटोली a species of small cucumber. **MMW** p. 579. ज्योत्स्नी Trichosanthesdioeca. N. of a medical substance **MMW** p. 428 चचींडा [सं० चिचिण्ड] तरोई की तरह की एक बेल जिसमें हाथ-हाथ भर लंबे और दो ढाई अंगुल मोटे साँप की तरह के फल लगते हैं। इन फलों की तरकारी होती है। इसे कहीं-कहीं परवल भी कहते हैं। **शब्दसागर** पृ० १४५१।

§ [२-४-१९३] करिहारी व विष विशेष - ति०; करियारी [सं० कलिकारी] कलियारी - विष। **शब्दसागर** पृ० ८१९; लाङ्गलिक a partic. vegetable poison; Methonia superba. **MMW** p. 900. अग्निशिखा the plants Gloriosa Superba and Menispermum Cordifolium. **MMW** p. 5.

§ [२-४-१९४] काकजंघा व कौआठोंठी - ति०; [सं० काकतुण्डी] - **शब्दसागर** पृ० १०७८। Kakatundi, Kakanasika - Asclepias curassavica. Internet. हंसपदी वा रक्त रजालू के वा करेमुआ - ति०। हंसपदी = लजालू, **शब्दसागर** पृ० ४२४५। Mimosaceae (touch-me-not family). Mimosa pudica. Hindi: chui-mui, Lajalu (Marathi: laajaaluu) has been identified in ayurveda as Mimosa pudica, which folds itself when touched and spreads its leaves once again after a while. Internet. सुवहा - हंसपदी। **शब्दसागर** पृ० ७०२४।

§ [२-४-१९५] मुसली - **शब्दसागर** पृ० ३९८२। तालमूलिका Curculigo orchioides. **MMW** p. 445.

§ [२-४-१९६] अजशृङ्गी "goat's horn", the shrub Odina Wodier, used as a charm and as a remedy for sore eyes AV. (its fruit resembles a goat's horn) **MMW** p. 93. ककराशृङ्गी = मेढ़ाशृङ्गी - ति०झा०; Meshashringi - Gymnema sylvestre (Retz.) R.Br.ex Roemer & Schultes. English Name : Gymnema. Sanskrit : Meshashringi, Gurmar Gymnema sylvestre. Internet. अजशृङ्गी = कर्कटशृङ्गी - बोध०। ककराशृङ्गी - मेढ़ाशृङ्गी - मेषाशृङ्गी संस्कृत के किसी कोश में नहीं मिलते; ये तीनों 'अजशृंगी' के भाषानुवाद हैं।

§ [२-४-१९८] हरेणुका व रेणुका - ति०; रेणुका बीज - झा०; रेणुका - संभालू के बीज - **शब्दसागर** पृ० ४२०७। सँभालू - श्वेत संभवार वृक्ष - मानक० ५-२२८; निर्गुण्डी - मानक०; रेणुका a partic. drug or medicinal substance (said to be fragrent, but bitter and slightly pungent in taste, and of grayish colour; cf. renu.) **MMW** p. 887. Nirgundi (Vitex negundo); Bengali : Niginda, Samalu, Nirgundi; Hindi : Nirgandi, Shambhalu, Nisinda; Marathi : Nirgundi, Nisind, Nigudi. Internet.

§ [२-४-१९९] मूसघर व हरिवालुक नाम गंधद्रव व एलुआ - ति०; एलवालुक - कपित्थ की सुगंधित छाल। **शब्दसागर** पृ० ६८४। एलवालु the fragrent bark of Feronia elephantum. **MMW** p. 232.

§ [२-४-२००] पालकी के शाक वा पोई वा कुंदरु - ति०; पालङ्क Boswellia thurifera. **MMW** p. 623; कुन्दुरु Boswellia thurifera. **MMW** p. 291.

§ [२-४-२०१] नेत्रबाला - बाल वा केश वा ह्रीवेर - ति०; नेत्रबाला - सुगंधबाला। कचमोद। बालक। **शब्दसागर** पृ० २७२६। सुगंधबाला - **शब्दसागर** पृ० ६०६४। नेत्रबाला (Pavonia odorata) तथा केशाम्बु Pavonia odorata. **MMW** p. 310.

§ [२-४-२०३] तालीसपत्र, वा मुरा वा मरोरफली - ति०। मरोड़फली - एक प्रकार की फली जो प्रायः पेट के मरोड़ के लिए गुणकारी होती है। मुर्त्रा। अवतरनी। **शब्दसागर** पृ० ३८०६। तालपर्ण Anethum graveolens. **MMW** p. 445.

§ [२-४-२०४] सालई व सालवृक्ष - ति०; सनई - झा०। सलई - [सं० शल्लकी] चीढ़। **शब्दसागर** पृ० ५०१४। गजभक्ष्या gum Olibanum. **MMW** p. 342; Boswellia serrata Var.glabra (Burseraceae). Hindi : kundur, luban, salai; Persian : kandar كندر a kind of juniper gum used for medicinal purposes. **Steingass** p. 1053-54. Urdu : lobana. Internet.

§ [२-४-२०५] धातकी व धवई व धाय - ति०; धवा - झा०। Woodfordia fruticosa, Common Name: Dhatupushpika. Internet.

§ [२-४-२०६] बहुला - संस्कृत में बहुल तथा बहुला समानार्थी हैं, बड़ी इआयची के। दे० **MMW** p. 726

§ [२-४-२०७] गुजराती इलायची - ति०।

§ [२-४-२०८] उत्पल - पाकल Costus Speciosus or Arabicus **MMW** कुट - **शब्दसागर** पृ० ९७९।

§ [२-४-२०९] शंखकौड़ी वा लाहुला वा चोरवल्ली वा शंखाहुली - ति०; शंखाहुली - **शब्दसागर** पृ० ४६६८। Botanical Name : Convolvulus Pluricaulis; English Name : Bindweed; Hindi Name : Kaudiali, Shankhahuli; Sanskrit Name : Shankhpushpi, Vishnukranta.

Convolvulus is an herb native to India. This herb is found in many parts of the country.

Convolvulus Pluricaulis is a member of Convolvulaceae plant family. Other synonyms are Convolvulus prostratus, Convolvulus microphyllus.

This is a small prostrate creeping herb. The leaves are variable, ovate-oblong and obtuse or pointed. The flowers bloom in December to April. The flowers are white or pink. The shape of the flower is like Shankh (a marine shell) that is why the name is Shankhpushpi. (Pushpa meaning flower.) Internet.

§ [२-४-२१०] छोटा आँवला, हर्फा - झा०। हरफारेवड़ी **शब्दसागर** पृ० ४५५१; ہرپھاریوڑی सं० हरिपर्वरी Averrhoa acida. **Fallon** p. 1200.

§ [२-४-२११] स्थलकमल वा शालपर्णी के समान पत्तेवाले के नाम - ति०; पौंडरीया - झा०; Prapaundarika - Panderia, H. Root-stock of Nymphaea Lotus, Willd. Internet.

§ [२-४-२१२] तुणी वा तून वा नंदिवृक्ष वा अश्वत्थ के आकार पत्र वाले के नाम - ति०; नंदिवृक्ष Cedrela Toona. **MMW** p. 527.

S تن H. तुन The Toon tree, Cedrela toona (the wood of which bears some resemblance to mahogany, and is much used for furniture, &c.);—s.f. The flower of the Toon tree (used for dyeing a yellow colour). **Platts** p. 338.

§ [२-४-२१३] व्याघ्रनख नामक गंधद्रव्य वा नखाख्य गंधद्रव्य - ति०; व्याघ्रनख Capparis sepiaria. Internet.

§ [२-४-२१४] नली नामक गंधद्रव्य वा पवारी - ति०; मालकँगनी - झा०। पवारी - नलिका नामक गंधद्रव्य। **शब्दसागर** पृ० २८९७। नलिका - मूँगे के आकार का एक गंधद्रव्य। **शब्दसागर** पृ० २५४६। सुषिरा (prob. fr. सु + सिरा q.v., also written शुष्) a partic. fragrant bark. **MMW** p. 238. विद्रुमलतिका a kind of fragrant substance. **MMW** p. 951. नली a kind of perfume or red arsenic. **MMW** p. 530.

§ [२-४-२१५] अंजनकेशी - नख नामक सुगंधद्रव्य, जिसके जलाने से अच्छी सुगंध उठती है। **शब्दसागर** पृ० १४। name of a vegetable perfume. **MMW** p. 11. हट्टविलासिनी a sort of perfume (= धमनी) **MMW** p. 287. धमनी - हलदी। **शब्दसागर** पृ० २४२९। a sort of perfume; turmeric or Hemionitis Cordifolia. **MMW** p. 510.

§ [२-४-२१६] जटावती Nardostachys जटा-मांसी **MMW** p. 409 जटामासी Spikenard, Valeriana jatamasi; or the plant Nardostachys jatamansi. **Platts** p. 377.

§ [२-४-२१७] अरहर वा रहर वा तुवरिका वा तूर वा खरीमट्टी वा अर्ही - ति०।

§ [२-४-२१८] जलमोथा वा नागरमोथा वा छोटा मोथा वा गोया - ति०। केवटीमोथ = नागरमोथा। **शब्दसागर** पृ० २५६६। (गीवस - गी वश में है जिनके। गी = वाणी। जैसे गीस्पति।)

§ [२-४-२१९] गठीवन वा भटोरा वा कुकरौंधा - ति०। गठिवन - मध्यम आकार का एक पेड़ जिसकी डालियाँ पतली होती हैं। इसकी पत्तियों में स्थान-स्थान पर गाँठें होती हैं। यह नेपाल की तराई में अधिक होता है। **शब्दसागर** पृ० १२१४।

§ [२-४-२२०] पिंडका वा अस्परक वा विड़ार शाक - ति०; अरयर झा०। Anisomeles malabarica. Internet.

§ [२-४-२२१] दालचीनी वा तज - ति०। Cinnamomum aromaticum. Internet.

§ [२-४-२२२] कचूर - हल्दी की जाति का एक पौधा। नर कचूर। **शब्दसागर** पृ० ७३९।

§ [२-४-२२३] छगलांत्रिका Argyreia speciosa or argentea. **MMW** 404.

§ [२-४-२२४] उजली दूब वा ब्राह्मी - ति०। सोमवल्लरी Ruta Graveolens **MMW** p. 1250.

§ [२-४-२२५] स्वर्णक्षीरा आदि = मकोय। Cleome Felina. **MMW** p. 1282

§ [२-४-२२६] मूँग। - ति०; बनउड़द - झा०।

§ [२-४-२२७] चौराई वा तंडुलजा वा किनकी वा नटिआशाक - ति०। Amaranthus spinosus Linn. Internet.

§ [२-४-२२९] बवई - ति०; पवई - झा०। हुलहुल। **शब्दसागर** पृ० ५५३७। कवरी - बर्बरी। बबई। वन तुलसी। **शब्दसागर** पृ० ८६०। बर्बरी a species of Ocimum. **MMW** p. 722. बर्बरा a species of Ocimum. **MMW** p. 722. खरपुष्प a variety of Ocimum. **MMW** p. 337. Gynandropsis gynandra (CAPPARACEAE)

§ [२-४-२३०] अम्लोना वा अमलोलवा वा चूक - ति०; दंतशठा Oxalis pusilla.**MMW** p. 69. अंबष्ठा Oxalis corniculata. **MMW** p. 83. अम्ललोणिआ wood sorrel (Oxalis Corniculata.) **MMW** p. 84

§ [२-४-२३२] समंगा Mimosa Pudica **MMW** p. 153. लजालू - **शब्दसागर** पृ० ४२४५। چهوي موي Mimosa Pudica. **Fallon** p. 565. लजालू - **शब्दसागर** पृ० ४२४५।

§ [२-४-२३३] जीवंती वा डोड़ी - ति०। जीवंती - तिक्त जीवंती को डोडी कहते हैं - **शब्दसागर** पृ० १७७०।

§ [२-४-२३४] कूर्चशीर्ष N. of a plant (commonly जीवक,) one of the eight principal medicaments) **MMW** p. 300.

§ [२-४-२३६] किराततिक्त the plant Agathotes Chirayta (a kind of gentian) **MMW** p. 284.

§ [२-४-२३७] सेंहुड़ - ति०झा०; थूहर - **शब्दसागर** पृ० २१८५। सेहुंड Euphorbia Ligularia **MMW** p. 247.

§ [२-४-२३८] काकोली वा ककोड़ी - ति०; काकोली - **शब्दसागर** पृ० ८९०।

§ [२-४-२३९] दंती वा दंतिया वा जमालगोटा - ति०। प्रत्यकश्रेणी Jatropha curcas. Internet. मकूलक - दंती नाम का वृक्ष। **शब्दसागर** पृ० ३७३३; Croton Polyandrum. **MMW** p. 771.

§ [२-४-२४०] अजमोद - अजवाइन की तरह का एक पेड़ और उसका फल। बड़ी अजवाइन। **शब्दसागर** पृ० १२१।

§ [२-४-२४१] काश्मीर the tuberous root of the plant Costus speciosus **MMW** p. 280. पुष्करमूल the root of Costus Speciosus or Arabicus. **MMW** p. 638.

§ [२-४-२४२] स्थल कमलिनी वा कपिला - ति०। स्थलकमल - **शब्दसागर** पृ० ५३४६। पद्मचारिणी Hibiscus Mutabilis **MMW** p. 584.

§ [२-४-२४३] शुंडारोचनी वा कपीला वा कबीला - ति०; कमीला - **शब्दसागर** पृ० ८०१। कर्काश Cassia or Sennia Esculenta; a species of sugar-cane; = गुण्डोरोचनी, **MMW** p. 256.

चंद्र - मूल में पाठ 'चंद' था; शुद्ध 'चंद्र' है। इसके तुकांत पर 'मंद्र', अर्थात् गहरा, पाठ निर्माण किया गया है।

§ [२-४-२४४] पुआर वा पवाड़ (वाकला) वा चकवँड़ - ति०। Cassia obtusifolia. Linn. Internet.

§ [२-४-२४७] पुनर्नवा - **शब्दसागर** पृ० ३०४६। hog-weed, Boerhavia Procumbens **MMW** p. 633.

§ [२-४-२४८] बिसखरिआ - ति०; विसखपरिया - झा०। बिसखपरा - एक प्रकार की जंगली बूटी जिसकी पत्तियाँ बनगोभी की सी परंतु कुछ अधिक हरी और लंबी होती हैं। यह औषध में काम आती है। इसे 'बिसखपरी' भी कहते हैं। **शब्दसागर** पृ० ३५१२। वितुन्न Marsilea Quadrifolea. **MMW** p. 963. सुनिषण्णक the herb Marsilea Quadrifolea. **MMW** p. 1226.

§ [२-४-२४९] पटुवा वा पटसन - ति०। शणपर्णी Pentaptera Tomentosa **MMW** p. 1048. पटसन پٹسن The plant Crotolaria juncea. **Platts** p. 227.

§ [२-४-२५०] मालकाकणी - ति०। पण्या - कटभी Cardiospermum Halicacabum **MMW** p. 580. ज्योतिष्मती = ज्योतिष्का Premna spinosa. **MMW** p. 27 पारावतांघ्रि Celastrus paniculatus (Celastraceae) Internet. मालकाकणी - ति०। मालकँगनी - **शब्दसागर** पृ० ३९२०। مال کنگني Celastrus or staff-tree. **Fallon** p. 1066.

§ [२-४-२५१] चिरायता का फल - ति०। त्रायंती Gentiana kurroa Royle (Gentianaceae.) Internet. त्रायमाण - बनफशे की तरह की एक प्रकार की लता जो ज़मीन पर फैलती है। इसके बीच बीच में छोटी छोटी डंडियाँ निकलती हैं जिनमें कसैले बीज होते हैं। **शब्दसागर** पृ० २१५४। त्रायमाणा Ficus heterophylla. **MMW** p. 457.

§ [२-४-२५२] वाराईकंद वा बिलाईकंद - ति०; वाराहीकंद - झा०।

§ [२-४-२५३] घमरा - भृंगराज नाम की बूटी। भँगरा। भँगरैया। **शब्दसागर** पृ० १३८८।

§ [२-४-२५४] कौआहाड़ीगोड़ी वा काकप्रिया - ति०; मकोय - झा०। मको مکو Physalis Peruviana. **Platts** p. 1059.

§ [२-४-२५६] आकाशबेल वा बंवरि वा लता विशेष - ति०; आकाशबेल - झा०।

अमरवल्लरी [22] आकाशवल्ली [23] के लिए गंधपर्णी अशुद्ध है। 'गंधपर्णी' पद का अस्तित्व ही संदेहग्रस्त है! संस्कृत कोशों में तथा **हलायुध०** में भी यह कहीं नहीं मिलता। जी हाँ, जो 'गन्धपर्णी' शब्द संस्कृत के सबसे विशाल शब्द भंडार संस्कृत-जर्मन कोश में नहीं, वह हिंदी भाषा के तिलक शब्दसागर में है! (गंधपर्णी [सं० गन्धपर्णी] सप्तपर्णी। **शब्दसागर** पृ० ११९७।)

आकाशबेल Cuscuta reflexa.

Like a parasite, 'Cuscuta reflexa' makes a tangled mass of the host plant it twines.

With its 2.5 mm diameter, yellow-coloured, nylon string-like long stems, Cuscuta reflexa is a twining parasite and makes a tangled mass covering the host plants.

The total absence of leaves or chlorophyll makes the plant entirely dependent on the host. Though the plant belongs to the colourful Convolvulaceae, the family of morning glory, it produces only tiny white flowers in clusters from December to March. Fruits of the plant are small without cotyledons. The fruit fallen on the ground develops a root. The growing plant stem rotates in the air and when it comes into contact with a suitable plant, it twines around it. From its stem, the developing plant then produces special roots called haustoria (sucking roots) that enter the stems of the host plant and draw nourishment. The first formed small root soon disappears and Cuscuta reflexa becomes fully supported by the host.

As the plant disconnects all contact with the earth, and on the host it looks as if it has fallen from the sky, it is called Akasavalli in Tamil. Bits of the plant falling on host plants can also grow and develop.

To remove the plant, effected parts of the host should be chopped off and burnt. The plant should not be allowed to flower and fruit. Birds and small animals like squirrels also play a part in the dispersal of the plant.

The plant, in indigenous medicine, is a purgative and is also used externally to cure itching.

Chitra Radhakrishnan

The Hindu, Mar. 09, 2004.

कटंबरा Helleborus Niger. **MMW** p. 243 अँग्रेज़ी में इसे क्रिसमस रोज़ कहते हैं, और इसका फूल होता भी है, गुलाब का-सा! यह पौधा बहुत विषैला होता है। भद्रबला Paederia Foetida or Cida Cordifolia. **MMW** p. 746. राजबला Paederia Foetida **MMW** p. 873. सरणा Paederia Foetida **MMW** p. 1182. प्रसरणि Paederia Foetida **MMW** p. 698. (prasara - spreading or stretching out. Ibid (सं० में प्रसारण का भी समान अर्थ होता है।)

उपरोक्त तीन को अँग्रेज़ी में **skunk vine** कहते हैं। यह अमरबेल के समान परोपजीवी है और मूलतः एशियाई वनस्पति है पर यह अमरबेल से सर्वथा भिन्न है - इसमें खूब हरी-हरी पत्तियाँ होती हैं! इसकी पत्ती या डंठल को तोड़ने पर उससे तीखी दुर्गंध निकलती है - लेटिन पद Foetida का अर्थ है, दुर्गंध! नीचे इसका विवरण दिया जा रहा है -

Sometime before 1897 at a USDA Field Station, Paederia foetida, or skunkvine, was introduced from Asia to Hernando County, Florida as a potential fiber crop. Skunkvine was reported as a troublesome weed very early in its introduction, escaping into native areas throughout Florida. It was soon recognized as an economically important invasive weed. In 1993, skunkvine was labeled a Category 1 species on the Florida Exotic Pest Plant Council 's List of Invasive Species. In 1999, it was placed on the Florida Noxious Weed List. Currently skunkvine is found in at least 17 counties in central and north central Florida.

This invasive plant did not receive its common name "skunkvine" for smelling like a rose. In fact the species name, foetida, is Latin for "stinky" or "foul smelling". When the leaves or stems of skunkvine

[22] the plant Cassytha Filiformis, **MMW** p. 80.

[23] the creeper Cassytha Filiformis, **MMW** p. 127.

are crushed or broken, a displeasing, foul odor is released. The foul odor of skunkvine is derived from the sulfur compounds in its leaves.

गन्धपर्ण 'fragrent-leaved,' Alstonia Scholaris, **MMW** p. 345. यह भी अमरवल्लरी से भिन्न पूरा वृक्ष है - कोई ४० मीटर ऊँचा! इसका स्वाद तीता होता है और ओषधि के रूप में इसकी छाल आदि का उपयोग होता है। इसे छतिवन और सप्तपर्णी भी कहते हैं। सप्तपर्णी इस लिए कि इसके एक झुप्पे में सात पत्तियाँ होती हैं।

ऊपर के विवेचन को ध्यान में रखते हुए 'गंधपर्ण' संशोधन किया गया है।

§ [२-४-२५७] चकवत - ति०झा०; चक्रवर्तिनी the fragrant plant. जन्तुका **MMW** p. 381. संस्पर्शा a kind of fragrant plant or perfume. **MMW** p. 1122. चक्रवर्तनी जटामांसी है, इंटरनेट पर।

§ [२-४-२५८] कर्चूर turmeric. **MMW** p. 256. गंधमूल "having a fragrant (and tuberous) root", Alpinia Galanga **MMW** p. 345.

§ [२-४-२५९] कठिल्लक Momordica Charantia. **MMW** p. 44. सुषवी N. of various plants (Momordica Charantia; Nigella Indica &c) **MMW** p. 1238.

§ [२-४-२६१] कोहँड़ा वा गंगाफल - ति०। कुष्मांड a kind of pumpkin-gourd (Beninkasa cerifera) **MMW** p. 298. कर्कारु Beninkasa Cerifera (a species of gourd) **MMW** p. 256. कर्कटी Cucumis Utilissimus, a kind of cucumber. **MMW** p. 256. इर्वारु a kind of cucumber, Cucumis Utilissimus. **MMW** p. 168.

§ [२-४-२६२] अलाबु the bottle-gourd (Lagenaria Vulgaris Ser) **MMW** p. 94.

§ [२-४-२६३] जेठऊ ककरी - ति०; जेठ महीने में होने वाली ककड़ी - झा०। गोडुंबा a coloquintida. **MMW** p. 364. चित्रा N. of a plant (Salvinia cucullata; Cucumis maderaspatanus; a kind of cucumber; Ricinus communis; Croton polyandrum or Tiglium. **MMW** p. 396. गवाक्षी Citrullus Colocynthis. English : Bitter Apple; Hindi : Badi Indrayan. Internet. इंद्राणी a species of Colocynth **MMW** p. 167.

Citrullus Colocynthis. The roots are used in treatments for jaundice, urinary diseases and rheumatism and oil extracted from the seeds is used to treat snake bites, scorpion stings, bowel complaints, epilepsy, and for promoting hair growth and to blacken grey hair. Internet. चित्रा - ककड़ी या खीरा। **शब्दसागर** पृ० १५३८।

§ [२-४-२६४] इनराइन - ति०; इनारुन - झा०। इंद्रवारुणी Colocynth, a wild bitter gourd, Cucumis Colocynthis **MMW** p. 167. विशाला colocynth; Basella Cordifolia; Portulaca Quadrifida. **MMW** p. 990.

§ [२-४-२६५] सूरण वा जिमीकंद गँड़री - ति०; गांडर शाक - झा०। शूरण Amorphophallus Campanulatus (the Telinga potato) **MMW** p. 1086.

§ [२-४-२६६] कलंबी Convolvulus repens. **MMW** p. 260. करेमू - **शब्दसागर** पृ० ८२३। अपोदिका the pot-herb Basella Rubra or Lucida. **MMW** p. 56.

§ [२-४-२६९] कुरुविंद the plant Terminalia Catappa. **MMW** p. 294.

§ [२-४-२७०] गुंद्रा Cyperus rotundus **MMW** p. 358.

§ [२-४-२७१] चूडाल - चक्रला a kind of Cyperus. **MMW** p. 381. मोथा विशेष - ति०झा०।

§ [२-४-२७३] परुस् a joint or knot (esp. of a cane or reed), **MMW** p. 606.

§ [२-४-२७४] डाभ वा कुश - ति०। सरई सरहरी वा सरकंडा - ति०; गुन्द्र Saccharum Sara **MMW** p. 358. कुथ sacrificial or कुश grass (Poa cynosuroides) **MMW** p. 90.

§ [२-४-२७५] नरई वा नरकुल - ति०। पोटगल a species of reed, Saccharum Spontaneum **MMW** p. 650. इक्षुगंधा Saccharum Spontaneum **MMW** p. 63. कास for काश (the grass Saccharum spontaneum.) **MMW** p. 81.

§ [२-४-२७७] गाँड़र - ति०; गांडर तृण विशेष - झा०। उरई - उशीर। खस। **शब्दसागर** पृ० ६२८। वीरण a fragrant grass, Andropogon Muricatus. **MMW** p. 1006.

§ [२-४-२७८] छत्रा - कुकुरमुत्त, खुंब। **आप्टे०** पृ० ३८८। । अतिच्छत्र - कुकुरमुत्त, खुंब। **आप्टे०** पृ० १७। छत्रा - अतिछत्र - पानी के तृण वा खर; तृण विशेष - ति०; जल में होने वाले तृण विशेष। झा०। पालघ्न a mushroom **MMW** p. 622.

§ [२-४-२७९] गैया आदि के खाने की घास - ति०। शष्प (often incorrectly शस्प and शष्य) young or sprouting grass, any grass **MMW** p. 1060.

§ [२-४-२८१] سپاری सुपारी Betel-nut, the nut of Areca catechu; glans penis. **Platts** p. 634.

§ [२-४-२८२] खपुर Fata Morgana **MMW** p. 334

§ [२-५-६] گینڈا vulg. गेंड़ा or गैंडा, [S. गण्डक:] A rhinoceros. **Platts** p. 943.

§ [२-५-१०] चंदनगोह वा बिसखोपड़ा - ति०। गौधार an Iguana **MMW** p. 369.

§ [२-५-११] शल्य porcupine (Erethizon dorsatum) Internet.

§ [२-५-१२] भेड़िआ वा वीग वा हुंड़ार - ति०।

§ [२-५-१३] एण - एक प्रकार का काला बारासिंघा हरिण। **आप्टे०** पृ० २२७। a species of deer or antelope (described as being of a black colour with beautiful eyes and short legs) **MMW** p. 231. § [२-५-१४] रोहित a kind of deer **MMW** p. 890. गोकर्ण the deer Antilope picta. **MMW** p. 64. पृषत the spotted antelope. **MMW** p. 647. कृष्णमृग the black antelope **MMW** p. 307.

§ [२-५-१७] पल्ली a small house-lizard **MMW** p. 610. सरट a lizard, chameleon **MMW** p. 1183 गिरदान = गिरगिट **शब्दसागर** पृ० १२८३। **कबीर०** पृ० १०४।

§ [२-५-२०] शूककीट - एक प्रकार का कीड़ा जिसके शरीर पर रोएँ खड़े हों। **आप्टे०** पृ० १०२६। a kind of caterpillar covered with bristles or hairs (accord. to some "a scorpion") **MMW** p. 1085.

§ [२-५-२२] भरद्वाज "bearing speed or strength (of flight)", a skylark. **MMW** p. 747. लवा वा भरद्वल - ति०। भरद्वल - **भारतीय०** पृ० १०७।

§ [२-५-२३] खंजन Wagtail. Motacilla alba. Internet.

The wagtails form the passerine bird genus Motacilla. They are small birds with long tails which they wag frequently. Motacilla, the root of the family and genus name, means moving tail. Wikipedia. Salim Ali p. 291. चलते पूंछ वाले वा खंडरिच - ति०; **भारतीय०** पृ० ९८।

§ [२-५-२४] लोहपृष्ठ - उजरी चील्ह - ति०; a heron **MMW** p. 908. चाष the blue jay. **MMW** p. 394. नीलकंठ The Indian Roller (Coracias benghalensis), Internet. (**भारतीय०** में भी यही लैटिन नाम, पृ० १२१!) a wagtail **MMW** p. 566. चाष किकीदिवि - नीलकंठ - ति०; **भारतीय०** पृ० १२१। भृंग the fork-tailed shrike or some similar bird **MMW** p. 765. भृंग कलिंग धूम्याट = भूचेंडा - ति०; भुचेंगा पक्षी - झा०। फुलचुही **शब्दसागर** पृ० ३३०६; **भारतीय०** पृ० ११२।

The Indian Roller (Coracias benghalensis), was formerly locally called the Blue Jay, a misnomer. It is a member of the roller family of birds which breeds in tropical southern Asia from Iraq to Thailand. ... The display of this bird is a lapwing-like display, with the twists and turns that give this species its English name. Wikipedia.

§ [२-५-२६] चातक the bird Cucculus melanoleucus (said to subsist on rain-drops) **MMW** p. 392.

§ [२-५-२७] चरणायुध a cock **MMW** p. 389. कालज्ञ = मुर्गा। **आप्टे०** पृ० २७२। शिखिन् - मुर्गा। **आप्टे०** पृ० १०१६।

§ [२-५-२८] चटक a sparrow **MMW** p. 382. गवरैया वा गंवर - ति०; चटक (गौरा) - झा०। गरगवा - नर गौरैया, चिड़ा - **शब्दसागर** पृ० १२३३। **भारतीय०** पृ० ८८। गरगैया H گوریا गौरिया gauriya-, or गौरैया gauraiya- [gaura-, q.v.+S. इका] s.f. A sparrow (syn. gargaiya-). **Platts** p. 904.

§ [२-५-२९] अशुभ वादी पक्षी वा देशांतरीय सह्रस - ति०। कह्व a kind of crane (Ardea nivea) **MMW** p. 266. कह्व **शब्दसागर** पृ० ८७७। किलकिला **शब्दसागर** पृ० ९५२; **भारतीय०** पृ० १२५।

§ [२-५-३०] ताम्राक्ष the Indian cuckoo **MMW** p. 443. ताम्राक्ष कलकंठ **अमर०** में नहीं हैं, **हलायुध०** में हैं; ताम्रअक्ष **आप्टे०** पृ० ४२६।

§ [२-५-३१] डोम कौवा - ति०। द्रोणकाक a raven **MMW** p. 503.

§ [२-५-३२] ऊपर दस पर्याय होने चाहिए, नौ ही हैं। 'वासिष्ट' 'बलिपुष्ट' में दृष्टिभ्रम का परिणाम है। "nourished by food-offerings," a crow. **MMW** p. 724.

§ [२-५-३३] कुलंग = कराकुल - ति०झा०; कुलंग [फ़ा०] **शब्दसागर** पृ० १००२; करॉंकुल - **शब्दसागर** पृ० ८१६; कुलंग - **भारतीय०** पृ० २०७। P كلنگ kulang (=S. कुरङ्कर), s.m. The coolen or crane, Ardea sibirica; a fowl of a large and good breed. **Platts** p. 844.

COOLUNG, COOLEN, and in W. India CULLUM, s. Properly the great grey crane (Grus cinerea), H. kulang (said by the dictionaries to be Persian, but Jerdon gives Mahr. kallam, and Tel. kulangi, kolangi, which seem against the Persian origin), [and **Platts** seems to connect it with Skt. kurankara, the Indian crane, Ardea Sibirica (Williams)]. Great companies of these are common in many parts of India, especially on the sands of the less frequented rivers; and their clanging, trumpet-like call is often heard as they pass high overhead at night. **Hobson-Jobson** p. 249.

§ [२-५-३४] रथाङ्ग the Anas Casarca or ruddy goose. (= चक्र-वाक) **MMW** p. 866.

ह्वै रथांगनामा 'रथाङ्गाह्वयनामकः' (**हलायुध०** २९३) (आह्व a caller, crier: (ifc.) named, called. **MMW** p. 163.) का परिवर्तित रूप है। इससे पाँच पर्याय होते हैं।

चकहा = चकवा। **मानक०** २-१९०।

§ [२-५-३५] उत्क्रोश - कुररी। **आप्टे०** पृ० १८५।

§ [२-५-३७] राजहंस "kind-goose", a kind of swan or goose (with red legs and bill, sometimes compared to a flamingo) **MMW** p. 874. Phoenicopterus ruber. **भारतीय०** पृ० २५२। बलाक - बगला। **आप्टे०** पृ० ७०९; (also written वलाक) a kind of crane (the flesh of which is eaten) **MMW** p. 723.

'वकत' शब्द कहीं नहीं मिलता। अनुमानतः 'बतक' से पृथक् करने के लिए यह उससे गढ़ा हुआ शब्द है। ऐसा मानने का एक कारण यह है कि कहते तो हैं इसे हंस, मगर देखने में यह (Cygnus olor, Mute swan **भारतीय०** पृ० २५३।) बतक के समान लगता है।

अतः वकत से स्थान पर राजहंस तथा हंस संशोधन किया गया है।

§ तैलपायिका जतुका परोष्णी बुधि धाम। कहत अजिनपत्रा सहित चिमगूदर सर नाम [२-५-४०] जतुका - चिमगादड़। **आप्टे०** पृ० ३९४। परोष्णी - तेलचट्टा (झींगुर के आकार का काले रंग का एक कीड़ा)। **आप्टे०** पृ० ५९३। अजिनपत्रा - चिमगादड़। **आप्टे०** पृ० १३। (**अमर०** के श्लोकार्द्ध में क्रमशः तेलचट्टा कीड़े और चमगादड़ पक्षी के चार नाम हैं, 'जतुकाऽजिनपत्रा स्यात् परोष्णी तैलपायिका'; सुवंश ने अपने दोहे में चिमगूदर जोड़कर 'सर' (पाँच) नाम गिनाए हैं।)

चमगुदरी - ति०; चमगादड़ - झा०। चमगादड़ [सं० चर्मचटका, पु० चमचिचड़ी, [हिं०] चमगिदड़ी] **शब्दसागर** पृ० १४७२। a bat. **MMW** p. 390.

Date: Tue, 14 May 1996 19:19:23 -0400 Subject: Re: [Q] bholantikaa, tailapaayin

In the Kaashyapasamhitaa, a medical text, there is a list of birds which includes the names "bholantikaa" and "tailapaayin". I have an idea that the latter may be a bat or flying fox, rather than a bird, though I am not sure. But I have so far not been able to find either of these bird names in the dictionaries. Any suggestions?

Dominik Wujastyk In his commentary on Vaakyapadaiiya 2.37 (vaakyeshvarthaantaragateH ...) Punyaraaja gives tailapaayikaa as an example of a term which involves ruuDhi in that the vigrahavaakya utterance (tailam pibati) used to give its analysis has a sense different from that of the derivate. Earlier, in his Nyaasa on Kaashikaa 6.3.2 (Varanasi ed. V.196), Jinendrabuddhi had used the same example for this purpose. In his Ambaakartrii commentary, Raghunaatha Sharma (vol. II. p. 84 of the 1st ed.) remarks that tailapaayikaa refers to a particular insect (kiTavishesha), called telcaTaa in Bhojpuri. George Cardona. Internet.

§ [२-५-४५] बकावलि संस्कृत में नहीं है, यद्यपि **शब्दसागर** में इसे संस्कृत से व्युत्पन्न बाताया गया है – बकावलि - वकपंक्ति। **शब्दसागर** पृ० ३३४२। भाषा में यह बलाका के आधार पर गढ़ा गया हो, यह संभव है। विषकंठिका - बगला। **शब्दसागर** पृ० ४५५३।

§ [२-५-४२] गंधमक्खी वा बर्रे वा भिर्र - ति०। गंधोर्ल a wasp. **MMW** p. 345. वनमक्षिका a gad-fly. **MMW** p. 917.

§ [२-५-४४] जुगनू वा सोनकीड़ा - ति०।

§ [२-५-४७] द्विव - नी० में यहाँ भ्रष्ट पाठ है; ग० में 'सह' से पाठ पूर्ति की गई है। 'द्विवि' केवल ति० की टीका में मिलता है, 'द्विव मधुलिहौ, व ब - मधुलिहः' - ति०। यद्यपि 'द्विव' संस्कृत के किसी कोश में नहीं है। कदाचित् यह द्विरेफ [24] का संक्षेप हो! गूढ़ार्थी होने से इसे 'सह' के स्थान पर 'द्विव' स्वीकार किया जा रहा है।

§ [२-५-४८] चंद्रकी - वह जिसे चंद्रक हो। मोर। मयूर। **शब्दसागर** पृ० १४३०। चन्द्रकिन् - **आप्टे०** पृ० ३७१।

§ [२-५-४९] बर्ह - वर्ह, दोनों शुद्ध हैं। "बृह, to pluck out") a tail-feather, the tail of a bird (esp. of a peacock) **MMW** p. 722.

§ [२-५-५१] नगौकस् any bird. **MMW** p. 525.

§ [२-५-५५] निलय - छिपने का स्थान (जानवरों का) (पक्षियों का घोंसला। **आप्टे०** पृ० ५४०। hiding or dwelling-place, den, lair, nest. **MMW** p. 558

§ [२-५-५६] पाक the young of an animal. **MMW** p. 613.

§ [२-५-५८] कदंबक multitude, troop, herd. **MMW** p. 247.

§ [२-६-४] मत्तकाशिनी "appearing intoxicated," a bewitching or wanton woman. **MMW** p. 777.

वरवर्णिनी - शीतेसुखोष्णसर्वाङ्गी ग्रीष्मे या सुखशीतला। भर्तृभक्ता च या नारी सा भवेद्वरवर्णिनी॥ इति रुद्रः - झा०।

§ [२-६-७] स्त्री (perhaps for सूत्री, or सोत्री, "bearer of children ", fr. √ 2. सू,; accord. to some connected with Lat. sator; nom. स्त्र/ ई,; acc. in later language also स्त्रीम्, and स्त्रीस्, pl.) a woman, female, wife. **MMW** p. 1260.

---

24 "shaped like 2 r's or having 2 r's in its name (भ्रमर)", a large black bee. **MMW** p. 505.

§ [२-६-११] नग्निका - रजोधर्म होने से पूर्व की अवस्था की लड़की। **आप्टे०** पृ० ५०६। अविवाहिता, सुता, पुत्री। **हलायुध०** ११९।

§ [२-६-१३] पलिक्नी - ऊढ़ी स्त्री जिसके बाल सफ़ेद हो गए हों। **आप्टे०** पृ० ५९६।

§ [२-६-१५] अशिश्वी = अशिश्विका a childless woman. **MMW** p. 113.

§ [२-६-२२] रजोवती है तो अशुद्ध (कदाचित् देशज रजवंती के आधार पर गढ़ा हुआ!) यद्यपि **शब्दसागर** में इस पर 'सं० रजोवती' (पृ० ४१०७) का ठप्पा लगा है! संस्कृत में दूर-दूर तक खोजने पर भी 'रजोवती' का अता-पता नहीं चलता!

§ [२-६-२२] श्रद्धालु - श्रद्धालुर्दोहदिन्यां स्त्री श्रद्धायुक्ते च वाच्यवत्। इति मेदिनी - झा०। a pregnant woman who longs for anything. **MMW** p. 1096.

§ [२-६-२४] 'छंदकी' समस्त पद न होगा, निरर्थक है। छंद pleasing, alluring, inviting **MMW** p. 404 के अर्थ में कुलटा का विशेषण है।

§ [२-६-२५] नगरनारि - नगरनारी संस्कृत में नहीं है, **शब्दसागर** (पृ० २५१७) की ईजाद है! इसी प्रकार गणिका का पर्याय है वारा, वारकन्यका भी। "girl (taken) in turn", a harlot, courtesan **MMW** p. 943. इसका अनुवाद है, वारस्त्री। यद्यपि **अमर०** में है।

§ [२-६-२६] सैरिंध्री - जो दूसरे के घर में स्वतंत्र रहकर केश के शृंगार आदि शिल्पकारिणी है, इस तीन विशेषण से युक्त - ति०। असिक्नी - जो बूढ़ी न हो आज्ञावर्तिनी और रनवास में रहती हो - ति०। (आ; Ved. /सिक्नी) n. (सित, "white", appears to have been formed from this word, which is probably original, and not a compound of अ and सित; cf. असुर and सुर), dark-coloured, black RV &c. **MMW** p. 120.

§ [२-६-२७] पहिले एक की स्त्री होकर फिर अन्य की होती है; उढ़री - ति०।

§ [२-६-२८] सौभागिनेय - सबसे प्रिय पत्नी का पुत्र। **आप्टे०** पृ० ११३०।

§ [२-६-२९] औरस उरस्य - सवर्ण विवाहित स्त्री एवं आप से उत्पन्न पुत्र - ति०।

§ [२-६-३२] अपत्य - एक ही कुल में उत्पन्न पुत्र, पौत्र तथा प्रपौत्र आदि। **आप्टे०** पृ० ५६।

§ [२-६-३६] बुआ, फूफी। **आप्टे०** पृ० ६१४।

§ [२-६-३७] sprung from a father's sister or paternal aunt, a fathers's sister's son. **MMW** p. 649.

§ [२-६-४१] नप्ता - **हलायुध०** ४४७।

§ [२-६-४२] ननांदा, ननदृ, ननादृ, तीनों शुद्ध हैं। न नन्दति न तुष्यति कृतायामपि सेवयाम्। ननन्दृ or न्/आनन्दृ a husband's sister. **MMW** p. 526.

§ [२-६-४९] कोई कहता है कि उल्व और कलल ये २ पर्याय शब्द हैं - ति०; उल्बम् - भ्रूण। **आप्टे०** २१८; a cover, envelope, esp. the membrane surrounding the embryo **MMW** p. 219. कलल - भ्रूण, गर्भाषय। **आप्टे०** पृ० २५६; the embryo a short time after conception **MMW** p. 260.

§ [२-६-५०] भ्रूण - कुक्षि में स्थित जीव - ति०।

§ [२-६-५७] प्रवयस - बड़ी उम्र का वृद्ध, बूढ़ा। **आप्टे०** पृ० ६७३।

§ [२-६-५८] दशमी the 10th stage of human life (age from 91 to 100 years) **MMW** p. 72.

§ [२-६-६५] खुरः शफं तद्वन्नासिका - ति०; खरणा खरणस - झा०। खरा तीक्ष्णाऽस्येति वैकल्पिकनसादेशे णत्वे दीर्घे च, पक्षे - झा०। खरणस - नुकीली नाकवाला। **आप्टे०** पृ० ३२४। खर = तीखा तथा नस = नासिका का यौगिक पद है। (संस्कृत के अन्य कोशों में ये शब्द नहीं मिलते।)

§ [२-६-६८] (खाल पर शिकन या झुर्री। पेट के ऊपरी भाग में चमड़े पर पड़ी शिकन, झुर्री, सिकुड़न (विशेष कर स्त्रियों के। यह एक सौंदर्य का चिह्न समझा जाता है) **आप्टे०** पृ० ९०५।

§ [२-६-७१] ऊर्ध्वजानु ऊर्ध्वज्ञु - घुटने उठाए हुए, पुट्ठों के बल बैठा हुआ। उकड़ूँ बैठा हुआ। **आप्टे०** पृ० २२१। ऊर्ध्वजानु raising the knees (in sitting) **MMW** p. 222.

§ [२-६-७३] त्यौधा = काना कैरा वा ऐंचाताना - ति०; खंज = लँगड़ा; गतिविकल - झा०; **शब्दसागर** पृ० ११०८; تیوندھا H त्योंधा S. तम or तिमिर + अल्पक: Dim-sighted, purblind (syn. rat-aun.dhiya-) **Platts** p. p. 353. कोड खंज - लँगड़ा - ति०।

§ पिप्लु जटुल कालक त्रै नाम। लहसुनहा के है बुधिधाम। तिलकालक औ तिलक प्रमान। तिलहा के त्रै नाम सुजान [२-६-७४]

सर्व प्रथम तो शीर्षक ही को लें। 'लहसुना, काले मसे वाला - ति०; शरीर के चिह्न विशेष (लहसन) - झा०। क्या जाने झा० ने 'लहसन' ति० से लिया हो, क्योंकि 'लहसुना' या 'लहसन' यहाँ पर वांछित अर्थ में हिंदी के किसी कोश में नज़र नहीं आता! पाकिस्तान से प्रकाशित उर्दू शब्दकोशों, इल्मी उर्दू लुग़त और फ़ीरोज़ुल लुग़ात में भी नहीं है। हाँ, हिंदुस्तानी के पुराने कोशों में मिलता है।

लहसन لہسن A blotch. uske gal par lahsan hai. **Fallon** p. 1057. a freckle, a blotch, a wrinkle. **Platts** p. 972.

दोहा पूर्वार्ध के तीन नामों के अर्थ देखने से प्रगट होगा कि इस 'विशेष चिह्न' की परिभाषा करते हुए इनका आपस में घोलमेल होता रहा है – वह भी केवल संस्कृत ही नहीं, दूसरी भाषाओं में भी!

पिप्लु a freckle, mark, mole. **MMW** p. 628. [25]

जटुल या जडुल a freckle. **MMW** p. 409.

कालक dark-blue, black, (? or 'dark' as with anger), a freckle. **MMW** p. 277.

तिलक a freckle. **MMW** p. 448.

तिलकालक a mole. **MMW** p. 448.

10882 lakshana- n. 'line' SBr. 'mark' Mn., 'aim' Yajn. [√ laks]

Pa. lakkhana- n. 'distinguishing mark', lakkhana. lacchana, m.n.; EAs. lakhane 'marking of animals', P. lakkhana m. 'sign, token', Si. lakuna; Md. lakunu 'spot. mark'. **Turner** p. 630.

लक्षण - विशेष प्रकार का दाग जो बालक के गर्भ में रहने के समय सूर्य या चंद्र ग्रहण लगने के कारण पड़ जाता है। लच्छन। **शब्दसागर** पृ० ४२३०।

हिंदू परिवारों में ग्रहण के दुष्प्रभाव से गर्भ का बचाव करने के लिए उस स्त्री की कमर गोबर या मिट्टी की लकीर से गोंठ देते हैं।

पाकिस्तान के युवा प्राध्यापक डॉ० सुहैल अब्बास से यह जानकर बड़ा अचरज हुआ कि ठीक ऐसी ही मान्यता मुसलमानों में भी है, कि बच्चे की गर्भावस्था में चंद्र ग्रहण लगने से बच्चे के बदन पर नीला दाग़ पड़ जाता है! [26] भारत हो कि पाकिस्तान, मुसलमानों में भी ग्रहण के समय हामिल की हिफ़ाज़त के लिए हिंदुओं के यहाँ का-सा कुछ किया जाता हो तो ताज्जुब नहीं।

अँग्रेज़ी में इस चिह्न को a birthmark कहते हैं और जापानी में もうこはん 'मोओकोहान' (मंगोलचिह्न)। जापानी में शरीर पर के जन्मजात चिह्न को 痣 [27] (अज़ा) कहते हैं – मोओकोहान नीला धब्बा होता है, प्राय: फैला हुआ, और अज़ा भूरे रंग की चित्ती।

फ़ारसी में इनके लिए बड़े ही विस्मयकारी पर्याय हैं!

इसी निशान के लिए फ़ारसी में शब्द है, ماه گرفت A lunar eclipse; a freckle or mole on a beautiful face. **Steingass** p. 1146.

इस पूरे विवेचन के बाद कुछ बातें ध्यान में रह जाती हैं। एक तो blotch [28] हो या freckle, [29] लच्छन

---

[25] तुलनीय फ़ारसी प्रतिशब्द - ख़ाल A خال a mole, freckle; a black camel; black; **Steingass** 442.

[26] इस जानकारी के लिए मैं डॉ० सुहैल अब्बास का हार्दिक रूप से आभारी हूँ।

[27] a birthmark; a mother('s) mark; a nevus. Kenkyusha's New Japanese-English Dicitionary p. 62.

[28] 1. a large, irregular spot or blot. 2. Plant Pathol. a diseased, discolored spot or area on a plant. **Webster**

[29] freckle - any of the small brownish spots in the skin due to augmented melanin production that increase in number and intensity on exposure to sunlight. **Webster**

का नीला दाग़ नहीं है। 'कालक' के अर्थ पर ध्यान दें तो स्पष्ट होगा कि नीले या काले तिल अथवा मसे और दाग़ में भ्रम हुआ है। ठीक यही बात हम फ़ारसी A خال (ख़ाल) और ماہ گرفت (माहे गिरफ़्त) में पाते हैं।

बदरंग दाग़ तो सेहुआँ [30] का भी होता है। (तु० [२-६-८०]) मगर वह भी लच्छन नहीं है। ('लच्छन' मुझे तो सं० 'लाञ्छनम्' से व्युत्पन्न लगता है!) (नीचे देखें, लच्छन, बाएँ, और सेहुआँ।)

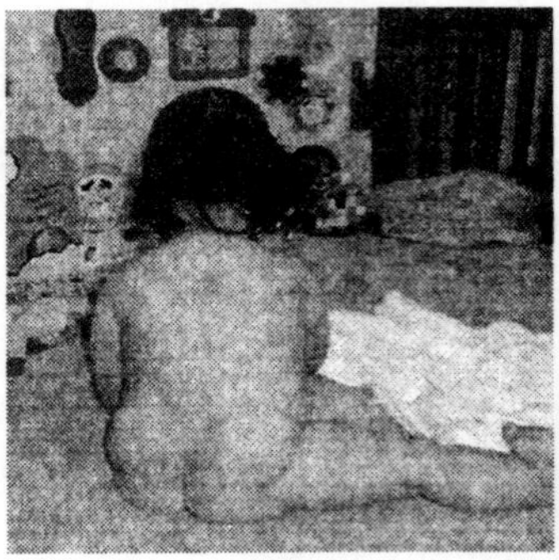 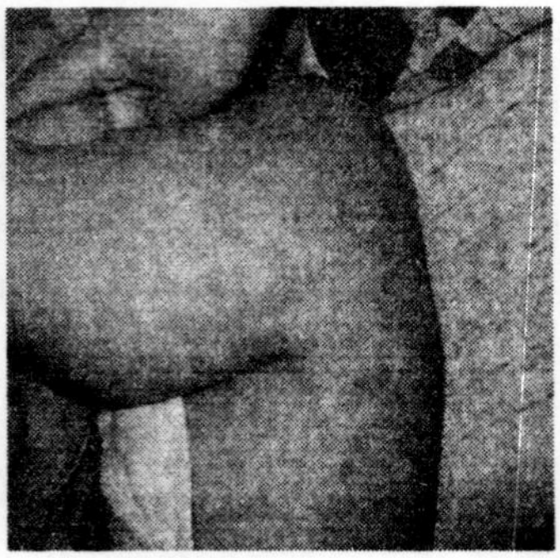

§ [२-६-७८] शोष pulmonary consumption (also personified as an evil demon) **MMW** p. 1085. पीनस = नाक पर दुष्प्रभाव डालने वाला जुकाम। **आप्टे०** पृ० ९१८। पीनस (prob. fr. पी = अपि + नस्; cf. अपी-नस) cold (affecting the nose), catarrh. अपी to join to pour out (as a river). **MMW** p. 55.

§ [२-६-८१] पामन् a kind of skin-disease, cutaneous eruption, scab **MMW** p. 619. पामा a kind of skin-disease, herpes, scab (a form of mild leprosy.) **MMW** p. 619.

खाज - ति०; खसरा (खुजली) - झा०। रसवत (?)

§ [२-६-८१] खाज - ति०। रसवत - रसौत - रसौती आदि हिंदी उर्दू में प्रचलित शब्द नहीं हैं।

§ [२-६-८४] नासूर - ति०।

§ [२-६-८५] कोठ (fr. कुष्ठ), a species of leprosy with large round spots (ringworm, impetigo) **MMW** p. 313. मंडलक - सफ़ेद कोढ़ जिसमें गोल चकत्ते होते है। **आप्टे०** पृ० ७६३।

§ [२-६-८७] अर्शस - **आप्टे०** पृ० १००। बबेसी H بیسی = H بیس babes, s.f. Hemorrhoids, piles (=bawa-si-r, with which it is doubtless connected); the habit of suffering sodomy (slang). **Platts** p. 130.

मुझे तो 'बवासीर' का ब्रज प्रादेशिक उच्चारण लगता है 'बबेसी' - A بوَاسیر; Tir. & Sah baesir; Brij. babesi, n. f. pl. of بَاسور a swelling or tumour. H bao. The piles or hemorrhoids, **Fallon** p. 278.

§ [२-६-९१] ग्लास्नु exhausted by fatigue or disease, languid **MMW** p. 374. न्यंचनम् = वक्र। **आप्टे०** पृ० ५५६।

§ पिल्ल चिल्ल क्लिन्नाक्ष पुनि चुल्ल समेत सिहारि। जाकी आखिन जल बहै तासु नाम ए चारि [२-६-९२] प्रथम यति का मूल पाठ है, 'क्लिन्न पिल्ल अरु चिल्ल पुनि' मगर सिर्फ़ 'क्लिन्न' मात्र का अर्थ तो केवल गीला होता है। यहाँ प्रसंग है 'जाकी आखिन जल वहै', अतः आँख के लिए 'अक्ष' समेत 'क्लिन्नाक्ष' संशोधन किया गया है।

ति० का 'चोंधरी' यहाँ असंगत है - चोंधरा [चौंधियाना] तो छोटी आँख वाले व्यक्ति को कहते हैं। इसकी तुलना में सुवंश का शीर्षक 'ढरकाहा' अधिक संगत है।

---

[30] एक चर्म रोग जिसमें शरीर पर भूरी-भूरी महीन चित्तियाँ पड़ जाती हैं। **शब्दसागर** पृ० ७०८२। tetter - Middle English teter, from Old English; akin to Old High German zittaroh tetter, Sanskrit dadru leprosy, drnati he tears. before 12th century; any of various vesicular skin diseases (as ringworm, eczema, and herpes) **Webster**] 皮疹 (ひしん)

§ [२-६-९३] सेंहुआँ = एक प्रकार का चर्मरोग जिसमें शरीर पर भूरी भूरी महीन चित्तियाँ सी पड़ जाती हैं। **शब्दसागर** पृ० ७०८२। سینہوا सेंहूआ [S सिध्मक:] A tetter, ringworm, a a particular kind of cuteneous disease. **Platts** p. 714. (हिशिन) 皮疹 **हिंदी-जापानी शब्दकोश** पृ० १३७५।

किलासी a white leprous spot. a species of leprosy (resembling the so-called white leprosy in which the skin becomes spotted without producing ulcers) **MMW** p. 284. सिध्मल a kind of leprosy. **MMW** p. 1217.

§ [२-६-९६] अग्रमांस **बुक्क** - हृदय के भीतर जो पद्माकार मांस है - ति०। **बुक्क:** - १ हृदय २ दिल, छाती - बुक्काघातैर्युवति निकटे प्रौढवाक्येन राधा - उद्धट। **आप्टे०** पृ० ७१८।

§ [२-६-९९] मांस से से उत्पन्न चिकनाहट वा चर्बी - ति०। मेदस् fat, marrow, lymph **MMW** p. 832.

§ [२-६-१००] **मन्या the back or the nape of the neck (musculus cucullaris or trapezius.) MMW** p. 789.

§ [२-६-१०१] **क्लोमन् the right lung. MMW** p. 24.

§ [२-६-१०२] बायें कोख में स्थित मांस पिंड विशेष वा पिलही - ति०।

§ [२-६-१०८] ल्योडी = खोपड़ी शिरोस्थि - ति०। करोटि = शिर में प्राप्त अस्थिसमुदाय या खोपड़ी - ति०।

§ [२-६-१०९] माँजर - हड्डियों की ठठरी। पंजर। **शब्दसागर** पृ० ३८६९।

§ [२-६-११२] पत् - पाँव का अग्र भाग - ति०।

§ [२-६-११३] घुटिका - टखना। **आप्टे०** पृ० ३६४। इस अर्थ में 'घूट' हिंदी-उर्दू के कोशों में नहीं मिलता।

§ [२-६-११४] जंघा = जांघ, टखने से लेकर घुटने तक का भाग, पिंडली। **आप्टे०** पृ० ३९३। जङ्घा (√ जंह्) the shank (from the ankle to the knee) **MMW** p. 409. पिड्डुरी (तु० पिण्ड the calf of the leg. **MMW** p. 625.)

§ [२-६-११४] जानु और ऊरू की संधि, घुठ्नू - ति०।

§ [२-६-११५] वस्ति - नाभी के नीचे भग में स्थित मूत्राशय - ति०। उदर। पेट का नाभी से नीचे का भाग। पेड़ू। मूत्राशय। **आप्टे०** पृ० ९०९। the bladder, the lower belly, abdomen, the pelvis. **MMW** p. 933. (तु० 'बसनी' लंबी जालीदार थैली, जिसमें सिक्के भरकर कमर में बाँधते हैं।)

§ [२-६-११६] सक्थि निर्रोह - जानू के ऊपर भाग के व निर्रोह के नाम - ति०। 'तटिनी' के स्थान पर 'गाली' पाठ दोनों प्रतियों में है – यहाँ गाली या गली का तो कोई प्रसंग ही नहीं! अनुमानतः यह 'नाली' में दृष्टिभ्रम का परिणाम है।

जाँघ तथा पेड़ू के जोड़ पर की गहरी होती संधि रेखा, जो दोनों जाँघों के बीच की गहराई में जाती है, उसे 'वङ्क्षण (वक्षण) the groin, the pubic and lilac regions; the thigh-joint. (**MMW** p. 911.) कहते हैं। इसी को सुवंश ने 'नाली' कहा होगा। मुझे यह पद प्रयोग भदेस लगता है।

शालभंजिका तथा यक्षी की मूर्तियों में इस रेखा का बड़ा सुंदर अंकन बहुधा देखा जाता है –

कविवर देव ने इसे 'तटिनी' कहा है, तटों वाली! कवि का पूरा छंद ही, कूट शैली में, नारी देह के इस अवयव का उदात्त शृंगार करता है। विलक्षण अभिव्यक्ति होने से छंद उद्धृत किया जा रहा है –

अथ प्रौढा सुरतांत। यथा :

तीनि तट तटिनी निकट वनराजी नंद विकट तरंग सुर गंधव रवाए है। अवर झकत उझकत विवि चंद्रचूड उडगन झुंड मुंड छवि सो छवाए है। विंवफल फरकि दरकि दल दार्‍यो सुष षंजन भमर मन रंजन सवाए है। कवि गुरु वुध भौम मंदही लचाइ जो न देव रवि सोम तमतोमनि दवाए है [जय० ४-२९][31]

'तीन तटनी तट निकट' तट - ढाल, उतार, कगार; शरीर के अवयव जिनमें कुछ ढाल है।[32] तीन ढालें योनि की, इनमें भी 'तटी' अर्थात् 'खाई' योनि का मध्यवर्ती विवर। निकट वनराजी, सघन वृक्ष या वनस्पति समूह के समान योनि की उभरी हुई ठीकरी या कामाद्रि mons veneris पर की रोमावली।[33] नंद विकट तरंग सुर, अर्थात् विकट तरंग नंद सुर – विकट वक्र, टेढ़ा; विशाल, विस्तृत[34] विकट में 'कट', कूल्हा और कटिदेश[35] श्लिष्ट है! विपरीत रति में तरंगायित कटि और कूल्हे। नंद, आनंद के स्वर, सीत्कार, करती हुई गंधर्व (के समान प्रेमी) को रवाए, काम क्रीड़ा (रवन - रमण) करा रही है। और विवि चंद्रचूड़, उसके कुच द्वय झकत उझकत हैं – झकत यहाँ 'झांकने' के अर्थ में नहीं है, अपितु उझकत, उभरने, के वज़न पर गढ़ा गया है, गिरने के अर्थ में। उसके दोनों कुच विपरीत रति में उभरते और झुकते हैं।

उडगन झुंड आदि, रत्नों का शिरोभूषण मंद प्रकाश में नक्षत्रों के समान झिलमिलाता हुआ, उसकी मुख छवि बढ़ा रहा है।

पुरुष द्वारा दंतच्छद से पीड़ित बिंबफल, 'बिंबोष्ठ' बिंबफल के समान लाल-लाल होंठ[36] कामोत्तेजना से फरक रहे हैं और वह खंज, खंजनरति, खंजन के समान गुप्त रति कर रहे भमर, प्रेमी, के मन को सवाया रंजित कर रही, बढ़ा रही है। इस प्रकार वह रविवार से लेकर सोम आदि को रवि सोम, दिवा रात्रि के तमस्तोम, घनांधकार से दबाए हुए है। 'लचाइ जो न' में गूढ़ श्लेष है, 'लचाइ जोन' विपरीत रति में योनि लचाते हुए।

---

31 गंधव – गंधु। उडगन – डगन। विंवफल – विंवफूल। सुष – सु।

32 **आप्टे०** पृ० पृ० ४१५।

33 योनि प्रदेश पर उगने वाले रोयों का वर्णन कल्याणमल्ल के अनंगरंग में नहीं मिलता। नंद मुकुंद के कोकसार में भी देखने में नहीं आता। बलिभद्र ने मदनसदन का तो वर्णन किया है मगर वहाँ की रोमावली का नहीं।

34 **आप्टे०** पृ० ९२४।

35 **आप्टे०** पृ० २३८।

36 **आप्टे०** ७१६।

संपूर्ण देवकाव्य में यह एकमात्र छंद है, कूट काव्य का! इस कवित्त की रचना के पीछे एक ही प्रेरणा जान पड़ती है – कौतुक प्रदर्शन की उत्कंठा! संभोग का इतना स्पष्ट चित्रण करने में कवि को संकोच हुआ हो, ऐसा नहीं लगता, क्योंकि कुमारसंभवम् अष्टम सर्ग तथा गीतगोविंद आदि में और ब्रजभाषा के अनेक कवियों में काम प्रसंग का वर्णन बेहिचक हुआ है।

§ [२-६-११७] परिकर - परिकर कटि नहीं, कटिबंध को कहते हैं, (a girth, zone, waist-band, (esp.) a girdle to keep up a garment **MMW** p. 591.) संख्या भी छह बनती है, सात नहीं।

§ [२-६-११९] ककुन्दर the cavaties of the loins. **MMW** p. 241.

§ [२-६-१२१] अंड वा पेल्हर - ति०। रीर - रीढ़। **शब्दसागर** पृ० ४१८२। त्रिक वा मेंकड़ - ति०।

§ [२-६-१२३] 'तनचरम' 'तु चरमं तनोः' का भाषा अनुवाद है। शरीर का चरम अर्थात् पीछे के भाग को पृष्ठं कहते हैं - ति०।

§ [२-६-१२४] हसिया हाड़ = हंसुली - ति०।

§ [२-६-१२६] बाहुगाँठ = कोहनी।

§ [२-६-१३२] तर्जनी सहित फैले अँगूठे को प्रादेश, वैसे ही मध्यमा सहित फैले अँगूठे को ताल; अनामिका सहित फैले अँगूठे को गोकर्ण, कनिष्ठा सहित फैले अँगूठे को वितस्ति वा विलांद वा विलस्त नाम हैं - ति०।

§ [२-६-१३५] चुरुवा = चुल्लू; चुरू - **सूर०** पृ० १६८; **शब्दसागर** पृ० १५६६।

§ [२-६-१३६] गले का अग्र भाग; नटई वा गटई - ति०। गला और शिर के संधि के पीछे के भाग के नाम - ति०। घांटी - **शब्दसागर** पृ० १३९६।

§ [२-६-१३७] व्याम = अगल-बगल फैले हुए हाथ का प्रमाण। पौरुष = ऊपर उठाए हुए हाथ का प्रमाण, पोरसा। बैयाँ = बाँह। **शब्दसागर** पृ० ३५६९।

§ [२-६-१३८] घींच - गरदन। ग्रीवा। **शब्दसागर** पृ० १४०४। षीचत घीचन मीचति आषें [सुष० ७६०] [37]

§ [२-६-१४२] हनु (ठोढ़ी) में 'रदन दशन रद दंत सर दांत - कह्यो चहू को नाम हनु' सम्मिलित करने का कारण संदेहास्पद है। तु० कपोलद्वयपरमुखभागः; यत्र जम्भाख्या दन्ता जायन्ते। **हलायुध०** ७३६।

§ [२-६-१४३] तारू - ति०। تارو = talu. **Platts** p. 305.

§ [२-६-१४४] सृक्वणी the corner of the mouth. **MMW** p. 1245. वाम और दक्षिण दोनों ओष्ठों के किनारों को सृक्किणी कहते हैं - ति०। गलफड़ = गालों के दोनों ओर का वह मांस जो दोनों जबड़ों के बीच में होता है। गाल का चमड़ा। **शब्दसागर** पृ० १२४९।

§ [२-६-१५२] 'चिहुर' मूलतः पालि का शब्द है, (दे० **पाइअ०** पृ० ३२८) ब्रज में आकर ठहर गया, (**सूर०** पृ० १६६)। **अमर०** में नहीं है। और 'शिरोरुह' तो सींग को कहते हैं! कदाचित् यह शिरसिरुह "growing on the head", the hair. **MMW** p. 1072. का संक्षेप हो।

§ [२-६-१५५] H جھنٹیا झुंटिया jhun.t.iya- [S. जूट or जूट + इका, or dim. of jhot.a-], s.f. A lock of hair left at the back or top of the head when the rest is shaven. **Platts** p. 407.

§ [२-६-१५६] केशवेष (a tress of hair **MMW** p. 310.) के स्थान पर केशवास much or ornamented hair, tuft **MMW** p. 310. अशुद्ध है।

§ [२-६-१५७] कोटीर **आप्टे०** पृ० ३०४। long entangled hair **MMW** p. 312. प्रवेणि = सर्प के आकार रचना कर बनाये शृंगार केश। लुटुरी। ति०।

§ [२-६-१६०] भूषणकृत अशुद्ध है - वह भूषनजुत तो अगले दोहे में अन्य पर्यायों के साथ है! मंडन भी अलंकरण आदि के अर्थ में होने से यहाँ असंगत। दे० **MMW** p. 775.

§ [२-६-१६४] आपीड a chaplet tied on the crown of the head **MMW** p. 143. **अमर०** में नहीं है।

---

[37] **दे०सं०ग्र०** पृ० २२०।

§ [२-६-१७०] 'सृकदाम' संस्कृत में समस्त पद के रूप में कहीं नहीं मिलता – यह 'सृक', अर्थात् कमल के पुष्प तथा सं० 'दामन्' का यौगिक पद है। यों 'सृक' का अर्थ माला भी होता है। तरल the central gem of a necklace, **MMW** p. 439. 'मध्यग' मध्यवर्ती मणि का द्योतक है, माला का पर्याय नहीं।

§ [२-६-१७१] प्रकोष्ठ = कोहनी से नीचे की भुजा, गट्टे से ऊपर का हाथ - **आप्टे०** पृ० ६४१; कंकण वा पहुंची - ति०; कलाई के आभूषण - झा०।

§ [२-६-१७२] बिजायठ वा बाजूबंद - ति०; बाँह पर धारण किए जाने वाले आभूषण - झा०। बिजुल्ला - बाँह पर पहनने का बिजायठ नाम का आभूषण। **शब्दसागर** पृ० ३३५७। بجوتّا **Fallon** p. 227. H بجایٹھ बिजायठ A kind of ornament worn on the arm, armlet (=bijait.h, bijaut.ha-). **Platts** p. 134. बजुल्ला = बाँह पर पहनने का बिजायठ नाम का आभूषण। **शब्दसागर** पृ० ३३५७। प्रतिसर - कड़ा, विवाह कंकण। **आप्टे०** पृ० ६५७।

§ [२-६-१७५] कंधनी = कमर में पहिनने का एक गहना। किंकिणी। मेखला। **शब्दसागर** पृ० ७२६। सिंजिनी - जाँवर नूपुर, पैरों में पहना जाने वाला गहना। **आप्टे०** पृ० १०१६। पादकटक = नूपुर, पायल। **आप्टे०** पृ० - ६०४। सप्तकी a woman's girdle. **MMW** p. 1150. पादांगद = a foot-ring, an anklet. **MMW** p. 617.

§ [२-६-१७७] त्वक् आदि चार वस्त्रों के योनि अर्थात् कारण हैं, इन कारणों के चार प्रकार के होने से वस्त्र भी चार प्रकार के हैं - ति०।

§ [२-६-१८५] शाट a strip of cloth, a kind of skirt or petticoat, a partic. sort of garment or gown. **MMW** p. 1063. पुराने वस्त्र के खंड के वा चिथड़े - ति०; कपड़े के टुकड़े गमछे - झा०।

§ [२-६-१८७] वीणा आदि के बेठन वा ओहार - ति०।

§ [२-६-१८९] चंडातक - वर स्त्रियों के आधे उरू का आच्छादन वस्त्र, लहंगा - ति०।

§ [२-६-१९६] मकरिकापत्र = मछली के आकार का बना हुआ चंदन का चिह्न जो प्राचीनकाल में स्त्रियाँ अपनी कनपटियों पर बनाती थीं। **शब्दसागर** पृ० ३७३१।

§ [२-६-२०४] वर्णक = रंगलेप या कोई उबटन के रूप में प्रयुक्त होने वाली वस्तु। **आप्टे०** पृ० ९०२। a woman's fragrant ointment **MMW** p. 925. § [२-६-२११] 'सृक' **अमर०** में नहीं है; सस्कृत कोशों में भी नहीं मिलता, किंतु सूर साहित्य में प्रयुक्त हुआ है, (**सूर०** पृ० ५९८)। 'स्रज्' मूल के अनेक पद 'माला' के व्यंजक हैं (दे० **MMW** p. 1274.) सृङ्का = रत्नों या मणियों से बना हार, मणियों की जगमगाती लड़ी। **आप्टे०** पृ० ११२२।

§ [२-६-२१२] ककई = सं० कङ्कती, प्रा० कंकई] दे० 'कंघी'। **शब्दसागर** पृ० ७३३।

§ [२-६-२१३] शयनीय to be slept or lain on, fit or suitable for sleep or rest. **MMW** p. 1059. तु०

> न याचे गजालिं न वा वाजिराजिं न वित्तेषु चित्तं मदीयं कदाचित्। इयं सुस्तनी मस्तकन्यस्तकुम्भा लवंगीकुरङ्गीदृगंगी करोतुं। यवनी नवनीतकोमलाङ्गी शयनीये यदि लभ्यते कदाचित्। अवनीतल साधु मन्ये न वनी माधवनी विलासहेतु॥ – पण्डितराज जगन्नाथ।

§ [२-६-२१४] परिस्पंद decoration of the hair. **MMW** p. 604. पटवासक पिष्टात - चोवा वा अर्गजा की बुकनी वा बुकवा - ति०।

§ [२-६-२१५] उपबर्हण a cushion, pillow. **MMW** p. 203. उपधान that on which one rests, a pillow, cushion. **MMW** p. 199.

§ [२-६-२१६] पतंग - बहुविधि क्रीडहि पानि पतंगा। मानस० १-१२६-३। a ball for playing with. **MMW** p. 581.

§ [२-७-५] नागर clever, dexterous, cunning. **MMW** p. 53.

§ [२-७-११] यष्टा = यज्ञकर्ता। **शब्दसागर** पृ० ४०६४। यष्टृ worshipping, a worshipper. **MMW** p. 840.

§ [२-७-१४] अग्नि को प्रज्वलित रखने वाला। **आप्टे०** पृ० ६।

§ [२-७-२०] इज्या - **आप्टे०** पृ० १७२।

§ [२-७-२१] जो विधि से वेद आदि का पठन है वह ब्रह्मयज्ञ है, होम वैश्वदेव का का होम है सो देवयज्ञ है, घर आए हुए अतिथियों का अन्न आदि के सपर्या से संतोष करना मनुष्ययज्ञ है, तर्पण अर्थात् पितरों को अन्न

और जल आदि से तृप्ति संपादन करता है वह पितृयज्ञ है, बलि अर्थात् जीवों को जो अन्न आदि देना है वह वह भूतयज्ञ है - ति०। सपर्या worship, homage, adoration. **MMW** p. 1148.

§ [२-७-२३] हवि के पूर्व देश में सदस्य आदि का जो गृह है, उसे प्राग्वंश कहते हैं वा यज्ञशाला के पूर्व और पश्चिम के खंभों में रखे काष्ठ को प्राग्वंश कहते हैं - ति०।

प्राग्वंश having the supporting beams turned eastward; the space between the Vedi (perhaps a kind of sacrificail chamber having columns or beams towards the east and situated opposit the Vedi; accord. to others, a room in which the family and friends of the person performing the sacrifice assemble.) **MMW** p. 704.

साकल्य totality, completeness, entireness. **MMW** p. 1197. शाकल्य N. of an ancient grammarian and teacher. **MMW** p. 1062.

प्राग्वंश की व्याख्या के आधार पर 'साकल्य' पाठ स्वीकार किया जा रहा है। 'साकल्प' निरर्थक है, दृष्टिभ्रम का परिणाम। 'शाकल्य' प्रसंग असंगत है।

§ [२-७-२८] चषाल a wooden ring on the top of a sacrificial post. **MMW** p. 391. यूपकटक a wooden ring at the top of a sacrificial post (or an iron ring at its base.) **MMW** p. 856.

§ [२-७-२९] कुंबा - यज्ञ के भूमि में अंत्यज आदि की दृष्टि के वारण के लिए सुगहनावृत्ति वेष्ठन अर्थात् आवरण - ति०।

§ [२-७-३२] 'पावककामिनी' भाषा अनुवाद है, 'हुतभुक्प्रिया' का।

§ [२-७-३३] पंडित जे कांडी उच्चारत = (कर्म)कांडी पंडित जे उच्चारत। नी०ग० का 'क्राक' निरर्थक पद है, यहाँ 'वाक' विशेष संशोधन किया गया है, कर्मकांडी पंडित जो वाक उच्चारते हैं।

§ [२-७-३४] अतिजगती - **शब्दसागर** पृ० १४२। त्रिष्टुभ - **शब्दसागर** पृ० २१६७। शंकर - **छ०प्र०** पृ० ६६। उत्तरार्ध के नाम **अमर०** में नहीं, संस्कृत में भी नहीं मिलते, जैसे कि शंकर!

§ [२-७-३५] खीर = यज्ञ की जाउरि - ति०। जाउर - मीठा और चावल डालकर पकाया हुआ दूध। खीर। **शब्दसागर** पृ० १७३१।

§ [२-७-३९] शब्द 'सांकल्पित' है, मगर गढ़ा हुआ, सांकल्प - ति० में हाशिए पर; अग्नि में हूना हूआ घी - ति०।

§ [२-७-४२] 'संपन्न' यहाँ अशुद्ध है; प्रसंग संगत है, 'उपसंपन्न' immolated, sacrificed (as a victim.) **MMW** p. 209.

§ [२-७-४३] यज्ञदीक्षा के अंत में यज्ञदीक्षा का समापक अर्थात् समाप्तबोधक यज्ञपूर्वक स्नान विशेष - ति०।

§ [२-७-४९] श्राद्ध में द्विजभक्ति और सुश्रुषा - ति०।

§ [२-७-५४] पाद्य relating or belonging to the foot (n. with or sc. उदक water used for washing the feet ib. &c) **MMW** p. 618.

§ [२-७-५७] अट्या - roaming about. **MMW** p. 11. नी०ग० का 'श्मा' निरर्थक पद है, 'अश्म्-' आदि भी कोई संगत अर्थ नहीं देते।

§ [२-७-६०] नियम व्रत व्रतमात्र के नाम हैं - ति०।

§ [२-७-६१] पृथगात्मा यस्य सः तस्य भाव पृथगात्मता।

§ [२-७-६२] ब्रह्मासन = गहन समाधि के लिए विशिष्ट आसन - **आप्टे०** पृ० ७२२।

§ [२-७-६४] ये अज्ञा देने के शास्त्र के नाम हैं, जो प्रथम कल्प है अर्थात् आदि विधि है वह मुख्य कहलाता है - ति०।

§ [२-७-६६] समाद प्रमान - नि०ग०। 'समाद' या 'समाद्र' संस्कृत हिंदी किसी कोश में नहीं मिलता। **हलायुध०** में भी प्रथम दो पर्याय ही हैं। 'समादर मान' विशेष संशोधन किया गया है।

§ [२-७-७१] 'यती यति' भाषा का प्रयोग होगा - सं० में शुद्ध रूप 'यतिन्' है।

§ [२-७-७५] सुत्या = सोमरस निकालना, या तैयार करना। **आप्टे०** पृ० १११५। अभिषु to press out (with stones) the Soma juice. **MMW** p. 71. अभिषव religious bathing; ablution (preparatory to religious rites), drinking सोम juice. Ibid. सवन = सोमरस का निकालना या पीना। स्नान, शुद्धिपरक स्नान। **आप्टे०** पृ० १०८९।

§ [२-७-७६] सांतपनादिक = गोमूत्रं गोमयं क्षीरं दधिसर्पिः कुशोदकम्। एकरात्रोपवासश्च कृच्छ्रं सान्तपनम् स्मृतम्॥ इति मनुः।

§ [२-७-७८] प्राचीनावीत - दूसरे हाथ में वा वाम हाथ में जो ब्रह्मसूत्र धारण किया जाता है - ति०।

§ [२-७-७९] वेधा तीरथ - वेधा = ब्रह्मा। वेधा तीरथ अनुवाद है, 'ब्राह्म्यम्' [**अमर०** २-७-५०] का।

§ [२-७-८७] समस्त पद 'दारकर्म' संस्कृत में नहीं है, किंतु 'दार' के अनेक रूप मिलते हैं, यथा, a wife (wives) &c आन् कृ or प्र-कृ, take to wife, marry; cf. कृत-) **MMW** p. 475.

§ [२-७-९०] संवेशः - मैथुन, संभोग या रतिबंध विशेष। **आप्टे०** पृ० १०४९। दे० **भागवत०** ५-९-१०।

§ [२-७-९१] वेदविहित यज्ञ आदि धर्म है, यथाविधि स्त्री का सेवन काम है, और धन अर्थ है, मोक्ष के सहित इस समुदाय को चातुर्वर्ग कहते हैं - ति०।

§ [२-७-९२] बल - बलेन सहितैः धर्मादिभिः चत्वारि भद्राणि श्रेष्ठान्यत्र वृन्दे इति - झा०।

§ [२-८-३] **अमर०** की संस्कृत व्याख्या का शब्दशः अनुवाद है, उम० की अर्थी व्याख्या! 'राजा तु प्रणता शेष सामन्तः स्याद्' - 'नवै जाहि सामंत सव'।

§ [२-८-७] बहुधन - 'सेनापत्यादिषु महती मात्रा धनं परिच्छदो वा यस्य।' **हलायुध०** ५२३। अक्षदर्शक a judge i.e. one who sees lawsuits. p. 3. प्राड्विवाक "one who interrogates and discriminates ", a judge (esp. the chief judge of a stationary court.) **MMW** p. 705.

§ [२-८-९] चमूनायक **अमर०** में नहीं। संस्कृत में यह समस्त पद नहीं है। चमू an army or division of an army (129 elephants, as many cars, 2187 horse, and 3645 foot. **MMW** p. 388.

§ [२-८-१०] उपरोहित : आपु बिरचि उपरोहित रूपा। परेउ जाइ तेहि सेज अनूपा - मानस० १-१७१-१। **तुलसी०** पृ० ५५। उपरोहित संस्कृत में प्रचलित पद नहीं है।

§ [२-८-१४] 'खंड' **अमर०** में नहीं पर यहाँ रनिवास में नियुक्त नपुंसक कर्मचारी के अर्थ में संगत है। खण्ड deficient, defective, crippled. **MMW** p. 36.

§ [२-८-१९] 'मनहारि' पर्याय नहीं बल्कि अनुकूलता के अर्थ में मनोहारी का व्यंजक विशेषण है। अनुवर्तन obliging, serving or gratifying another. **MMW** p. 8.

§ [२-८-२०] हरकारा - नी०ग० अशुद्ध है। हरकारा तो सामान्य संदेश वाहक को कहते हैं। हलकार = दूत। चर। प्रणति दूत जासूस ए छवि पावत हलकार। - नंद ग्र० पृ० १०८। **शब्दसागर** पृ० ५४६८।

§ [२-८-२३] अक्षरचण "clever in writing", a scribe. **MMW** p. 3.

§ [२-८-२७] द्वैध - बलवान के साथ मेल और अबल के साथ विग्रह - ति०। आसन - निज शक्ति के रुकने पर काल बिताने के लिए कोट बनाकर उसमें रहना - ति०। यान - शत्रु की ओर जयशील का गमन - ति०।

§ [२-८-२९] ये तीन नीतियों के त्रिवर्ग हैं अर्थात् नीति शास्त्रोक्त त्रिवर्ग हैं - ति०।

§ [२-८-३३] धर्म अर्थ काम और भय से परीक्षा पूर्वक मंत्री आदि के आशय को ढूँढ़ने को उपधा कहते हैं - ति०। उपधा trial or test of honesty (of four kinds, viz. of loyalty, disinterestedness, continence, and courage) **MMW** p. 199. पारिष = परीक्षा।

§ [२-८-३४] अषडक्षीण - दो ही से किया मंत्र आदि है वह अषंडक्षीण कहलाता है - ति०। हाशिए पर सलाह। न सन्ति षडक्षीण यत्र - जो छः आँखों से न देखा जा सके, जो केवल दो व्यक्तियों के द्वारा निश्चित या निर्णीत किया जाय - **आप्टे०** पृ० १२३। not seen by six eyes i.e. known by two persons only, secret **MMW** p. 116.

§ [२-८-४२] आगस् transgression, offence, injury, sin, fault. **MMW** p. 9.

§ [२-८-४४] शुल्क = घाट आदि नदी तीर स्थान में वस्तुओं को पार ले जाने और ले आने में जो राजभाग दिया जाता है - ति०।

§ [२-८-४६] नृप गुरु आदि के दर्शन के पहिले समर्पण किए जाने की वस्तु या भेंट, नज़र - ति०।

§ [२-८-४७] (यौतकादि तु यद्देयं) सदायो हरणं (च तत्) - **अमर०**। यौतक private property, (esp.) property given at marriage, a woman's dowry, presents made to a bride at her marriage by her father and friends (accord. to some also "a gift to the bridegroom.") **MMW** p. 859. यौतक = स्त्री का दहेज, स्त्रीधन (विवाह के अवसर पर कन्या को उपहार में दिया गया धन) मातुस्तु यौतकं यत् स्यात् कुमारी भाग एव सः - मनु० ९ ।१३१। - **आप्टे०** पृ० ८४१। युतक जो वधू और वर हैं, इनके संबंधी धन को यौतकं कहते हैं यौतुकं बंधु आदि के जो देय धन का देना है वह सदायः और हरणं कहलाता है - ति०। ति० की व्याख्या भ्रामक है; उम० में उपलब्ध पाठ 'सोतरात्व' दृष्टिभ्रम का परिणाम है। वस्तुतः उम० में **अमर०** की व्याख्या यौतकादि ग्रहण हुई है।

§ [२-८-४९] उदर्क = फलमुत्तरम् - **अमर०**।

§ [२-८-५१] प्रक्रिया - अधिकार = व्यवस्था का स्थापन करना - ति०। प्रक्रिया = राजचिह्न का धारण करना - **आप्टे०** पृ० ६४१।

§ [२-८-५६] सोने के बने पात्र विशेष वा झारी - ति०।

§ [२-८-५९] कुंभी [सं० कुम्भिन्]। सामज an elephant. **MMW** 1205 अनेकपः = हाथी तु० 'द्विप' से वन्येतरानेकपदर्शनेन - रघु० ५ ।४७ - **आप्टे०** पृ० ४५।

§ [२-८-६२] मदांध - ति०।

§ [२-८-६५] आसान the withers of an elephant, the part where the driver sits. **MMW** p. 159.

§ [२-८-६७] अक्षगोलक = आँख के गोलक का पर्याय ईषिका है।

§ [२-८-७१] आगे जंघा = आगे की जंघा; पाछे जंघा = पीछे की जंघा।

§ [२-८-७२] अन्दू = शृंखला, या हथकड़ी बेड़ी, २ हाथी के पैरों को बाँधने के लिए जंजीर। ३ नूपुर। **आप्टे०** पृ० ५०। आँदू = [सं० अन्दू = बेड़ी] १ लोहे का कड़ा। बेड़ी। २ बाँधने का सीकड़। **शब्दसागर** पृ० ४०५। H آندو आंदू a-n.du- [S. अन्दुक], s.m. The chain or rope with which the feet of elephants are tied; chain or ring worn on the ankle (commonly by wrestlers); anklet. **Platts** p. 90.

'आलान' का अर्थ हाथी का खूँटा तथा जंज़ीर, दोनों, है। the post to which an elephant is tied; the rope that ties him; a fetter, tie, rope or string; binding, tying. **MMW** p. 153.

§ [२-८-७३] तोत्त्रम् = पशुओं को या हाथी को हाँकने का अंकुश। **आप्टे०** पृ० ४३७।

§ [२-८-७७] चौदह सहस घोर घुरसारा। सावंकरन बालका तुषारा॥ **पदमावत** २६। ४। अर्वत् अर्वन् दोनों शुद्ध हैं। तु० Arvat - a courser, horse. Arvan - a courser, horse; one of the ten horses of the moon. **MMW** p. 93.

§ [२-८-८५] घोड़ों की वल्गित आदि पाँच गतियाँ धारा कहलाती हैं। जहाँ वेग से आर्त अश्व नहीं सुनता और नहीं देखता है तैसी गति को आस्कंदित कहते हैं; हरपट प्रसिद्ध है; चतुराई से युक्त सीधी गति को धौरितकं कहते हैं; धौरितकं यह हेमचंद्र का मत है, दुलकी चाल प्रसिद्ध है, मध्यम वेग से चक्राकार भ्रमण रेचितम है, पोईया चाल यह प्रसिद्ध है, शरीर के अग्र भाग को समेटकर कुत्सित स्थल आदि में मुख को टेढ़ाकर चलना वल्गित है, उछाल यह प्रसिद्ध है, शरीर के पूर्व और अपर भाग को झुकाकर क्रम से रखना प्लुत है, चौकड़ी मारना यह प्रसिद्ध है - ति०। the pace of horse. (5 enumerated, viz. धोरित, वल्गित, प्लुत, उत्-तेजित, उत्-तेरित, or आ-स्कन्दित, रेचित, for the two latter; with परमा, the quickest pace. **MMW** p. 515.

§ [२-८-८६] सुमाति - घोड़े की टाप के अर्थ में फ़ारसी सुम سم के आधार पर मात्रा पूर्ति के लिए गढ़ा हुआ शब्द हो तो हो, अन्यथा इसकी व्युत्पत्ति अस्पष्ट है। फ़ारसी का एक शब्द है, 'समावत' سماوة (v.n. of سمو) Being rampant among the females, and leaping upon them (a stallion); **Steingass** p. 696. मगर यह

तो और भी संदिग्ध लगता है!

§ [२-८-८७] बालधिः = बालों वाली पूंछ। **आप्टे०** पृ० ७१४। मूल a root (of any plant or tree; but also fig. the foot or lowest part or bottom of anything.) **MMW** p. 826.

§ [२-८-९०] गंत्री = गाड़ी जिसमें घोड़े या बैल जुते हों। **शब्दसागर** पृ० ११९४। कंबलबद्ध कम्बलिवाह्यकम् **अमर०** का शब्द रूपांतर है। रहलू - बिना छतरी की छोटी-सी सुंदर बैलगाड़ी ल्हैडू, लहडू, या रहलू (सं० रथरूप रहरूव रहरू रहड्ड रहलू) कहाती है। इसमें तीन-चार आदमी बैठ सकते हैं। रहलू की लंबाई साढ़े अठहथी होती है। इसका म्हौंड़ा ढाई गज़ के लगभग होता है, जिसमें बाँसों का पंजारा बनाया जाता है। लोहे की पत्तियाँ या लकड़ी की अर्धचंद्राकार पट्टियाँ, जिनमें छेदों से होकर पंजारे की छड़ें पड़ी रहती हैं, पुस्तीमान कहाती हैं। **सुमन०** २-३००।

رہڑو रहड्ड A light open cart with a seat for one person. **Fallon** p. 720.

§ [२-८-९२] चौडोला - (सं० चतुर्दोल) यह हाथी के हौदे या अंबारी के आकार की सवारी होती है, जिसे चार आदमी उठाते हैं। इसे चंडोला भी कहते हैं। **सुमन०** २-४९।

§ [२-८-९३] रथव्रज = रथवंश a number of chariots. **MMW** p. 865.

§ [२-८-९४] द्वैप - द्वीपिन् belonging to a tiger or panther. द्वैप car covered with a tiger's skin. **MMW** p. 507.

§ [२-८-९५] नेमि प्रधि - उस चक्र के अंत के उस भाग के नाम हैं जो भूमि को स्पर्ष करते हैं - ति०।

§ [२-८-९७] उटड़ा - एक टेढ़ी लकड़ी जो गाड़ी के अगले भाग में, जहाँ हरसे मिलते हैं, जूए के नीचे लगी रहती है। इसी के बल पर गाड़ी का अगला भाग जमीन पर टिकाया जाता है। उटहपा। उटहड़ा। **शब्दसागर** पृ० ५५३।

§ [२-८-९८] आरा - लकड़ी की चौड़ी पटरी जो पहिए की गड़ारी और पुट्ठी के बीच जड़ी रहती है। एक पहिए में ऐसी दो पटरियाँ होती हैं, बाकी और जो पतली-पतली चार प्टरियाँ जड़ी जाती हैं, उन्हें गज कहते हैं। **शब्दसागर** पृ० ४६५।

अक्ष के अर्थात् नाभि के चलाने के काष्ठ के आगे चक्रधारण के अर्थ जो कील गाड़ते हैं उसे अणि कहते हैं, कुलावा - ति०। linch-pin; the pin or bolt at the end of the pole of a carriage. **MMW** p. 11.

§ [२-८-९९] वरूथ रथगुप्ति - शस्त्र आदि से परिरक्षण के अर्थ रथ को जो लोह आदि से आवरण करते हैं उसके नाम - ति०। प्रासंग - जो युग से अन्य युग बैल आदि के कांधे से लगाया जाता है, जूआ - ति०।

§ [२-८-१०१] कोतल (या कुतल) 'ख़ास सवारी का घोड़ा' (**उर्दू०** १३८) है। वैनीतक - जो परंपरा से वाहन है और नर आदि से ले जाने के योग्य है पालकी आदि - ति०।

§ [२-८-१०३] संस्कृत में 'सव्येष्ठः' तथा 'सव्येष्ठा' पर्याय हैं (**हलायुध०** ७१७।) 'सव्येष्ट' - नी०ग० के स्थान पर 'सच्चेष्ट' विशेष संशोधन तुकांत के निर्वाह के लिए किया गया है।

§ [२-८-१०६] बल सेना है जिसको वह वा सहस्र योधा हैं जिन नायकों के वे परिधिस्थ और परिचर कहाते हैं - ति०।

§ [२-८-१०८] सन्नाह - कवच; बख्तर। **आप्टे०** पृ० १०७०।

§ [२-८-१०९] कंचुक धारण करनेवाले पुरुष मध्य भाग में दृढ़ता के अर्थ कंचुक के ऊपर जो बाँधते हैं - ति०।

§ [२-८-११२] पिनद्ध = जकड़ा हुआ, बँधा हुआ या धारण किया हुआ। **आप्टे०** पृ० ६१५। आमुक्त put on (as a garment &c), dressed, accoutred. **MMW** p. 147. झिलम अदि पहिने हुए - ति०। झिलम - लोहे का बना हुआ एक प्रकार का झंझरीदार पहरावा जो लड़ाई के समय सिर और मुँह पर पहना जाता है। **शब्दसागर** पृ० १८४६।

§ [२-८-११६] नी०ग० प्रतियों का पाठ 'सुप्रयोग कृतपुंख मानियो। विशिख और कृतहस्त जानियो' अशुद्ध है। शुद्ध 'सुप्रयोगविशिख' समस्तपद है; सुवंश ने दोहा छंद के आग्रह से इसे विवृत रखा है। सुप्रयोगविशिख =

सुप्रयुक्तशर one who fits an arrow skilfully on a bow, a good marksman, a skilful archer. **MMW** p. 1228.

केवल 'विशिख' का अर्थ बाण है। इस अर्थ में 'विशिख' परवर्ती काल का प्रयोग लगता है। 'निवर्तयिष्यन्विशिखेन कुम्भे जघान नात्यायतकृष्टशार्ङ्गः' रघु० ५-५०। (उन्होंने अपने धनुष को थोड़ा सा खींचकर एक बाण उसके मस्तक में मारा कि वह लौट जाए।) 'माधव मनसिजविशिखभय दिव भावनया त्वयि लीना' **गीत०** ४। हिंदी में भी यह अप्रचलित पद है – इसके अकेले प्रयोक्ता हैं, श्री मैथिलीशरण गुप्त!

§ [२-८-१२५] A قاسد qa-sid A qa-s.id, Travelling, going; a traveller; a messenger, courier, express, post-man, letter-carrier, cossid; aiming at; –qa-s.idi chark_h_, The moon; the sun. **Steingass** 947

§ [२-८-१३३] जो स्वेच्छापूर्वक जाता है और वही स्वभाव रखता है वह कामगामी और अनुकामीन कहलाता है - ति०। अनुकामीन one who acts as he pleases. **MMW** p. 31.

§ [२-८-१३६] तीन पत्तियों से १ सेनामुख, तीन सेनामुखों से एक गुल्म, ३ गुल्मों से एक गण, तीन गणों से एक वाहिनी, तीन वाहिनियों से एक पृतना, तीन पृतना से १ चमू, तीन चमू से १ अनीकिनी, तीन अनीकिनी से १ दश अनीकिनी, तीन दश अनीकिनी से १ अक्षौहिणी होती है - ति०।

§ [२-८-१४२] जिष्णु = अर्जुन।

§ [२-८-१४५] रोदा - मुझे तो यह प्रगटतः फ़ारसी का शब्द लगता है। رودا roda-, A bow-string; a gut; a branch. **Steingass** 592. روده A gut, an intestine, (a sinew used as) a bowstring; the string of a musical instrument; branch (of a tree or creeper). **Platts** p. 604. **शब्दसागर** (पृ० ४२१५) में इसे सं० रोध (= किनारा) से व्युत्पन्न बताया गया है! हाँ, 'रोधस्" किनारा ही नहीं, क़िला आदि का भी व्यंजक है! 'दा' का 'ध्' कैसे हो गया, मेरी समझ से परे है! क्या जाने, **शब्दसागर** के वयोवृद्ध संपादकों पर अकस्मात् रसिकता छा गई हो और उन्होंने 'यो निरोधो मयारब्ध' को 'योनि रोधो मयारब्ध' पढ़ने के समान यहाँ 'रोध' कर दिया हो!

§ [२-८-१४६] वाम जंघा को फैलाकर और दक्षिण जंघा को समेटकर धनुष चलाना प्रत्यालीढ है, दक्षिण जंघा फैलाकर वाम जंघा को संकोच कर धनुष चलाना आलोढ है पाँवों को बराबर करके ठहरना समपद है, बारह अंगुल के अंतर से पाँवों को ठहरा कर ठहरना वैशाख है, मंडल के आकार पादद्वय का धारण करना मंडल है – ति०।

§ [२-८-१४८] शराभ्यास - उपासन - खाकतूदा [38] उपासन the act of throwing off (arrows), exercise in archery. **MMW** p. 15.

'खाकतूदा' के विषय में जानकारी मुझे अपने प्रिय मित्र ओसाका विश्वविद्यालय में प्राध्यापक श्री यामाने शो से मिली –

> 'खाखतूदा' की जगह 'ख़ाक तूदा' मौलवी नूरुल हसन नैयर की 'नूरुल लुग़ात' में मौजूद है।
>
> 'ख़ाक तूदा' (फ़ारसी) (मुज़क्कर) ख़ाक का तूदा जो तीर अंदाज़ी की मश्क के लिए बनाते हैं। (उर्दू) लड़कों का खेल। किसी चीज़ को ख़ाक में छिपाकर उस ख़ाक के दो हिस्से करके बाँट लेते हैं। वह चीज़ जिसके हिस्से में निकलती है, वही उसका मालिक हो जाता है।
>
> 'ख़ाक तूदा बना देना' हदफ़ मुलामत कर देना की जगह। उसी तरह, **फ़रहंगे आसफ़िया** में कुछ यों है - 'ख़ाक तूदा (मुज़क्कर) आम जगह, निशाना लगाने का मिट्टी का ढेर, गीली मिट्टी का वह तूदा जो तीर की मश्क कराने के वास्ते बना लेते हैं, चाँदमारी का ढाँचा। [39]

§ [२-८-१५३] 'तूणीर' या 'तर्कश' [40] के अर्थ में तूणी' **अमर०** में नहीं है, यद्यपि अमरसिंह के समकालीन कालिदास में यह इसी अर्थ में आया है -

> तत्प्रार्थितं जवनवाजिगतेन राज्ञा **तूणीमुखोद्धृतशरेण** विशीर्णपङ्क्ति। - रघु० ९-५६।

---

38 षाषतूदा – नी०ग०।

39 فرہنگ آصفیہ - ۲-۱۷۵

40 a تَرکَش tarka-sh (for P. ترکش q.v.), A quiver. **Steingass** 296.

(राजा ने हरिणो के झुंड की ओर अपना घोड़ा फेंका और तूणीर से खींचकर बाण धनुष पर चढ़ाया ही था कि हरिणों की पंक्ति छितर-बितर हो गई!)

सहृदय जन ध्यान देंगे, अवधी-भोजपुरी का अति प्रसिद्ध हरिणी के लोकगीत, 'छापक पेड़ छिउलिया त पतबन गहवर', [41] का संकेत रघुवंश के अगले श्लोक में है -

> लक्षीकृतस्य हरिणस्य हरिप्रभावः प्रेक्ष्य स्थितां सहचरीं व्यवधाय देहम्। आकर्णकृष्टमपि कामितया स धन्वी वाणंकृपामृदुमनाः प्रतिसंजहार॥ **रघुवंशम्** ९.-५७ ॥

(राजा दशरथ देखते क्या हैं कि जिस काले हरिण पर उन्होंने निशाना साधा था, उस हरिण की हरिणी अपने जोड़ा हरिण के आगे आड़ बनकर खड़ी हो गई! यह देख कोमल हृदय राजा ने कान तक खींचा हुआ बाण उतार लिया।)

§ [२-८-१५४] कर -पाल, -बाल -वाल तीनों शुद्ध हैं।

§ [२-८-१५५] परतला - खंग की मूठी के चाम के बनाए बंधन को नाम है, जैसे मारने वाले के हाथ से खंग न निकल जावे - ति०। परतला [सं० परितन् (चारों ओर खींचा हुआ)] चमड़े या मोटे कपड़े की चौड़ी पट्टी जो कंधे से लेकर कमर तक छाती और पेट पर से तिरछी होती हुई आती है और जिसमें तलवार लटकाई जाती है तथा कारतूस आदि रखे जाते हैं। - **शब्दसागर** पृ० २८२५।

§ [२-८-१५६] हथकरा - मूठि अर्थात् ग्रहणस्थान - ति०।

§ गोफना [२-८-१५९] गोफना - पत्थल आदि फेंकने के उपकारक रस्सी की बनी हुई गोफीण वा ढेलबाँस - ति०; गुलेल या नलिका - झा०। गोफना گوپھنا A sling (esp. one used to throw stones, & c. with, and to drive away birds, & c. from a field of corn. & c.) **Platts** p. 922.

§ [२-८-१६२] शल्य शंकु - बाण के अग्र भाग वा आयुध विशेष वा बर्छी वा भाला वा फल - ति०। प्रास a barbed missile or dart. **MMW** p. 709.

§ [२-८-१६५] वस्तुतः 'अभियान' की अपेक्षा 'अभिनिर्याण' (march of an assailant. **MMW** p. 67.) अधिक संगत पर्याय है।

§ [२-८-१६७] घरियारी - वंदी विशेष घंटा के बजाने से स्तुति करते हैं - ति०।

§ [२-८-१७१] शर्कराधूरि - पिसी धूलि - ति०।

§ [२-८-१७५] वीराशंसन "place wished for by heroes", the post of danger in battle. **MMW** p. 1006.

§ [२-८-१७९] 'योद्ध' युद्ध के अर्थ में, 'संराव' (crying together, clamour, uproar, tumult. **MMW** p. 1113.) से संदर्भित है।

§ [२-८-१८४] पीडन अवमर्द - शस्य आदि से संपन्न देश का परचक्र से पीड़न - ति०।

§ [२-८-१८५] छल से जीतने के वा डाका इस प्रसिद्धि के नाम - ति०। अभ्यासादन attacking an enemy. **MMW** p. 78. अभ्यवस्कंदन impetuous assault. **MMW** p. 76.

§ [२-८-१८७] अरि को लूटि निकारवु - वैर को दूरा करना - ति०।

§ [२-८-१८९] परिभूत **अमर०** [३-२-५६] अपमानित किए हुए का पर्याय है – यद्यपि 'परिभूत' का अर्थ पराजित भी होता है। (overpowered, conquered, slighted, disregarded, despised. **MMW** p. 598.) यहाँ 'परिभूत' लिपिक की भूल से नहीं हो सकता। यहाँ सुवंश को 'परिभूत' (अपमानित) और 'पराभूत' (हारे हुए) में भ्रम हुआ है! भ्रम होने का कारण यही है। 'परभूतौ' में बलात् दोहा मात्रा पूर्ति से भी इस बात की पुष्टि होती है। तभी तो शीर्षक भी 'तिरस्कार' है। उम० [३-१-१६८] पर, यथा क्रम अवमानित के पर्याय दिए गए हैं।

अभिभूत [**अमर०** ३-१-४०] टूटे अभिमान वाला। - ति०। धिकृत के अंतर्गत अभिभूत उम० [३-१-६८] पर है।

§ [२-८-१९२] निशुंभ = वध। हत्या। **आप्टे०** पृ० ५४२। व्यापाद = हत्या, वध। **आप्टे०** पृ० ९९०।

---

[41] **कविता कौमुदी** ५-५१।

§ [२-८-१९४] 'कुणप' के स्थान पर उपलब्ध पाठ 'कुलप' दृष्टि भ्रम का परिणाम है। संस्कृत अभिधानों में 'मृत' (मरा हुआ) तथा 'कुणप' में सूक्ष्म भेद है – 'कुणप' मृत शरीर अथवा शव का वाचक है। (दे० **हलायुध०** पृ० २३०।) उम० में भेद नहीं किया गया।

§ [२-८-१९७] पंचपवन = पंचप्राण - पाँच जीवनप्रद वायु; प्राण, अपान, व्यान, उदान और समान। **आप्टे०** पृ० ५६३।

§ [२-८-१९८] आवरदा [सं० आयुर्दाय] फलित ज्योतिष में ग्रहों के बलाबल के अनुसार आयु का निर्णय। जैसे अष्टम स्थान में बृहस्पति आयु बढ़ाता है और तीसरे, छठे और ११वें स्थान में राहु, मंगल और शनि आदि पापग्रह आयु बढ़ाते हैं। लग्न या चंद्रमा को यदि मारकेश या अष्टमेश देखता हो तो आयु क्षीण होती है। **शब्दसागर** पृ० ४६१।

§ [२-९-१] अर्य = तीसरे वर्ण का व्यक्ति, वैश्य। **आप्टे०** पृ० १००।

§ [२-९-४] श्ववृत्ति - सेवा, दूसरे के चित्त का अनुवर्तन करना वह श्ववृती है वा कुत्ते की वृत्ति के समान श्ववृत्ति है - ति०। ऋत - ऋतमुञ्छशिलं स्मृतम्। इति मनुः। शिलोंछन - बालें चुनना। gleaning ears of corn, **MMW** 1073.

§ [२-९-९] ऋण का दाता उत्तमर्ण कहलाता है - ति०।

§ [२-९-१५] सांवा H سامك सामक samak [S श्यामक s.m. A kind of edible grain, Panicum frumentaceum (=sa-n.wa-); a kind of grain-bearing grass (found in kha-dar lands). **Platts** p. 628 श्यामक Panicum Frumentaceum (a kind of cultivated millet) **MMW** p. 1094.

§ [२-९-१६] चेना [सं० चणक] कँगनी या साँवाँ की जाति का एक अन्न जो चैत, बैसाख में बोया या असाढ़ में काटा जाता है। विशेष : इसके दाने छोटे, गोल और बहुत सुंदर होते हैं। इसे पानी की बहुत आवश्यकता होती है, यहाँ तक कि काटने से तीन-चार दिन पहले तक इसमें पानी दिया जाता है। इसी लिए खेतहरों में एक मसल है, 'बारह पानी चेन, नहीं तो लेन का देन।' कहते हैं इस देश में यह अन्न मिस्र या अरब से आया है। यह हिमालय में १०,००० फुट की ऊँचाई तक होता है। यह पानी या दूध में चावल की तरह उबालकर खाया जाता है और बहुत पौष्टिक समझा जाता है। शिमला के आसपास के लोग इसकी रोटियाँ भी बनाकर खाते हैं। पंजाब में इसकी खेती प्रायः चारे के लिए ही होती है। वैद्यक में इसे शीतल, कसैला शक्तिवर्धक और भारी माना जाता है। **शब्दसागर** पृ० १५७७।

अणव्य field of (anu) Panicum Miliaceum. **MMW** p. 11.

چينا चीना, चेना, चैना [S चीनकः] a kind of panic or millet, Panicum Miliaceum. **Platts** p. 471.

§ [२-९-१७] कौद्रवीण sown with kodrava (as a field & c.) **MMW** p. 316.

§ [२-९-१८] आदौ उप्तं अर्थात् पहिले बोये पीछे जोते खेत - ति०।

§ [२-९-१९] कृष्ट मात्र के वा सीताहल लेखा से जुते खेत - ति०।

§ [२-९-२३] औगी - बैल हाँकने की छड़ी। **शब्दसागर** पृ० ७०८। آوگی A whip about seven cubits long, like a waggoner's, used in training horses. **Fallon** p. 178.

§ [२-९-२४] खंता - १ वह औजार जिससे जमीन आदि खोदी जाती हो। २ वह गड्ढा जिसमें से कुम्हार मिट्टी लाते हैं। **शब्दसागर** पृ० ११११।

§ [२-९-२५] कुड - कुड़ हल का प्रधान भाग है। यह ऊपर एक मोटे डंडे की तरह होता है। इसका निचला भाग बहुत मोटा और भारी होता है। **सुमन०** १ ।९।

§ [२-९-२६] पनिहारी के ऊपर लोहे का एक नुकीला औजार होता है जिसे फारा या कुस कहते हैं। (सं० फाल - फार - फारा) शुनं नः फाला विकृश्न्तु भूमिम् - ऋक् ४ ।५७ ।८ अर्थात् हमारे फाले अच्छी तरह से धरती को जोतें। कृषन्नित् फाल आशितं कृणोति - ऋक् १० ।११७ ।७ अर्थात् खेत जोतता हुआ फाला ही अन्न पैदा करता है। - **सुमन०** १-१०। हरिस - [सं० हलीषा] हल का दंड।

§ [२-९-२७] सीर - यवं वृकेणाश्विना वपंतेषं दुहन्ता मनुषाय दस्रा - ऋक् १-१७१-२१। (for derivation सीता) a plough. **MMW** p. 1219.

§ [२-९-२८] सीता - कूंड़ - ति०; हराई, सिराउर - झा०। कूंड़ - [सं० कुद्यम्] दरार, खाई। **आप्टे०** पृ० २८२। बीज बोते समय किसान सगुन मनाते हुए ऐसा कहते हैं - 'भजि सीता सीता मै डारौ। गऊ के जाए पूरौ पारौ॥' (सीता का नाम लेकर बीज कूंड़ में डालो। हे गौ के पुत्रो! हमारी आवश्यकताओं की पूर्ति के लिए अन्न उगाओ।) **सुमन०** १-९।

मेधि - दँवरी करते समय बैलों को बाँधने के लिए खलिहान में गाड़ा जाने वाला बड़ा खूँटा - झा०।

सइला - लकड़ी का छोटा डंडा या मेख हो जो हल के जूए के दोनों सिरों के छेदों में इसलिए डालत हैं जिसमें जूआ बैलों के गले में फँसा रहे। **शब्दसागर** पृ० ७०८७।

§ [२-९-२९ कुरथी = कुलथी सं० कुलत्थ a kind of pulse, (Dolichos uniflorus) **MMW** p. 295.

कुलथी - उरद की तरह का एक मोटा अन्न जो प्रायः बरसात में ज्वार के साथ बोया जाता है। विशेष - इसकी बेल भी उरद की भाँति पृथ्वी पर फैलती है; पर इसकी पत्तियाँ पंजे के आकार की होती हैं। फलियाँ गुच्छों में लगती हैं और एक एक पत्ती में तीन तीन चार चार दाने निकलते हैं। दाने उरद ही के से होते हैं पर कुछ चिपटे और भिन्न भिन्न रंगों के, जैसे भूरे, लाल, काले होते हैं। कुलथी घोड़ों और चौपायों को बहुत खिलाई जाती है। गरीब लोग इसकी दाल भी खाते हैं। यह कदन्न मानी गई है। वैद्य लोग इसे धातु शोधने के काम में लाते हैं। वैद्यक में इसे रूखी, कसैली, गरम, कब्ज करने वाली तथा रक्तपित्तकारिणी मानते हैं। **शब्दसागर** पृ० १००४।

§ [२-९-३३] मोथी वा मोठ वा बनमूंग - ति०। मोथी - मोठ - मूँग की तरह का एक प्रकार का मोटा अन्न, जो बनमूँग भी कहा जाता है। विशेष - यह प्रायः सारे भारत में होता है। इसकी बोआई ग्रीष्म ऋतु के अंत में या वर्षा के आरंभ में और कटाई खरीफ़ की फ़सल के साथ जाड़े के आरंभ में होती है। यह बहुत साधारण कोटि की भूमि में भी बहुत अच्छी तरह होता है और प्रायः बाजरे के साथ बोया जाता है। अधिक वर्षा से यह खराब हो जाता है। इसकी फलियों से जो दाने निकलते हैं उसकी दाल बनती है। यह दाल साधारण दालों की भाँति खाई जाती है और मंदाग्नि अथवा ज्वर में पथ्य की भाँति दी जाती है। इसकी जड़ मादक और विषैली होती है। **शब्दसागर** पृ० ४०२९।

موٹھ A kind of pulse; phaseolus aconityfolius. **Fallon** p. 1130.

§ [२-९-३५] रहिला - चना। **शब्दसागर** पृ० ४१४३। رهلا the chick-pea, 'gram', (syn. cana.) **Platts** p. 610.

§ [२-९-३६] राजमाष a kind of bean, Dolichos Catjang. **MMW** p. 873. कुल्माष = एक प्राकार का अनाज। **आप्टे०** पृ० २८८। a sort of Phaseolus (= raaja-maa.sa) a species of Dolichos (= यावक). **MMW** p. 532. आधे पके यव आदि के वा कुरथी - ति०। अधसूखे जौ आदि - झा०।

§ [२-९-३८] कङ्गु a kind of Panic seed (several varieties are cultivated as food for the poor.) **MMW** p. 42. कँगनी = एक प्रकर का कदन्न जिसके दाने गोल और बहुत छोटे होते हैं। **मानक०** १-४१९। प्रियंगु panic seed, Panicum Italicum panic seed, Panicum Italicum. **MMW** p. 711.

§ [२-९-३९] जंगली धान्य वा तीनी - ति०। तिन्नी - एक प्रकार का जंगली धान जो तालों में आपसे आप होता है। विशेष - इसकी पत्तियाँ जड़हन की सी होती हैं। पौधा तीन चार हाथ ऊँचा होता है। कातिक में इसकी बाल फूटती है जिसमें बहुत लंबे लंबे टूँड़ होते हैं। बाल के दाने तैयार होने पर गिरने लगते हैं, इससे इकट्ठा करने वाले या तो हटके में दानों को झाड़ लेते हैं अथवा बहुत से पौधों के सिरों को एक में बाँध लेते हैं। तिन्नी का धान लंबा और पतला होता है। चावल खाने में नीरस और रूखा लगता है और व्रत आदि में खाया जाता है। **शब्दसागर** पृ० २०८२।

§ [२-९-४०] अणु चिनवा - सांवां - कंगनी या चेना। **शब्दसागर** पृ० ५०४७; सांवां - ति०; मडुवा - झा०। दे० मडुआ - **शब्दसागर** पृ० ३७४८। भांग व पटुवा - ति०; भाँग - झा०।

§ [२-९-४१] किंशारु [सं० शूक] जौ की बाल, दाढ़ी। पौधों के कड़े रोएँ। **आप्टे०** पृ० १०२६। H سینکر सींकर [sink q.v. + Prk उल्लो = S उलः; cf. an.k-ura], s.m. The flower of the si-n.k;—beard (of barley, &c.), awn; bristle. **Platts** p. 714. सींकर = सींक लगा फूल या घूआ। **शब्दसागर** पृ० ६०३९।

§ [२-९-४२] अद्य - अन्न दे० धान्यम् - **हलायुध०** ३७२। fit or proper to be eaten, n. (अम्) ifc. (cf. अन्न/अद्य, हविर् अद्य) food. **MMW** p. 17.

§ [२-९-४३] नरई - १ गेहूँ की बाल या डंठल। २ किसी घास का डंठल जो अंदर से पोला हो। ३ एक प्रकार की घास जो प्रायः जलाशयों के पास होती है। **शब्दसागर** पृ० २५३७। तु० श्रीपति मिश्र -

घोंघन के जाल जामैं नरई सेवाल व्याल ऐसे तापी ताल को मराल लै कहा करैं [दि० ५९१] [42]

स्तम्ब (prob. phonetic variation of स्तम्भ) a clump or tuft of grass, any clump or bunch or cluster. a sheaf of corn. a bush, thicket. a shrub or plant having no decided stem (such as the झिण्टी or Barleria) **MMW** p. 1257.

§ [२-९-४४] पैरा पलाल - पुआल। बुस - अनाज के ऊपर का छिलका। भूसी। **शब्दसागर** पृ० ३५३९।

§ [२-९-४५] फली - दे० शिम्बा - **हलायुध०** ६६१।

§ [२-९-४७] कङ्गु a kind of Panic seed (several varieties are cultivated as food for the poor.) **MMW** p. 42.

§ [२-९-४८] शर्मीधान्य आदि पाँच धान्य। शमी से उत्पन्न होनेवाले धान्य माष आदि अर्थात् उरद मूङ आदि; शूक सहित धान्य शूकधान्य है उसमें यव गोधूम आदि; बड़े नाल और बहुत जल से उत्पन्न व्रीहि विशेष कलमः कहलाता है; साठ रात्रि में पकने वाला षष्ठिक कहलाता है - ति०।

§ [२-९-४९] मुनिअन्न विशेष वा स्यहुंआं वा चेना - ति०।

§ [२-९-५०] कंडनी - ओखली। मूसल। **आप्टे०** पृ० २४१।

§ [२-९-५२] चलनी के अर्थ में 'चल्ली' कोश आदि से पुष्ट नहीं होता पर शीर्षक में भी समान पाठ होने से इसे स्थानीय प्रयोग मान कर स्वीकार किया गया। स्योन - धान्य आदि के भरने के लिए गोल बोरा - ति०। बोरे अथवा थैले के अर्थ में सं० 'स्यो' (सुई से सीना) धातु से 'स्योन' [43] पर्यायवाची है। (तु० स्यूत - सुई से सीया हुआ, नत्थी किया हुआ, बुना हुआ। **आप्टे०** पृ० ११५४।) लगता है, सुवंश ने इसका भाषानुवाद कर दिया है 'सियनि', मगर यह यहाँ संज्ञार्थक होने से भ्रामक है।

§ [२-९-६३] कर्करीका - कर्क - नी०ग०। कर्क तो घट को कहते हैं, यहाँ अशुद्ध है। कर्करीका - **हलायुध०** २०६। a small water-jar. **MMW** p. 256.

§ [२-९-५५] पाककरी गढ़ा हुआ पद है।

§ [२-९-५७] भक्ष्यकार - भक्ष्य तेल से पके हुए को कहते हैं।

§ [२-९-५९] कसहणी - हाँड़ी, हंडा वा बटलोई - ति०। दे० कसहँड़ी **शब्दसागर** पृ० ८६८।

§ [२-९-६०] हसनी - हसंती = उठाऊ चूल्हा, काँगड़ी। **आप्टे०** पृ० ११६९। बोरसी = मिट्टी का बर्तन जिसमें आग रखकर जलाते हैं। **शब्दसागर** पृ० ३५७५। H برسی बुरसी bursi-, s.f. Earthen pot or bowl for fire; crucible (of a goldsmith, &c.; syn. gursi-). **Platts** p. 147.

§ [२-९-६२] कंदु स्वेदनी - मदिरा बनाने की कराही या भट्टी - झा०।

§ [२-९-६३] कर्करीका a small water-jar. **MMW** p. 56.

§ [२-९-६८] डौआ - काठ के बने हाथ या चिमचे - ति०। काठ का चमचा या करछुल। उ० लकड़ी डौआ करछुली सरस काज अनुहारि। (दो० ५२६) **तुलसी०** पृ० १९४।

§ [२-९-६९] चूक - अमिली वा खट्टे के वा चूका शाक विशेष - ति०।

42 **श्रीपति०** पृ० २४४।
43 स्योनप्रसेवौ इति मुकुटः।

§ [२-९-७४] शाक आदि के संस्कार के अर्थ बनाए हुए हरदी सरसों और मरिचा आदि के चूर्ण वा मसाला; (आत्रेय संहिता में कहा है, 'चित्रकं पिप्पलीमूलं पिप्पली चव्यनागरं, धन्याकं रजनी श्वेततंडुलाश्च समांशकाः। वेसवार इति ख्यातः शाकादिषु नियोजयेदिति'। दश-पल हरदी के, बीस पल धनिआं के, पांच पल शुद्ध जीरा के, अढ़ाई पल मेथी के, ये चार भूंजे हुए लेने चाहिए, तीन पल मरिचा के, आधा पल हींग का, ये सब इकट्ठा मिलाकर कूटा हुआ वेसवार कहलाता है, यह अन्य का मत है - ति०।

§ [२-९-७५] अवंतिसोम sour gruel (prepared from the fermentation of, rice-water.) **MMW** p. 100. कांजिक - खट्टे माण के वा कुछ माष और चावल आदि के मिले हुए खट्टे माण के नाम हैं - ति०। काँजी - झा०। अभिषुत (= अभि-षव n.) sour gruel. **MMW** p. 71. (नी०ग० प्रतियों में उपलब्ध पाठ अशुद्ध होने से पूरे दोहे का पाठ निर्माण किया गया है। 'सोमधान्य' जैसा कोई शब्द ही नहीं! 'करायल' [सं० काला] (दे० **शब्दसागर** पृ० ८१७) तो कलौंजी [सं० कालाजाजी] (**शब्दसागर** पृ० ८५५) या मँगरैला अथवा काला जीरा नामक मसाले को कहते हैं!)

§ [२-९-८०] सेंधौ - पहाड़ी नोन। - ति०।

§ [२-९-८१] खारी - क्षारमट्टी को पकाकर लवण बनाते हैं अर्थात् खारी नोन यह प्रसिद्ध है - ति०।

§ [२-९-८२] मधुर लवण के भेद वा सोंचर - ति०। सौवर्चल sochal salt (prepared by boiling down soda with emblic myrobalan.) **MMW** p. 1255. श्यामसौवर्चल को तिलक कहते हैं - ति०।

§ [२-९-८५] मूरनि - शिखरन वा चटनी - ति०; दही, खाँड़, घी, मिर्च, सोंठ से बनाई चटनी - झा०। मोरन - **शब्दसागर** पृ० ४०३६। बिलखे दूध = क्षीरस्यविकृतिः; खोवा - झा०।

§ [२-९-८६] तेमन - दही आदि के वा छंवके व्यंजन वा कढ़ी - ति०। दारि - दाल? उख - पतीली। **आप्टे०** पृ० १८१।

§ [२-९-८८] रस आदि से संपन्न मांस वा व्यंजन - ति०।

§ [२-९-९०] गुलत्थी - उबाला हुआ चावल जो भात से अधिक गीला और गला हो - **शब्दसागर** पृ० १३१५। H گلتهی गुलत्थी gulatthi- Consisting of soft lumps (as boiled rice, khic'ar.i-, &c.); soft and lumpy; soft; —s.f. Rice and water boiled together and seasoned with salt (generally used in dysentery). **Platts** p. 913. पनिहा व्यंजन - ति०; माड़ युक्त भात तथा रसेदार तरकारी - झा०।

§ [२-९-९३] आधे पके गेहूं यव आदि घृत वा अग्नि में भूंजे वा किए पक्वान्न - ति०।

§ [२-९-९९] हलुवा, इस प्रसंग में, स्थानीय प्रयोग हो तो हो, अन्यथा यह भ्रामक है। हलुवा तो अन्न या गाजर शकरकंद जैसी वनस्पति को घी में भूनकर और उसमें चीनी पकाकर बनाई हुई प्रसिद्ध मिठाई है। ति० के अनुसार यह गीला भात तथा किसी के मत से लप्सी के पर्याय हैं। प्रायः ये ही अर्थ शब्दकोशों से भी पुष्ट होते हैं।

ग० प्रति में 'के मन मानि' पाठ पर्याय है। ऐसे भेदों की, जहाँ अर्थगत अंतर नहीं होता, उपेक्षा की गई है।

§ [२-९-१०३] आख्या = नाम, अभिधान। दंड से मथे मठा व गोरस मात्र - ति०।

§ [२-९-११४] उम० में दूसरे चरण का पाठ 'द्वै नाम ए आशित और गवीन' अशुद्ध है। 'आशित' और 'गवीन' दो पद नहीं हो सकते – 'आशितंगवीन' समस्त पद है। आशितंगवीन = पहिले पशुओं द्वारा चरा हुआ। **आप्टे०** पृ० १६४। (a meadow &c) where cattle have been fed. **MMW** p. 157. अकेले 'आशित' का अर्थ है भुक्त, खाया हुआ; खाकर तृप्त। (दे० वही।)

§ [२-९-१२२] 'नवानिका' तथा 'शितवृषभ' **अमर०** में नहीं, अन्यत्र भी इनकी पुष्टि नहीं होती।

§ [२-९-१२८] संधिनी - वृषभ से मैथुन के अर्थ जो आक्रांत है - ति०। गर्माई हुई गाय (या तो सांड से संयुक्त या उसके द्वारा गाभिन गाय)। **आप्टे०** पृ० १०६९।

§ [२-९-१३०] 'वृहद्गर्भा' तथा 'उपघातिनी' जैसे पद हैं ही नहीं! 'वृषभ उपगमन' अर्थात् साँड़ से संगम करने से गर्भ नष्ट होता है, उसे 'वेहद्' कहते हैं। इसी प्रकार शुद्ध 'गर्भोपघातिनी' है, 'उपघातिनी' नहीं।

§ [२-९-१३१] पशु में गर्भाधान करने को 'प्रजन' कहते हैं। स्त्रीगव्यादिषु पुङ्गवादीनां प्रथमगर्भाधानाय मैथुनाभियोगः - मनु० १२ । १२१; हैम० ४५१। अतः उपलब्ध पाठ का 'धैया' लेखन प्रमाद है, 'धरैया'

का।

§ [२-९-१३४] एकहायनी - एक वर्ष की बछिया। **आप्टे०** पृ० २२७।

§ [२-९-१३७] गृष्टि - एक ही बार ब्यायी हुई गौ। **आप्टे०** पृ० ३५०।

§ [२-९-१४३] 'न्वैरा' पद संदिग्ध है। तु० जो गाय दुहते समय उछलती-कूदती हो, उसकी पिछली टाँगों में जाँघों के ऊपर एक रस्सी बाँध देते हैं। उस रसी को ... नोई कहते हैं। सूरदास ने नोई (देश० णोमी - **दे०ना०मा०** ४ । ३१) का प्रयोग किया है। किसान के पशु जहाँ बँधते हैं, वह स्थान नौहरा (नोई + गृह = वह घर जहाँ नोई काम में आती है) कहाता है। **सुमन०** १-१५८-५९। दे० **सूर०** पृ० ३१६।

सामनी - ति०; पशुओं को बाँधने की रज्जु; पगहा। **शब्दसागर** पृ० ५०७२। a rope for tying cattle. **MMW** p. 1205. तु० यत्रैकस्मिन् बहुप्रग्रहयुक्ते अनेकगावो बन्ध्यन्ते तत् - **हलायुध०** ३५२। अनेक गायों को इकट्ठा बाँधने की रस्सी।

§ [२-९-१४५] मंथन दंड वा रई वा छोढ़ी - ति०। बासुकी नेति अरु मंदराचल रई ८]* [८। **सूर०** पृ० ५०२।

§ [२-९-१४६] जिस खंभे में मथने का दंड बाँधते हैं - ति०।

§ [२-९-१४७] महेंड़ा - ति०। अति दुर्लभ रत्न की उपलब्धि के समान है 'मह्मडवा' शब्द! सं० 'मन्थन' से प्राकृत में 'महण', = विलोडन। (**पाइअ०** पृ० ६७७।) अप० में भी इसी रूप में मिलता है (**अप०कोश०** ८४१।)! आधुनिक हिंदी-उर्दू में यही 'महना' है! H مهنا mahna- [Prk. महणअं; S. मथनीयं, rt. मथ्], v.t. To churn. **Platts** p. 1101. बोलचाल के मुहावरे में 'महनामथ'!

> एक ही बात को बार-बार कहे जाना; जिद करनी। प्रयोग - कोई मिठाइयों की रट लगा रहा है तो कोई पैसों के लिए महनामथ मचाए हुए है (मान० ३ प्रेमाचंद ५८) **हिंदी मुहावरे** ५८४।

डॉ० यास्मीन सुल्ताना रिज़वी इलाहाबाद के निकटवर्ती स्थान की निवासी हैं। उनका कहना है, दही जमाने के चौड़े मुँह के मिट्टी के बर्तन को 'जमेहड़ा' कहते हैं। उम० का 'मह्मडवा' 'महण' से व्युत्पन्न है, वा लघु सूचक है, बस!

§ [२-९-१४९] शृंखलक a young camel or other young animal with wooden rings or clogs on his feet (to prevent his straying.) **MMW** p. 1087¿

§ [२-९-१५६] निक्षेप - धरोहर, न्यास, थाती। **आप्टे०** पृ० ५२२।

§ [२-९-१५७] सन्नी भरना - नी०ग० का पाठ अर्थ की दृष्टि से स्पष्ट नहीं। 'अदला बदली' विशेष संशोधन किया गया है।

§ [२-९-१६९] أشرفي ashrafi-, Name of a gold coin, a gold mohar (its value in Calcutta about 16 rupees; by the Regulations of 1793, it should weigh 190,894 grains troy).

मोहर का इतिहास जानने के लिए देखें, **Hobson-Jobson** p. 573.

§ [२-९-१७३] प्रत्यमान - चौथाई द्रोण का एक आढक होता है, चौथाई कुडव का एक निकुंचक, ४ आढक का एक द्रोण, १६ द्रोण का एक खारी, २० कुंभ का एक वाह, चौथाई प्रस्थ का एक कुडव - ति०।

§ [२-९-१७७] नील - नीलमणि। **आप्टे०** पृ० ५५१।

§ [२-९-१८०] अर्जुन gold. **MMW** p. 90. भूरि चंद्र कल्याण - **हलायुध०** ७१६। वसु gold, (see varma-dhara) **MMW** p. 931. गैरिकम् - सोना। **आप्टे०** पृ० ३५३। उपरोल्लिखित पर्याय **अमर०** में नहीं हैं।

§ [२-९-१८१] 'शृंगीकनक' समस्त पद है - मात्र 'शृंगी' उसका संक्षेप।

§ [२-९-१८४] रक्तधातु = तांबा। **आप्टे०** पृ० ८४२।

§ [२-९-१८६] जो लोह का विकारा वा लोह की बनी वस्तु है उसे कुशी वा फाल कहते हैं - ति०।

§ [२-९-१८८] रसौत वा एक प्रकार का अंजन वा कज्जल - ति०; रसौत = एक प्रकार की प्रसिद्ध औषधि जो दारुहल्दी की जड़ और लकड़ी को पानी में उबालकर और उसमें से निकले हुए रस को गाढ़ा करके बनाई जाती है। **मानक०** ४-४८७।

§ [२-९-१९०] तूतिया के वा उसके अंजन के नाम, वा मोचरस इस प्रसिद्ध के नाम - ति०।

§ [२-९-१९१] होत दार्विका क्वाथ ते = दार्विका अर्थात् दारु हरदी का हुआ क्वाथ 'सम भाग बकरी के दूध से संस्कार किया' तुत्थं, तुत्थांजन, रसांजन कहलाता है। - ति०।

§ [२-९-१९३] तूतिया विशेष वा नीला सुरमा वा काजल - ति०। सुरमा के स्थान पर नी०ग० प्रतियों का पाठ है, 'षुरथी' – अत्यंत रहस्यमय बुझौवल के समान! इस शब्द के सभी संभव रूपांतर और उनके भी अनेक रूपों की खोज तमाम कोशों में करने पर भी पल्ले कुछ नहीं पड़ता!

'कुलाली' **आप्टे०** में उपलब्ध नहीं पर मोनियर विलियम्स में इसका अर्थ दिया गया है, a blue stone, applied as collyrium to the eyes. **MMW** p. 296.

तूतिया विशेष वा नीला सुरमा वा काजल के नाम - ति०; झा० में 'काला सुरमा'। उम० के अगले शीर्षकों, पीतरिकीट और हरताल - पीतरिकीट का सुरमा – पर ध्यान दें तो यहाँ भी सुरमे के किसी विशेष प्रकार के पर्याय होने चाहिए। ऊपर उल्लिखित नीले पत्थर का ब्योरा फ़ारसी कोश में इस प्रकार है –

سرمه A collyrium, with which the eye-brows and lashes are tinged, antymony, lead-ore; **Steingass** p. 678.

सुरमा - यह फ़ारस में लहौल, पंजाब में झेलम तथा बरमा में टेनासारिम नामक स्थान पर पाया जाता है। यह बहुत भारी, चमकीला और भुरभुरा होता है। इसका व्यवहार कुछ औषधों और कुछ धातुओं को दृढ़ करने में होता है। प्रायः छापे के सीसे के अक्षरों में उन्हें मज़बूत करने के लिए इसका मेल दिया जाता है। आजकल बाज़ारों में जो सुरमा मिलता है, वह प्रायः काबुल और बुखारे के गलोना नामक धातु का चूर्ण होता है। **शब्दसागर** पृ० ७००९।

§ [२-९-१९४] पौष्पक - जलाए हुए पीतल से उत्पन्न जस्ते का फूल - ति०। oxide of brass considered as a collyrium, green vitriol. **MMW** p. 652.

§ [२-९-१९७] वोल = गुग्गुल, रसगंध। ('वोल' 'वोर' दोनों शुद्ध हैं।) **आप्टे०** पृ० ९८३।

§ [२-९-१९९] वंदन = [सं० वन्दन] शरीर पर बनाए हुए तिलक आदि चिह्न। **शब्दसागर** पृ० ४३४७। (इस अर्थ में 'बंदन' हो कि 'वंदन' संस्कृत 'बिन्दु' से निःसृत है।)

§ [२-९-२००] कथीर वा रांग - ति०। कथीर = राँगा। हिरनखुरीं राँगा। **शब्दसागर** पृ० ७६७। रांग H رانگ rang [S रङ्ग ra-ng = H رانگا ra.ga- [S. रङ्ग + क], s.m. Pewter. **Platts** p. 584.

§ [२-९-२०४] गोल = लाल संखिया; मैनसिल। **आप्टे०** पृ० २५५। मैनसिल = खानि से निकला बड़ा विष - ति०। एक प्रकार की धातु जो मिट्टी की तरह पीली होती है और जो नेपाल के पहाड़ों में बहुतायत से होती है। - **शब्दसागर** पृ० ४०२४। realgr, red arsenic. **MMW** p. 783.

§ [२-९-२०५] जवाखार = शोरा।

§ [२-९-२०६] सज्जी = एक प्रकार का प्रसिद्ध क्षार जो सफ़ेदी लिए हुए भूरे रंग का होता है। **शब्दसागर** पृ० ४९२१। सौवर्चल sochal salt (prepared by boiling down soda with emblic myrobalan) **MMW** p. 1255.

§ [२-९-२१०] पतंग = रक्तचंदन सदृश रक्तसार - ति०। गोलोमी N. of a plant (white दूर्वा grass; भूत-केश or ° शी. **MMW** p. 366

§ [२-१०-२] मूर्द्धावसिक्त - ब्राह्मण पिता और क्षत्रिय माता से उत्पन्न एक वर्णसंकर जाति। **आप्टे०** पृ० ८११।

§ [२-१०-७] आयोगव - शूद्र द्वारा वैश्य स्त्री से उत्पन्न पुत्र। **आप्टे०** पृ० १५७। **शब्दसागर** पृ० ३१५८। क्षतृ - शुद्र पिता तथा क्षत्रिय माता से उत्पन्न संतान। **आप्टे०** पृ० ३१५।

§ [२-१०-११] सिकिली A سيقل s.aiqal, A polisher, furbisher; a sword-armourer; a furbishing instrument; polish, lustre; construed with khw.urdan, zadan, &c. **MMW** p. 797.

§ [२-१०-१५] पर नी०ग० प्रतियों का 'रंगकरि' अशुद्ध है। संस्कृत में 'रङ्ग' का एक अर्थ कपड़ा रँगने का रंग होने से ऊपर 'रंगकार' संशोधन किया गया है।

§ [२-१०-१७] कुह् - कुह - कुहक - कुसृति, सभी इंद्रजाल के व्यंजक हैं - **MMW** p. 298. **अमर०** में केवल दो नाम हैं।

§ [२-१०-२१] 'कीर्तिकर' की पुष्टि कोशों से होती है न ही यह पद अर्थ की दृष्टि से संगत है। यह सुवंश द्वारा गढ़ा गया पद लगता है, फिर भी इसे '-कार' सार्थक रूप दिया जा रहा है। सुवंश ने ये चार नाम भाट के बताए हैं, यद्यपि इन पदों में 'भाँड़' [सं० भण्ड] भी ध्वनित होता है!

§ [२-१०-२३] चिकवा = [तु० चिक़ + हि० वा] बकर कसाब। मांस बेचने वाला। बूचड़। चिक। **शब्दसागर** पृ० १५२३। चिक = १ बाँस या सरकंडे की तीलियों का बना हुआ झँझरीदार परदा। २ पशुओं को मारकर उनका मांस बेचनेवाला। बूचर। बकर कसाई (बूचरों की दुकान पर चिक टँगी रहती है इसी से यह शब्द बना है)। **शब्दसागर** पृ० १५२२। چيك chi-q : A projecting roof, a screen before a door. **Steingass** 406.

§ [२-१०-२९] उम० में नाम छह ही थे, 'दक्ष' छूट गया था, 'औरौ' के स्थान पर 'दक्ष और' रखने से सात हुए!

§ [२-१०-३२] अलर्क a mad dog or one rendered furious. **MMW** p. 94. शुनक = कुत्ता।

§ [२-१०-४१] ढेकुली - छोटे-छोटे खेतों की भराई एक बल्ली और रस्सी की सहायता से की जाती है। बल्ली ऊपर-नीचे आती-जाती है। उसकी सहायत से पानी से भरा डोल ऊपर आता है। कुएँ पर लगा हुआ लकड़ी का ढाँचा ढेंकली, ढेंका या ढेंकी कहाता है। **सुमन०** १-७।

उद्‌घाटन और घटीयंत्र - रहट, डोल, मोट, काष्ठ आदि के बने पात्र के दो नाम हैं - ति०।

काठखड्ग - वस्त्र बीनने के दंड के वा जोलाहा के राछ वा असबाब के नाम हैं - ति०; कपड़ा बुनते समय जिससे सूत बराबर किया जाता है - झा०।

§ [२-१०-४७] मोजा बूट - ति०। अनुपदीना a boot, buskin. **MMW** p. 34. 'पादत्राण' [44] के स्थान पर उपलब्ध पाठ, 'पदाइता' निरर्थक पद है। ('मोजा' है तो फ़ारसी मूल का शब्द! P موزه moza (prob. akin to S. मुच) A stocking;—a boot;—a glove. **Platts** 1090.)

§ [२-१०-४८] चाम की बनी रस्सी वा बाधी वा चर्मबंधनी - ति०।

§ [२-१०-४९] किंगिरी - अंत्यज वीणा - ति०। तु०

> डोलै वन वन जोर जोवन के जाचकनि राग वस कीने वनवासी वीझि रहे है। कीगिरी वजावति मधुरसुर गावति सु धुनि सुनि सीस धुनि मुनि षीझि रहे है। मोहे महापन्नग अनेग अग नग षग कान दै दै कोल भील भाल झीझि रहे है। ठाढे ढिग वाघ विग चीते चितवत द्रग झाषमृग साषमृग रोझ रीझि रहे है [सुष० ३१४] [45]

§ [२-१०-५०] जेरबंद वा चाबुक - ति०। ज़ेरबंद (زيربند) **फ़ा०** - घोड़े के पेट पर कसा जाने वाला तस्मा। **उर्दू०** २५७।

§ [२-१०-५१] कांटा - सोनार का कांटा वा तराजू - ति०।

§ [२-१०-५२] सलाखी - सोना आदि के काटने की रेती वा टाँकी - ति०।

§ [२-१०-५३] आस्फोटनी वैधनिका - मणि आदि के भेद करने के शस्त्रभेद वा बर्मा - ति०।

§ [२-१०-५५] वृक्षभेदी वृक्षादन - बढ़ई की रुखानी वा बसूला वा बांकी - ति०।

§ [२-१०-५६] **अमर०** में 'पाषाणदारण' पाठ है, उम० में पर्याय दिया गया है, 'अश्मदारण' - अर्थ वही है। अश्मदारण - पत्थर तोड़ने के लिए हथौड़ा। **आप्टे०** पृ० १२१।

§ [२-१०-५७] रांपी - खुरपी के अग्र भाग से मिलता-जुलता एक लोहे का औजार जो खाल काढ़ने में काम आता है, रांपी कहाता है। **सुमन०** २-६६।

---

[44] जूता, बूट। **आप्टे०** पृ० ६०४।
[45] **दे०सं०ग्र०** पृ० १-१४९।

§ [२-१०-५९] चित्र यहाँ प्रतिमा का पर्याय नहीं हो सकता। चित्र तो काग़ज़, लकड़ी या वस्त्र आदि पर तूलिका और रंग से उकेरी गई प्रतिच्छवि ही को कहते हैं। पर्याय की संख्या वसु होने से भी चित्र उसके बाहर चला जाता है। कदाचित् अनुप्रास तथा मात्रा पूर्ति के लिए इसका यहाँ प्रयोग किया गया है।

§ [२-१०-६२] परिस्रुत - एक प्रकार की नशीली शराब। **आप्टे०** पृ० ५९२।

§ [२-१०-६३] सीधु तु०

> लै सुष सीधु सुधा मुष सौति के आए इतै रुचि ओठ अमी की। त्योही निसंक लई भरि अंक मयंकमुषी सु ससंकित जी की। जानि गई पहिचानि सु गंध कछू घिनि मानि भई मुष फीकी। ओछे उरोज अगोछि अगोछनि पोछति पीक कपोलनि पी की [काव्य० ५-८] [46]

§ [२-१०-६४] माधवक - एक प्रकार की नशीली शराब (मधु से बनाई गई।) **आप्टे०** पृ० ७९३।

§ [२-१०-६५] 'सुरासंधान' के स्थान पर नी०ग० प्रतियों का 'सुरापात्र' पाठ अशुद्ध है। 'सुरापात्र' तो आगे है, चषक आदि! सुरामंड - सुरा का मंड या अग्रभाग - ति०।

§ [२-१०-६८] मधुवारा - **आप्टे०** पृ० ७६८। मधुक्रम a drinking bout, **MMW** p. 779. **अमर०** में दोनों नहीं।

§ [२-१०-७०] जामिन A ضامن z.a-min, A surety, sponsor, security, bondsman, bail; **Steingass** 798.

सभिक - फड़बाज़। ति०। सईदार - जुआ कराने वाला। ति०।

§ [२-१०-७१] दुरोदर = जुआरी। जुआ। **शब्दसागर** पृ० २३३२।

§ [२-१०-७३] शारि - मोहरा। **आप्टे०** पृ० १०१२।

§ [३-१-१] 'भाग्यमान' ऐसा लगता है कि संस्कृत में मान्य नहीं है। बोलचाल में है ही -

H بھاگمان bha-gma-n [S. भाग्य + मान], adj. Favoured of the fates, fortunate; rich, prosperous; munificent, charitable. **Platts** 179.

§ [३-१-७] 'आरदा', इस शब्द पर दृष्टि पड़ते ही मैं तत्क्षण इसे पहचान गया! यह तो अवधी का अति लोकप्रचलित शब्द है – हम इसे 'अवर्दा' बोलते हैं, 'ऊ तो बड़ी अवर्दा पाए के मरें!' मगर सारे कोश खँगाल डालने पर भी कहीं इस शब्द की परछाँह तक न मिली! हाँ, प्लाट्स और फ़ेलन के कोशों में है – हिंदी कोशकार तो पराया माल हड़पकर मुँह पोंछ लेते हैं; इस शब्द की नक़ल भी न मारी गई! ख़ैर -

آوردا आवर्दा awarda s.f. Period of life, &c. = ayurda. **Platts** p. 104. फ़ेलन के 'आर' में भी वही है - آربل आरबल Tir. ayurbal, ayurdda, Mar. awarda. n.f. S. आयु age, बल strength. Age, life; years; duration of life. **Fallon** p. 67.

सुवंश ने छंद के आग्रह से पद संक्षेप किया, 'आवरदा' का 'आरदा'। मुझे थोड़ा कुतूहल हुआ, 'आ' को लेकर। है तो यह सं० 'आयुर्दा' से निःसृत, [47] 'आयु' का 'आउ' पालि में तो ख़ूब मिलता है, [48] ब्रजभाषा में भी छिटपुट मिल जाएगा। अन्य भाषाओं में भी है, देखें -

aayus- n. 'life,' Pk. aayu-, aau-, aaua-, B. aau, ai, 'age', OAw. aaU, f. 'life span', H. poet. aau f., aaw m, Si. aa 'life', 'lifetime'. [49]

§ [३-१-१०] दानाध्यक्ष - वह जिसके द्वारा दान किया हुआ द्रव्य ब्राह्मणों में बाँटा जाय। राजाओं के यहाँ दान का प्रबंध करने वाला कर्मचारी। **शब्दसागर** पृ० २२५३।

§ [३-१-११] हर्षमाण - **शब्दसागर** पृ० ५४६६।

§ [३-१-२७] खलपू - बुहारी आदि से पवित्र करने वाले के नाम - ति०। "one who cleans a threshing-floor ", a sweeper, cleaner, Mehter or Ferash. **MMW** p. 38.

§ [३-१-३०] कर्मशील - जो कर्म में नित्य प्रवृत्त रहता है - ति०। कर्मशूर कर्मठ - पूरा कार्य करने वाला - ति०।

---

46 **दे०सं०ग्रं०** पृ० ३-७१।

47 giving life, giving longevity. **MMW** p. 148.

48 आउ आउअ - १ आयु, जीवनकाल। २ उमर, वय। **पाइअ०** पृ० १०३।

49 **Turner** 1292 p. 58.

§ [३-१-३८] अद्यूत्य unlikely gambling; not derived from gambling, honestly obtained. **MMW** p. 19.

§ [३-१-३९] आत्मंभरि - पेटभरू वा पेटू - ति०। self-nourishing, taking care only for one's own person, selfish. **MMW** p. 135. सर्वान्नीन - जो सर्व वर्णों के अन्न को खाता है वा परमहंस आदि - ति०।

§ [३-१-४१] सोन्माद - सिर्री वा पागल - ति०।

§ [३-१-४४] कमितृ के स्थान पर कामिता - नी०ग०, तथा **अमर०** का 'कमिता', अशुद्ध हैं। शुद्ध 'कमितृ' है, lustful, desirous, cupidinous. **MMW** p. 52. विषयी, लंपट। **आप्टे०** पृ० २४७। कामुक वा पुंश्चल - ति०। (कदाचित् 'पुंश्चल' (a fornicator. **MMW** p. 631.) पद 'पुंश्चली' "running after men", a harlot. **MMW** p. 631. से गढ़ा गया होगा!)

अमर० में 'अभिक' पाठ है, यद्यपि 'अभिक' 'अभीक' दोनों शुद्ध हैं। अभीक (= अभिक) longing after, lustful, libidinous. **MMW** p. 74.

§ [३-१-४५] षिंग = विलासी, ऐयाश, कामुक, कामासक्त। **आप्टे०** पृ० १०४४। ये तीन नाम **अमर०** में उपलब्ध नहीं, **हलायुध०** में हैं, कामतन्त्रकलाकोविदः। दे० विट - **हलायुध०** ६११।

§ [३-१-४७] वैशिक - **आप्टे०** पृ० ९८२। भुजंग - भुजङ्गः - उपपति, रसिया या सौंदर्यप्रेमी - **आप्टे०** पृ० ७४५। प्रणेय - पथप्रदर्शन किए जाने योग्य, नेतृत्व दिए जाने योग्य। **आप्टे०** पृ० ६४७। वेश्य - वेश्याओं का घर, चकला। **आप्टे०** पृ० ९७७। **अमर०** तथा **हलायुध०** में ये पर्याय नहीं!

§ [३-१-५१] कातर - भय, क्षुधा और प्यास से व्याकुल - ति०।

§ [३-१-५२] सचिक्कण 'चिक्कण' अर्थात् चिकना, चमकदार, के आधार पर गढ़ा हुआ भाषा का पद है। तु० बिहारीदास -

> सहज सचिक्कन स्याम रुचि। सुचि सुगंध सुकुमार। गनत न मनु पथु अपथु लषि। विथुरे सुथरे वार [०९५]

§ [३-१-५४] फैलनेवाले के प्रसंग में 'प्रसार' के स्थान पर 'प्रकासी' - नी०ग० सर्वथा असंगत है। प्रसारः - फैलना, विस्तार करना। **आप्टे०** पृ० ६८०।

§ [३-१-५०] त्रस्नु - Otto0 3-0419.

§ [३-१-५९] देवद्र्यच turned towards the gods. **MMW** p. 493. देवद्र्यंच - **आप्टे०** पृ० ४७४। यह शुद्ध है। देवद्यङ् - ति०: देवानञ्चति गच्छति पूजयति वा वह देवध्रङ् कहलाता है - ति०: देवद्र्यङ् - झा०।

§ [३-१-६१] 'विष्वद्र्य' के स्थान पर नी०ग० प्रतियों का 'विष्वकद्रपु' अशुद्ध है। **अमर०** में पाठ 'विष्वद्र्यङ्' दिया गया है, यद्यपि इसकी व्याख्या ति० ने मात्र इतनी की है, 'विष्वगञ्चति अर्थात् चारों ओर से जाता है'। अन्यथा यह पद किसी कोश में नहीं है। **आप्टे०** में दो शब्द हैं, 'विष्वञ्च् [विषुम् अञ्चति] सर्वत्र जाने वाला, सर्वाव्यापक। विष्वङ्मोहः स्थगयति कथं मन्दभाग्यः करोमि। उत्तर० ३ ।३८। (विष्वक् शब्द क्रिया विशेषण के रूप में प्रयुक्त होता है तो इसका अर्थ है 'सर्वत्र, सब ओर, चारों तरफ' कि० १५ ।५९, पञ्च० २ ।२, मा० ५ । ४, ९ ।२५' तथा 'विश्वद्र्य - सर्वग, सर्वव्यापक, विश्वद्रीचीविक्षिपन् सैन्यवीचीः शि० १८ ।२५; विष्वद्रीच्या भुवनभितो भासते यस्य भासा - भामि० ४ ।१८। **आप्टे०** पृ० ९६२। **आप्टे०** का पाठ 'विष्वद्र्य' स्वीकार किया जा रहा है।

§ [३-१-६४] कद्वद - दुर्वचन कहने वाला, अयथार्थ या अस्पष्ट वक्ता। **आप्टे०** पृ० २४३।

§ [३-१-६९] दंड का अर्थ यहाँ अर्थदंड है। condemned to pay, fined. **MMW** p. 474.

§ [३-१-७६] जो भयभीत होकर कहने लगे कहां जाऊं क्या करूं वा भय से भागा हुआ - ति०।

§ [३-१-८१] गरद (विष देने वाला) तथा सन्नद्ध (घातक) आदि ये छह आततायी कहलाते हैं। **अमर०** तथा **हलायुध०** में भी ये पद नहीं मिलते।

§ [३-१-८३] विष्य - माहुर देने के योग्य - ति०। H ماهر ma-hur [Prk. महुरं; S. मधुरं], s.m. Poison. **Platts p. 987.**

§ [३-१-८७] कर्णेजप - कान में दूसरे की निंदा करने वाला - ति०। सूचक - भूले पदार्थ का बोधक - ति०।
§ [३-१-९०] जो अधर्म से पुत्र दारा आदि को पीड़ा देता हुआ लोभ से धन का संचय करता है - ति०।
§ [३-१-९५] असेचनक - जिसके देखने से दृष्टि और मन की तृप्ति का अंत नहीं है, और जो बहुबार देखा गया भी अधिक प्रीति को उत्पन्न करने वाला है - ति०।
§ [३-१-१०१] फल्गु - निर्बल - ति०। small, minute, feeble, weak, pithless, unsubstantial, insignificant, worthless, unprofitable, useless. **MMW** p. 718.
§ [३-१-१०३] ये व्याघ्र आदि शब्द उत्तर पद में वर्तमान हों तो श्रेष्ठार्थ के वाचक हैं, जैसे पुरुष श्रेष्ठ - ति०। अविधान the not being prescribed. **MMW** p. 108. यहाँ असाधारण के अर्थ में प्रयुक्त जान पड़ता है। (**शब्दसागर** में 'अविधांन' को 'अभिधान' का शब्द रूपांतर बताया गाया है, (पृ० ३५६) किंतु उद्धृत प्रमाण में पद है 'अभिधांन'!)
§ [३-१-१०४] अप्राय्य = गौण, अधीन, घटिया। **आप्टे०** पृ० ६७।
§ [३-१-१०८] दे० सकलम् - **हलायुध०** ६८२।
§ [३-१-११६] वस्तुतः ये बड़े के नहीं, ऊँचे या उन्नत के अभिधान हैं। इसी प्रकार अगले दोहे के पर्याय छोटे के न होकर नीचे के व्यंजक हैं।
§ [३-१-११८] जो स्वभाव से ऊंचा और किसी उपाधि के कारण कुछ झुका है - ति०।
§ [३-१-१४१] संकट crowded together, dense, impervious, impassable. **MMW** p. 1125.
§ [३-१-१४६] गुणित - १ गुणा किया हुआ २ एक स्थान पर ढेर लगाया हुआ, संगृहीत ३ गिना हुआ। **आप्टे०** पृ० ३४७।
§ [३-१-१४७] धुरेटा - धूलि से लिप्त - ति०। तु० श्रीपति मिश्र -

> विरह लपेटी देह धुरनि धुरेटी कहा भयो ठकुरेटी तोहि वेटी व्रषभांन की [अ० १४]
> धुरवा धूरि धुरेटि धधकि धाराधर धावत [अ० २६] [50]

पक्व विनाशोन्मुख - निकट विनाश होने वाले - ति०। पके - ति०।
§ [३-१-१४९] आवृत - नदी आदि से नगर आदि के वेष्टित वा घेरे के नाम - ति०।
§ [३-१-१५२] समासादन = १ पहुँचना २ प्राप्त कारना, मिलना, आवाप्त करना ३ निष्पन्न करना, कार्यान्वित करना। **आप्टे०** पृ० १०७८। फाण्ट - सुगम प्रक्रिया द्वारा निर्मित, आसानी से बनाया हुआ। **आप्टे०** पृ० ७०२। फोत कोई शब्द नहीं। यह अनुस्वार बिन्दु मे ए की मात्रा के भ्रम का परिणाम है।
§ [३-१-१५४] संगूढ संकलित - ये दो संयोज्य अंक आदि के नाम हैं, जैसे २ ३ और ५, ये संकलित किए दश होते हैं - ति०।
रुजनामा = روزنامچه *roz-namcha* a journal of daily transactions or expences; a daily account-book or journal. **Steingass** p. 594.
§ [३-१-१६६] सेई - सेवित का भाषा रूप है, यहाँ प्रसंग संगत। तु० सेविय - जिसकी सेवा की गई हो वह। **पाइअ०** पृ० ९३१।
§ [३-१-१६६] गी - सरस्वती। गो - वाणी। वूत = बूझ (?)
§ [३-१-१७२] उपगत = प्राप्त। **आप्टे०** पृ० २०३।
§ [३-१-१७४] ये १२ स्तुत्यर्थक वा स्तुति प्राप्त के नाम हैं - ति०। रवि इस अर्थ में यहाँ है, पर्याय नहीं।
§ [३-२-३] खंडपरशु - शिव। **हलायुध०** ६६२। कल्याणम् - शिव। **हलायुध०** २१३।
§ [३-२-६] भीरुक - रीछ, उल्लू। **आप्टे०** पृ० ७४३।
§ [३-२-९] मेघ - वारिवाह। **हलायुध०** ५४२।

---
50 श्रीपति० पृ० २२२।

§ [३-२-११] ईटचै - अर्थ स्पष्ट नहीं है। हार मार्ग को भी कहते हैं, ईंट जोड़, चय या चयन, कर बनाया हुआ मार्ग - है यह मात्र अटकल!

§ [३-२-१२] कुथः - कुथा कन्था समाख्याता कुथः स्यात्करिकम्बलम्। कुथः कुशः कुथः कीटः प्रातःस्नायी द्विजः कुथः॥ - **हलायुध०** २३१।

§ [३-२-१३] मध्यान्हः खड्गपात्रं च तथा नेपालकम्बलः। रोप्यंदर्भास्तिला गावो दौहित्रश्चाष्टमः स्मृतः। पापं कुत्सितमित्याहुस्तस्य सन्तापकारिणः। अष्टावेते यतस्तस्मात् कुतपा इति विश्रुताः - मिताक्षरायाम् - **हलायुध०** २३१।

§ [३-२-१६] जिगीषु - जीतने का इच्छुक। **आप्टे०** पृ० ४०४।

§ [३-२-१७] 'करपद्म' में 'पद्म' विशेषण रूप में तो मिलता है (करकमलवितीर्णैरम्बुनीवारशष्पै - **आप्टे०** पृ० २४८), मात्र 'पद्म' 'कर' का समानार्थी नहीं है।

§ [३-२-१८] कः - **आप्टे०** पृ० २३५। कम् - **हलायुध०** १९०।

§ [३-२-२०] रस - कोई स्वादिष्ट पदार्थ। **आप्टे०** पृ० ८४९। गादी - एक पकवान का नाम। **शब्दसागर** पृ० १२७१।

§ [३-२-२१] कीलाल = अमृतोपम स्वर्गीय पेय, देवताओं का पेय। **आप्टे०** पृ० २७९।

§ [३-२-२२] पललम् - **हलायुध०** ४२१। Palala - **MMW** p. 609. **शब्दसागर** पृ० २८८९।

§ [३-२-२३] ललाम - **हलायुध०** ५७६। **शब्दसागर** पृ० ४२६५।

§ [३-२-२४] नी०ग० प्रतियों का 'धिरा' निरर्थक पद है। इसके स्थान पर पाठ निर्माण किया गया है, 'धर रु'। 'धर', अग्नि पुराण के अनुसार, आठ वसुओं में से एक का नाम है। दे० वसु **MMW** p. 930.

§ [३-२-२७] वृद्धखाल - वृद्ध खाल पर पड़ने वाली झुर्री। **आप्टे०** पृ० ७०९। कर धीरा संपात स्वर - ताली बजाना। (?)

§ [३-२-२८] पट्टेबाज विचित्र पद है! इसका 'बाज' फ़ारसी का باز शौकीन, कराने वाला आदि का व्यंजक लगता है - जैसे पतंगबाज़। इसी से पट्टे का अर्थ खुलता है – पुरुष या स्त्री की माँग के दोनों ओर जमाए गए बाल, जो पट्टी के समान दिखलाई देते हैं। इसे पट्टी पारना या पटिया निकालना कहते हैं।

§ [३-२-३०] सूतीसदन - सौर घर।

§ [३-२-३१] गलकंबल - गाय के गले की झालर।

§ [३-२-३२] सरमासुत - सरमा - देवों की कुतिया। **आप्टे०** पृ० १०८६।

§ [३-२-३४] कूपमुख : कूप - छिद्र, रंध्र, गढ़ा, गर्त, जैसे कि जघनकूप में। कूपकः - कूल्हों के नीचे का गड्ढा। चमड़े की बनी तेल कुप्पी। **आप्टे०** पृ० २९२। मणिकम् - जलकलश। **आप्टे०** पृ० ७६२; गर्गरी। **हलायुध०** ५०७।

§ [३-२-३६] कस्तुरिहामृग तथा कठनी की पुष्टि अन्यत्र से नहीं होती।

§ [३-२-४५] शब्दादिमर - अनेक शब्द ऐसे हैं जिनके आदि में 'अमर' जोड़ने से वे इंद्र वाचक हो जाते हैं, जैसे अमरपति, अमरवर आदि। अन्यथा 'सर' हो कि 'शर', यहाँ निरर्थक है।

§ [३-२-४६] शर : पाँच की संख्या।

§ [३-२-४८] वहैया वाहक या वाहन के अर्थ में प्रयुक्त हुआ है, a yoke, team, vehicle, conveyance. **MMW** p. 856. वहैया - वाहन, सवारी, गाड़ी। **आप्टे०** पृ० ८३९।

§ [३-२-५०] सीता - गंगा की चार धराओं में से एक (पूर्वी धार)। **आप्टे०** पृ० ११०८। 'लांगलबान' समस्त पद होगा, इसमें 'बान' का अर्थ आकार है।

§ [३-२-५३] मोथ पद की संगति संदिग्ध है।

§ [३-२-५६] केवली : केवलिन् - आत्मा की एकता के परम सिद्धांत का पक्षपाती। **आप्टे०** पृ० ३०२।

§ [३-२-५७] द्रोण - काष्ठ पात्र, प्याला, कठौती। **आप्टे०** पृ० ४८२।

§ [३-२-६०] कोण का अर्थ मात्र 'वीणाधुनि ' न होकर विभिन्न वाद्य यंत्रों की मिश्रित ध्वनि है, 'कोणाघातेषु गर्जत्प्रलयघटघटान्योन्यसंघट्टचण्डः'; (भरत द्वारा दी गई परिभाषा 'ढक्काशतसहस्राणि भेरीशतशतानि च एकदा

यत्र हन्यन्ते कोणाघातः स उच्यते') **आप्टे०** पृ० ३०५।

'मषी' की व्युत्पत्ति तथा इसका अर्थ स्पष्ट नहीं है। यदि यह 'मष्' (चोट पहुँचाना - **आप्टे०** पृ० ७८१) से व्युत्पन्न है तो ढोल बजाने की लकड़ी के अर्थ में 'कोण' का व्यंजक हो सकता है।

§ [३-२-६१] कालविशेष - काल, नाडिका, मुहूर्त आदि के पृथक्-पृथक् समय भाग। **MMW** p. 281.

§ [३-२-६३] कल्प्यते विधीयते असौ। विधिः; एष वै प्रथमः कल्पः प्रदाने हव्यकव्ययोः। अनुकल्पस्त्वयं ज्ञेयः सदा सद्भिरनुष्ठितः - इति मनु। कल्प्यते सृष्टिर्नाशो वा अत्र। प्रलयः; युगानां सप्ततिः सैका मन्वन्तरमिहोच्यते। कृताब्दसंख्यस्तस्यान्ते सन्धिः प्रोक्तोः जलप्लवः ससन्धयस्ते मनवः कल्पे ज्ञेयाश्चतुर्दशः। कृतप्रमाणकल्पादौ सन्धिः पञ्चदश स्मृतः; कल्पते स्वक्रियायै समर्थो भवत्यत्र। ब्राह्मं दिनं; देवद्विसहस्रयुगम्; कल्पान्तस्यस्वरूपञ्च युगधर्माश्चकृत्स्नशः - **हलायुध०** २१२।

§ [३-२-७२] बीजसार - बायबिड़ंग। **शब्दसागर** पृ० ४५७४।

§ [३-२-७३] अक्ष Beleric Myrobalan (Terminalia Belerica), the seed of which is used as a die **MMW** p. 3. बहेड़े (विभीतक) का पौधा। **आप्टे०** पृ० ४।

§ [३-२-७९] तिलक Clerodendrum phlomoides (Symplocos racemosa L.) **MMW** p. 48.

§ [३-२-८०] **श्रेष्ठमृग the musk deer (derived fr. गन्ध) 346**

§ [३-२-८१] प्रवेशन - मैथुन, स्त्री संगम। **आप्टे०** पृ० ६७६। the rising of desire, excess of love or passion. **MMW** p. 1087.

§ [३-२-८३] करण a man of a mixed class (the son of an outcast क्षत्रिय, or the son of a शूद्र woman by a वैश्य; or the son of a वैश्य woman by a क्षत्रिय; the occupation of this class in writing, accounts &c) **MMW** p. 54.

§ [३-२-८५] पंचजिय। पंच = पंच तत्व।

§ [३-२-८६] शरभ a kind of deer or (in later times) a fabulous animal (supposed to have eight legs and to inhabit the snowy mountains; it is represented as stronger than the lion and the elephant. **MMW** p. 1058.

§ [३-२-९३] त्रैतट; 'त्रै' त्राण या रक्षा करने के अर्थ में प्रयुक्त हुआ है। रक्षात्मक दीवार, टीला या चट्टान। वप्र - मिट्टी का बना एक छोटा सा बाँध जो पानी को रोके। **आप्टे०** पृ० ३०२।

§ [३-२-९९] मदिरा - इरा। **हलायुध०** ५१०।

*

उमराउकोश

श्रीगणेशायनमः अथ उमराउकोश लिष्यते :

सिद्धिकरन असरन सरन दारिद दरन दयाल। मन भायक दायक सदा गो गायक गण पाल [१-१-१]

करत बाल कल्लोल केलि कलरव को करि करि। फेरत सुंडादंड प्रतिछाया को धरि धरि। मुक्ता से श्रमविंद्व परत आनन तें झरि झरि। सद्य सक्ति गहि लीन सुतै आनंद उर भरि भरि। उर लाइ ललकि चूमति वदन यह सुवंस मांग्यो परषि। सुख देउ नृपति उमराउ को उमा उमानंदन हरषि [१-१-२]

अथ राजस्थान वर्णन :

जामे चार्‌यौ वरन करन के समान देखे वे भरम चारौ पाइ धरमु हसत है। देवी देवता से नर नारि नीति रीति गहे प्रीति देवता की दिन दिन सरसत है। सुकवि सुवंश कहै रतन अमोल जटे मानौ भूमि भाल को विभूषन लसत है। देश देश जाहिर नरेश यो बखान करै वेस औधि मंडल मै बिसवां वसत है [१-१-३]

जाके उपवन कोकिला करती कलरव बेस। मनो मनोभौ सौ कहै रति की सखी सदेस [१-१-४]

लहलहाति पादपलता प्रफुलित फलित अनंत। सब ऋतु लीन्हे संग मो विहरत मनो वसंत [१-१-५]

मडै भ्रमर फूलै कमल बोलै विहग विचित्र। नगर निकट यों सर लसै मनौ मानसर मित्र [१-१-६]

जाके रस को कमलमधु दै अलि लेत बुलाइ। अब वरनौ ता नगर कौ सोभा चाउ चढाइ [१-१-७]

लसै सोंध नव खंड लौ विसद विचित्र विसाल। जासु कगूरन पैठ हरि श्रम को हरत मराल [१-१-८]

कहू पाठ पूजा कहू वाचत विप्र पुरान। कहू साधु सनमान अरु कहू होत है दान [१-१-९]

कहू गीत वादित्र सो मंडि रही है तान। का कहिए गति गृहिन की मोहत ज्ञाननिधान [१-१-१०]

सकल वस्तु युत सौ सदा लागी रहत वजार। केतौ कवि वरनन करै वरने मिलै न पार [१-१-११]

जामे उतसौ होत है आठौ जाम अनूप। बालचंद तामे भयो भूपति धर्म सरूप [१-१-१२]

श्रीउमराउप्रकास में कह्यो वंश विस्तार। बालचंद महिपाल ते वरनौ मति अनुसार [१-१-१३]

मोती जाके छत्र मै नछत्र के समान सोहै वचन पीयूष कै रौरै यति को ढाल भो। चंद्रिका सी कीरति चहूंधा जाकी फैलि रही सुजन चकोरन को परम निहाल भो। सोहै मनीराम गुनसागर को तनै भू मे शत्रुकुल कंज को उदंड वली काल भो। बखत बुलंद सुखसंद यों सुवंस कहै चंद के समान बालचंद महीपाल भो [१-१-१४]

बालचंद महिपाल के अमरसिंह भो नंद। यो सोभित भो नृपन मे ज्यौं उडगन मे चंद [१-१-१५]

महादानि गुनखानि शील सागर उदार अति। धर्म धुरंधर धनी परम प्रगट्यौ सुनीति गति। कैवा लई फतूह सुभट वैरी समूह हति। मनौ मही मै आनि भूप ह्वै प्रगट्यौ सूरपति। यह यश सुवंश कविगण कहत क्यौ न अमित जीतै समर। सुत बालचंद महिपाल को एक सिंह दूजे अमर [१-१-१६]

अमरसिंह नरनाह के प्रगट भए द्वै नंद। भूमंडल मै यों लसैं जैसे सूरज चंद [१-१-१७]

प्रथम नाम शिवसिंह नृप भयो धीर गंभीर। भयो भवानीसिंह पुनि तासु अनुज बलवीर [१-१-१८]

शिवसिंह :

परम उदार गुन गत को न पार मिलै करै को सिहार वस्य कीन्हो है जहान को। सुजसु विसद जाको फैलो है दिगंतन लौ हसत मयंकै मान सरै मुकुतान को। जाके सुत पंच वर बुद्धि के विरंचि वली वीर औ गंभीर कवि करत बखान को। भूप महिमंडल मै देखे मै सुवंश कहै दूसरो न राजै शिवसिंह के समान को [१-१-१९]

महीपाल शिवसिंह के पांचौ पुत्र उदार। धीर धरन यश के करन हरन भूमि के भार [१-१-२०]

जेठे धौकलसिंह फिरि भूपसिंह उमराउ। दान मान सनमान को सदा चढाए चाउ [१-१-२१]

श्रीवषतावरसिंह अरु भयो ईश्वरीसिंह। अरिकरि दल के दलन को राजत जैसे सिंह [१-१-२२]

उमराउप्रकासे :

पांडव पांचौ समान लसै किधौ पांचै भए पृथु धर्म के काजै। पांचहू कर्न करे कर तै सुरपादप पंच जिन्है लषि लाजै। पंच सराहै सुवंश सु पांचव वासव के सरि को सुख साजै। पांचहु देव के अंस महीप है पांचौ मनौ शिवसिंह के राजै [१-१-२३]

तिनमे सुकवि सुवंश सों श्रीउमराउ महीप। कीन्हो परम सनेह् को जाहिर जंबूद्वीप [१-१-२४]

कीन्हो ज्यों शिवराज नृप भूषन सों अस्नेह। त्यौं उमराउ सुवंश पै कियो धर्म को नेह। कियो धर्म को नेह भक्ति दिन दिन सरसायो। सरहै सब संसारु जौन साधुन मन भायो। भायो भूषन वसन वाजि दंती वहु दीन्हों। सरदससी के तुल्य सुजस त्रिभुवन में कीन्हो [१-१-२५]

मैं करन की कानन सुनी कानन सुनी वलि राज की। कानन सुनी शिव भूप की त्यौं सुनी नृग महराज की। कानन सुवंस कहै सुनी हरिचंद से अवधेस की। निज नैन सो करनी लखी उमराउसिंह नरेस की [१-१-२६]

कियो ग्रंथ रसचंदि की श्रीउमराउ महीप। ताको एक कवित्त मै लिष्यौ लहौ बुधि दीप [१-१-२७]

सीसा के सदन आइ वैठे एक आसन पै वाढै लागी हरष मनोरथ के धाम की। चंपलता सुंदर तमाल मनिमाल वारौ दुति दामिनी की अरु घन अभिराम की। सिंधुतन रूप की तरंगै उठै दुहुन के भाषै उमराउ छवि लाजै रति काम की। ईश चित चोभा है मुनीस मन लोभा लेखि को भा कवि कहै देखि सोभा स्यामा स्याम की [१-१-२८]

ज्यौ उमराउशतक उपजायो। औ उमराउप्रकास वनायो। जौं उमराउकोश अब कहौ। जाते सकल अर्थ को लहौ [१-१-२९]

बिना नाम तिहु लोक मै कछु न जानो जाइ। नाम ग्रंथ यातै करौ चौगुन चाइ बढाइ [१-१-३०]

गनपति गिरा गोपाल गंगा गोरि हर वर पाइकै। धरि ध्यान श्रीगुरु को सुवंश प्रसंस चाउ चढाइकै। पढि सकत जे नहि संसकृत न हेत भाषा छंद ते। लहि अमरकोस करौ उमगि उमराउकोस अनंद ते [१-१-३१]

नाम कहौ त्रैलोक के करिकै बुद्धि नवीन। याहीते या ग्रंथ मै कांड लसत है तीनि [१-१-३२]

इति श्रीविश्वनाथ पुराखंड मंडल धराधीस चौधरी शिवसिंह वंशावतंस उमराउसिंह कारिते शुक्ल सुवंश विरचिते उमराउकोशे प्रथम कांडे वंश वर्ग [१]

अथ स्ववर्ग, स्वर्ग :

त्रिदिव त्रिविष्टप नाक स्वर दिवस्वर लोक सुजान। त्रिदशालय द्यौ स्वर्ग के ए नव नाम प्रमान [१-२-१]

देवता :

देव देवता विवुध सुर त्रिदश दिवौकस जानि। सुमन सनिर्जर अमर रिभु कृतभुज लेव बखानि [१-२-२]

दैवत दिविषद वह्निमुख दानवारि त्रिदिवेश। अमृतांधस अरु अदितिसुत गीरवाण बुधिवेस [१-२-३]

आदितेय आस्वप्न अरु कहि आदित्य सुपर्व। गनि अमर्त्य वृंदारक रु छब्बिस नाम सु सर्व [१-२-४]

देवगण :

आदित्य आभास्वर तुषिता वसु विश्वदेव सु जानिए। अरु साध्या रुद्र समीर चितु दै महाराजिका मानिए। ए नव कहावत देवगण भाषे सुवंश विचारिकै। वरदानि सुख की खानि है ध्यावो इन्है उर धारिकै [१-२-५]

दैत्य :

शुक्रशिष्य दितिसुत दनुज दानव दैत्य सुरारि। पूर्वदेव अरु असुर गनि ये नव दैत्य विचारि [१-२-६]

बौद्ध :

धर्मराज सर्वज्ञ लोकजित सुगत विनायक। जिन भगवान मुनींद्र शास्ता मुनि सुखदायक। अद्वयवादी दशबल लहत है जे कवि तारत। श्रीधन औ षडभिज्ञ मारजित बहुरि तथागत। कहि कवि सुवंश मन मानिकै ए समंतभद्र रु सहित। गनि नाम अठारह बौध के जान लीजिए परमहित [१-२-७]

शाक्यमुनि :

मायादेवीसुत शौद्धोदनि औ सर्वसिद्ध गौतम गनि। अर्कबंधु अरु शाक्यसिंह वर सात शाक्यमुनि नाम मोदकर [१-२-८]

ब्रह्मा :

अंडयोनि सुरज्येष्ठ प्रजापति बहुरि विधाता। परमेष्ठी लोकेश आत्मभू विधि अरु धाता। वेधा द्रुहिण विरंचि पितामह कमलासन गनि। जगसृष्टज सृष्टा कह्यौ स्वयंभू चतुरानन भनि। ब्रह्मा हिरण्यगर्भ रु सहित वीस नाम अभिराम हित। कहि कवि सुवंश उमराउकोश कल मनोरथ देत हित [१-२-९]

विष्णु :

नारायण गोविंद देवकीनंदन माधव। विष्टरश्रवा वैकुंठ पुंडरीकाक्ष कौ साधव। अधोक्षज औ दैत्यारि त्रिविक्रम विधु विश्वंभर। कैटभजित श्रीवत्सलांक्षण रु पुनि दामोदर। गनि यज्ञपुरुष इंद्रावरज श्रीपति शौरि उपेन्द्र लहि। अरु पुरुषोत्तम नरकांतकः अच्युत सह सुवंश कहि [१-२-१०]

मधुरिपु जलशायी बलिध्वंसी वनमाली विष्वक्सेन विश्वरुप पद्माक्ष मानिए। ऋषीकेश चमुर्भुज चक्रपाणि वासुदेव मुरमर्दन पीतांबर कंसाराति जानिए। केशव गरुडध्वज पुराणपुरुष स्वयंभू शार्ङ्गी जनार्दन विचारि उर आनिए। सहित मुकुंद विष्णुनाम ए छियालीस है सुकवि सुवंश कहै मीत सदा गानिए [१-२-११]

बलदेव :

बल बलदेव रोहिणीनंदन। अच्युतअग्रज दुष्टनिकंदन। राम हलायुध मुसली जानि। हली रेवतीरमण बखानि [१-२-१२]

कहि प्रलंबनाशन अभिराम कामपाल बलिभद्र सुनाम। सीरपाणि कालिंदीभेदन। संकर्षण जन के दुषच्छेदन [१-२-१३]

नीलांबर तालांक समेत कंठ करत वर बुद्धिनिकेत। नाम अठारह कहे विचारि। है उमराउ नृपति सुखकारि [१-२-१४]

काम :

पुष्पधनुष प्रद्युम्न पंचशर मन्मथ रतिपति। मीनकेतु कंदर्प मनोभव मदन महामति अतन अनन्यज मार आत्मभू दर्पक स स्मर। शंबरारि कुसुमेषु ब्रह्मसू मैन गनो वर। ए वीस नाम है काम के कहे सुवंश आनंदकर। है काम रुप छिति मे प्रबल श्रीउमराउ नरेश वर [१-२-१५]

लक्ष्मी :

है इंदिरा कमला रमा लक्ष्मी कही मा मानिए। अरु सिंधुदुहिता हरिप्रिया श्री लोकमाता गानिए। पद्मालया पुनि कहत पद्मा हरषि मित्र बखानिए। यै नाम गेरह गनि सुवंस कहे सुखद अति जानिए [१-२-१६]

पांचजन्य हरि शंख कहायो। हरि असि नंदक नाम बतायो। कौमोदकी गदा हरि की गनि। चक्र सुदर्शन मणि कौस्तुभ भनि [१-२-१७]

गरुड :

तार्क्ष्य सुपर्ण खगेश कहि गरुत्मान नागारि। वैनतेय अहिभष गरुड हरिरथ नौ सुखकारि [१-२-१८]

शिव :

श्रीकंठ गंगाधर उमापति वामदेव बखानिए। भव नील लोहित औ महेश्वर चंद्रशेषर जानिए। शितकंठ शूली कामहर शंकर त्रिलोचन आनिए। शिव महादेव स्थाणु अंधकरिपौ शंभु को जानिए [१-२-१९]

ईश पशुपति सर्व ईश्वर ईशान रुद्र गिरीश मृड मृत्युंजय माने है। क्रतुध्वंसी खंडपर्शु व्योमकेश वृषभध्वज उग्र औ कपाली कृत्तिवासा पहिचाने है। भर्ग भीम त्रिपुरारि त्र्यंबक महेश हर प्रमथाधिप विरूपाक्ष सर्वज्ञ गाने है। धूर्जटि कर्पर्दी औ पिनाकी है कृशानुरेता नाम अरतालिस सुवंस ए बखाने है [१-२-२०]

शंभुधनुष शिवअनुचर :

अजगवं और पिनाक ए शंभुधनुष के नाम। शिव के अनुचर को कहत प्रमथ नाम बुधिधाम [१-२-२१]

शिवजटा :

जटाजूट शिवशिर को ताहि सुवंस। नाम कपर्द बखान्यो जगत प्रसंस [१-२-२२]

गौरा :

दुर्गा देवी ईश्वरी गिरिजा गौरी जानि। सर्वमंगला चंडिका काली उमा बखानि [१-२-२३]

कात्यायनी अरु शिवा सर्वाणी बुधिधाम। पार्वती औ आर्या कह्यो अपर्णा नाम [१-२-२४]

दाक्षायणी अंबिका कह्यो मृडानी मानि। हैमवती भवभामिनी बीस नाम गुणखानि [१-२-२५]

कार्तिकेय :

सेनानी शरजन्मा शंभुसुत औ शिखिवाहन। षाणमातुर षटवदन अग्निभू तारकजित दाहन। कार्तिकेय स्कंद क्रौंचदारण कुमार गनि। स्वामि कार्तिक बहुरि उमानंदन विशाष भनि। गनि बाहुलेय अरु शक्तिधर नाम अठारह गुह

सहित। कहि कवि सुवंश उमराउ की विजै करत करि नेम नित [१-२-२६]

गणेश :

द्वैमातुर हेरंब गनि एकदंत गननाथ। सुमुख गजानन कपिल पुनि लंबोदर गुणगाथ [१-२-२७]
हरज विनायक करिकरन धूम्रकेतु जिय जानि। द्वादश नाम गणेश के कहे सुवंस बखानि [१-२-२८]

ऐश्वर्य :

भूति विभूति सुकवि कहै सुखद आठहू जाम। ऐश्वर्य प्रसिद्ध जो ताके ए त्रै नाम [१-२-२९]

अष्टसिद्धि :

अणिमा महिमा प्राप्ति कहि औ प्राकाम्य वशित्व। गरिमा लधिमा आठ ए सिद्धि स युत ईशित्व [१-२-३०]

इंद्र :

इंद्र विडौजा वृत्रहा वृषा जिष्णु जिय जानि। सुनासीर अरु शक्र कहि वासव वज्री मानि [१-२-३१]
सुत्रामा शतमन्यु अरु सहस्राक्ष सुरनाथ। दिवस्पति हरिहय शचीपति बलाराति गुणगाथ [१-२-३२]
मरुत्वान मघवा कह्यो पर्वतारि स्वाराट। लेखर्षभ वास्तोष्पति संक्रंदन बुधि ठाट [१-२-३३]
कहि नमुचिसूदन पाकशासन जंभभेदी मानिए। वृद्धश्रवा अखंडल रु कहिए पुरंदर जानिए। घनरथ रिभुक्षा दुश्च्यवन पुरहूत चित मे आनिए। कहि तुराषाण सुवंस पैंतिस शक्र नाम बखानिए [१-२-३४]

इंद्रा :

कहि पुलोमजा शची अरु इंद्राणी जिय जानि। शक्रनारि के नाम त्रै कविवर कहत बखानि [१-२-३५]

इंद्रपुत्र :

लहौ पाकशासनि बहुरि सहित जयंत सिहारि। इंद्रपुत्र के नाम द्वै कविवर कहत विचारि [१-२-३६]

इंद्रवन :

वासववन को नंदन नाम। हय उच्चैश्रवा मतिधाम। इंद्रसूत को मातुलि कवि भनि। औ प्रासाद कौ वैजयंत गनि [१-२-३७]

इंद्रगज :

अभ्रमुबल्लभ ऐरावण कहि। बहुरि अभ्र मातंग नाम लहि। ऐरावत ए चारौ नाम। कहे इंद्रगज के मतिधाम [१-२-३८]

वज्र :

दंभोलि अशनि पवि वज्र जानि। शतकोटि कुलिश ह्लादिनी मानि। पुनि शंब भिदुर अरु स्वरु समेत। कहि वज्र नाम दस बुद्धिकेत [१-२-३९]

अमृत :

अमृत पीयूष सुधा अमी चारि नाम मतिधाम। कहत सुधर्मा यह सुकवि देवसभा को नाम [१-२-४०]

आकाशगंगा :

सुरसरिता सुरदीर्घिका मंदाकिनी विचारि। पुनि अकाशगंगा सहित नाम कहत कवि चारि [१-२-४१]

सुमेरु :

मेरु सुमेरु हेमाद्रि गनि रत्नसानु मन मानि। सहित सुरालय पांच ए नाम कहत कवि जानि [१-२-४२]

इंद्रवृक्ष :

हरिचंदन संतान कहि कल्पवृक्ष मंदार। पांच पारिजातक सहित वासवतरु सुखसार [१-२-४३]

अश्विनीकुमार :

अश्विनेय अश्विनीसुत औ स्ववैंद्य बखानि। आश्विन औ नासत्व कहि दस्र नाम षट जानि [१-२-४४]

अप्सरा :

कही उर्वशी मेनका और घृताची मानि। बहुरि मंजुघोषा सुकवि कहत सुकेशी जानि [१-२-४५]
रंभा सहित तिलोत्तमा सुखद आठहू जाम। सुरपुर की वेश्या कहत सात सुकवि अभिराम [१-२-४६]

अग्नि :

शुष्मा शिखी शुचि शुक्र पावक शिखा कृशानु है। दमुना दहन हुतभुक् अनल अप्पित्त रु चित्रभानु है। सप्रार्चि वह्नि तनूनपा पुनि अग्नि ज्वलन बखानिए। कहि कृष्णवर्त्म हव्यवाहन आशुशुक्षणि जानिए [१-२-४७]

शोचिष्केश बखानि धनंजय वसु पाचन [1] गनि। आश्रयास मन तानि विभावसु रोहिताश्व भनि। शिखावान पुनि कह्यो जातवेदा वैश्वानर। बृहद्भानु जिय जानि उषर्बुध धूमकेतु वर। बर्हि हिरण्यरेता बहुरि है कृपीटयोनिः सुमति। कहै कवि सुवंस छतीस ए अग्नि नाम सुख देत अति [१-२-४८]

समुद्राग्नि

और्व कह्यो वडवा त्रयी वडवानल के नाम। ए जल मे प्रजुलित रहै बरनत कवि अभिराम [१-२-४९]

अग्निकण :

कहि स्फुलिंग अग्निकण चिनगारी बुधिधाम। तीनि कहत कविराज सब पावककण के नाम [१-२-५०]

अग्निशिखा :

ज्वाल स कीलशिखा बहुरि हेति अर्चि मन मानि। अग्निशिखा के नाम षट कहे कविन जिय जानि [१-२-५१]

यम :

यम समवर्ती श्राद्धदेव कृतांत वैवस्वत मनौ। कहि काल अंतक शमन औ यमराज चित दैकै गनौ। पुनि पितृपति औ धर्मराज प्रेतराट बखानिए। ए नाम यमुनाभ्राता चौदह दंडधर जुत जानिए [१-२-५२]

राकस :

रक्ष राक्षस निशाचर कौणप अस्रप जानि। निकषात्मज नैऋत अरु यातु कहत कवि मानि [१-२-५३]

आशर औ क्रव्याद कहि औ क्रव्यात विचारि। यातुधान पुनि पुण्यजन कर्बुर जुत दस चारि [१-२-५४]

वरुण :

यादसांपति पाशी वरुण अप्पति जिय मे जानि। सहित प्रचेता पांच ए वरुण नाम सुखदानि [१-२-५५]

वायु :

जगत्प्राण पृषदश्व सदागति वायु वात भनि। पवन प्रभंजन अनिल मरुत मारुत समीर गनि। स्पर्शन अरु श्वसन मातरिश्वा आशुग लहि। गंधवह पवमान सनीरण गंधवाह कहे। पुनि नभस्वान जुत नाम ए वीस सुवंस कहे परषि। निसिद्योस मोदकर मानि अति कंठ करत कविवर हरषि [१-२-५६]

प्राण अपान समान अरु कहि उदान पुनि व्यान। पांच पवन तन मे रहै भाषत ज्ञाननिधान [१-२-५७]

शीघ्र :

शीघ्र त्वरित लघु क्षिप्र द्रुत अविलंबित अरु आशु। सत्वर तूर्ण चपल कह्यो गेरह सुमति प्रकाशु [१-२-५८]

शीघ्रगति :

जव रय रह सोतरस (?) अरु कहि अष्यद्ध (?) बुधिधाम। सुकविन कहे विचारि कै पांच शीघ्रगति नाम [१-२-५९]

अतिशय :

अत्यर्थ अतिशय गाढ। उदगाढ निर्भर बाढ। अतिवेल भृश जिय जानि। अतिमात्र तीव्र बखानि [१-२-६०]

दृढ कहो पुनि एकांत। भर मानि बहुरि नितांत। ए कहे अतिशय नाम। चौदह सुधी अभिराम [१-२-६१]

कुवेर :

नरवाहन वैश्रवण ऐलविल राजराज चहि। एकपिंग पौलस्त्य धनाधिप बहुरि यक्ष कहि। पुण्यजनेश्वर श्रीद मनुष्यधर्मा कुवेर भनि। त्र्यंबकसख सिहारि कह्यो पुनि किन्नरेश गनि। लहि यक्षराज गुह्यकेश्वर सत्रह नाम सहित धनद। सुखदानि सुवंस कह्यो सुमति बढति बढति आनंद हद [१-२-६२]

कुवेरपुत्र :

धनपति को सुत नलकूवर कहि। औ विमान को पुष्पक चित चहि। नाम चैत्ररथ है उद्यान। अलकापुरी शंभुगिरि थान [१-२-६३]

---

[1] होत्र - नी०ग०।

किन्नर :

तुरंगवदन मयु किंपुरुष किन्नर के ए नाम। चारि विचारि सुकवि कहत जे मेधा के धाम [१-२-६४]

निधि :

नील खर्व कच्छप मकर महापद्म औ पद्म। कुंद मुकुंद औ शंख ए नवनिधि है बुधिसद्न [१-२-६५]

आकाश :

अंबर गगन औरौ विहायस खम अंतरिक्ष सिहारिए। अरु वियत सुरवर्त्म अनंत समेत व्योम विचारिए। औ अभ्र नभ स्वह विष्णुपद पुष्कर बहुरि बखानिए। भाषे सुवंस आकाश ए नाम पंद्रह मानिए [१-२-६६]

इति श्रीविश्वनाथ पुराखंड मंडल धराधीस चौधरी शिवसिंह वंसावतंस उमराउसिंह कारिते शुक्ल सुवंश विरचिते उमराउकोसे प्रथम कांडे स्वर्ग वर्ग [२]

अथ दिग वर्ग, दिशा :

हरित काष्ठा ककुभा दिक आशा दिशा सिहारि। कहे दिशा के नाम षट पंडित सुकवि विचारि [१-३-१]

पूरव को प्राची मन मानौ। दक्षिण दिसा अवाची जानौ। पश्चिम सुमति प्रतीची गनौ। उत्तर दिसै उदीची भनौ [१-३-२]

दिगीश :

वासव कृशानु यमराज जानि। नैरित्य वरुण मारुत बखानि। भाष्यौ सुवंश यक्षेश ईश। ए पूर्व आदि क्रम ते दिगीश [१-३-३]

दिग्गज :

ऐरावत अरु पुंडरीक लहि। वामन कुमुद बहुरि अज्जन कहि। पुष्यदंत पुनि सार्वभौम भनि। सुप्रतीक ए दस दिग्गज गनि [१-३-४]

करिनी :

लहि कहो अभ्रम बहुरि कपिला पिंगला जिय जानिकै। पुनि अनुपमा अरु ताम्रकर्णी शुभ्रदंती मानिकै। औ अंगना अंजनावती गनि आठ करिनी कवि कहै। ए दिग्गजन की है प्रिया निसिद्यौस आनद को लहै [१-३-५]

विदिशा :

विदिशा औ अपदिशा पुनि कही उपदिशा मानि। दुहूं दिशनि के मध्य के तीनि नाम जिय जानि [१-३-६]

मध्य :

अंतराल अभ्यंतर हिय मो धारि। मध्य नाम त्यहि भाष्यो सुकवि विचारि [१-३-७]

मंडल :

चक्रवाल यह जानियो है मंडल को नाम। ए द्वै जी मै जानिकै भाषत है मतिधाम [१-३-८]

मेघ :

धाराधर जलधर मुदिर जलमुक औ तडित्वान। मेघ अंबुभृत अभ्र घन औ जीमूत सुजान [१-३-९]

धूमयोनि बदरा कह्यो वारिवाह जिय जानि। स्तनयित्नु बलाहक ए षोडश नाम बखानि [१-३-१०]

मेघपंक्ति :

मेघमाला कादंबिनी मेघपांति के नाम। तीनि हरषि भाषै सुकवि जे मेधा के धाम [१-३-११]

मेघशब्द :

गर्जित रसित कह्यो बहुरि और स्तनित सिहारि। नाम मेघ निर्घोष के सुकविन भाषे चारि [१-३-१२]

विजुरी :

क्षणप्रभा सौदामिनी चंचला। ऐरावती ह्लादिनी चपला। शतह्रदा शंपा तडित भनि। विद्युत विजुली नाम रुद्र गनि [१-३-१३]

चिर्री :

मेघज्योति अरु इरमदा त्रै चिर्री के नाम। वज्रघोष के कहत है स्फूर्जथु [2] बुधि ए धाम [१-३-१४]

इंद्रधनुष :

इंद्रायुध अरु इंद्रधनु सो रिजु रोहित नाम। ए बरखा के नाम द्वै वृष्टि सुमति अभिराम [१-३-१५]

महावृष्टि :

कहि धारासंपात अरु बहुरि कह्यो आसार। महावृष्टि के नाम त्रै बरनत बुद्धि उदार [१-३-१६]

शीकर जलकण को कहत जे मेधा के धाम। करका उपल कह्यो युगल बरसे पाथर नाम [१-३-१७]

आक्षादन :

तिरोधान व्यवधा [3] पिधान। अपवारण अंतर्धि सुजान। अंतर्धा कह्यो अपिधान। वसु आच्छादन नाम प्रमान [१-३-१८]

चंद्रमा :

कुमुदबांधव चंद्र चंद्रमा इंदु निशापति। ओषधीश द्विजराज छपाकर सोम महामति। अब्ज हिमांशु सुधांशु कलानिधि ग्लौ अरु शशधर। पुनि मृगांक शुभ्रांशु उडुप जैवात्रिक बुधिवर। ए जानि सुवंश कहे हरषि नाम बीस एक सुधाधर। तेहि चंद्र तुल्य अब मही मै है महीप उमराउ वर [१-३-१९]

चंद्रकला :

शशि को षोडश भाग जो कला सु है बुधिधाम। भिन्न सकल अरु अर्ध ए चारि खंड के नाम [१-३-२०]

चंद्रिका :

कही कौमुदी चंद्रिका ज्योत्स्ना तीन्यौ जानि। लहो प्रसाद प्रसन्नता निर्मलता मन मानि [१-३-२१]

चिह्न :

अंक लांछन लक्ष्म अरु लक्षण बहुरि कलंक। कहे चिह्न के नाम षट सुकविन हर्षि निशंक [१-३-२२]

छवि :

सुषमा अभिख्या कांति द्युति रोचिष हरषि मन मानिए। पुनि दीप्ति आभा रुचि कही अरु रुच बहुरि भा जानिए। शोभा प्रभा त्विट रोचि भाः छवि नाम पंद्रह कवि कहै। ए कंठ कीन्हे ते सदा जन जूह आनंद को लहै [१-३-२३]

तुषार :

अवश्याय मिहिका तुहिन हिम नीहार तुषार। सात नाम प्रालेय युत भाषत सुकवि उदार [१-३-२४]

शीतल :

शिशिर सुषीम तुषार जड शीत बहुरि हिम जानि। सात नाम कवि कहत है शीतल के मन मानि [१-३-२५]

नक्षत्र :

तारा रिक्ष नक्षत्र अरु उडु तारका सिहारि। कहे सुवंस नक्षत्र के ए षट नाम विचारि [१-३-२६]

अगस्त्य :

मैत्रावरुणि अगस्त्य अरु कुंभज ए त्रै नाम। लोपामुद्रा जानियो है अगस्त्य की वाम [१-३-२७]

वृहस्पति :

धिषण वृहस्पति अंगिरस सुराचार्य गुरु जीव। चित्रशिखंडिज गिरापति वाचस्पति नव सीवः [१-३-२८]

शुक्र :

कवि उशना भृगु भार्गव काव्य दैत्यगुरु जानि। शुक्र नाम ए सात है कविवर कहत बखानि [१-३-२९]

मंगल :

लोहितांग कुज भौम पुनि अंगारक बुधिधाम। महीसुत कविवर कहत मंगल के षट नाम [१-३-३०]

बुध :

रौहिणेय अरु ज्ञः बहुरि सौम्य परम सुखदानि। चारि नाम ए बुध के कहे सुवंश बखानि [१-३-३१]

शनि :

---

[2] असफर्जथु - नी०; असफर्जस - ग०।

[3] व्योधान - नी०; व्योधान - ग०।

पंगुकाय छायातनय असित शौरि शनि मंद। सहित शनिश्चर नाम ए सात कहत कविवृंद [१-३-३२]

राहु :

सैंहिकेय स्वर्भानु तमा पुनि विधुंतुद जानि। पांच नाम ए राहु युत कविवर कहत बखानि [१-३-३३]

सूर्य :

द्वादशात्मा अर्क अरुण सप्ताश्व भास्कर। विवस्वान हरिदश्व अर्यमा सूर दिवाकर। चित्रभानु सहस्रांशु भानु पूषा सविता रवि। सूर्य अहस्कर व्रध्न विभावसु हंस कहै कवि। आदित्य विभाकर प्रभाकर तरणि विरोचन अहर्पति। कहै कवि सुवंस ग्रहपति तपन मित्र सुख देत अति [१-३-३४]

द्युमणि उष्णरश्मि मयूष त्रयीतप लोकलोचन [4] गनि। मार्तंड खद्योत पद्मिनीबल्लभ भग भनि। त्विषांपति पुनि भास्वान विकर्तन प्रद्योतन कहि। कर्मसाक्षी बहुरि धामनिधि इन मन मो लहि। गनि लोकबांधव चित धरौ सहित अंशुमाली परषि। वंचास पतंग समेत ए नाम सुवंश कहे हरषि [१-३-३५]

रविप्रकास :

सूर निकटवर्ती कहे माठर पिंगल दंड। आतप धर्म कह्यौ त्रई रविप्रकास बुधिचंड [१-३-३६]

सूर्यसारथी :

गरुडाग्रज काश्यप अरुण अरु अनूरु जिय जानि। सूरसूत के नाम सर कविवर कहत बखानि [१-३-३७]
अ० में नहीं।

सूर्यकिरण :

दीधित धृश्मि मयूख घृणि उस्र किरण अरु भानु। अंशु गभस्ति मरीचि कर गेरह नाम सुजानु [१-३-३८]
रवि शशि ढिग मंडल परत ताके है द्वै नाम। परिधि बहुरि परिवेष ए कहत सुमति अभिराम [१-३-३९]

ईषतउष्ण :

कवोष्ण कदुष्ण कोष्ण अरु मंदोष्ण है चारि। इनको कवि कोविद कहत ईषतउष्ण सिहारि [१-३-४०]

अतिउष्ण :

खर तीक्ष्ण अरु तिग्म त्रै ए अतिउष्ण बखानु। ते रवि किरण मरीचिका मृगतृष्णा जिय जानु [१-३-४१]

सप्तर्षि :

अत्रि अंगिरा पुलह क्रतु बहुरि पुलस्य वसिष्ठ। औ मरीचि ए सप्तऋषि भाषत है कवि सृष्ठ [१-३-४२]

इति श्रीविश्वनाथ पुराखंड मंडल धराधीस चौधरी शिवसिंह वंशावतंस उमराउसिंह कारिते सुक्ल सुवंश विरचिते उमराउकोशे प्रथम कांडे दिग वर्ग [३]

अथ काल वर्ग, काल :

समय अनेहा औरऊ दिष्ट सुनौ धीधाम। चारि विचारि सुवंश कवि कहे काल के नाम [१-४-१]

दिन :

वासर दिन अह घस्र ए बहुरि द्यौस मन मानि। पांच नाम उमराउ कवि कोविद कहत बखानि [१-४-२]

प्रात :

कल्य प्रात प्रत्यूष अरु दिनमुख उषस प्रभात। ये षट नाम विचारिकै भाषत सुकवि उदात [१-४-३]

संध्या :

पितृप्रसू अरु निशामुख साय दिनांत सिहारि। संध्या के ए नाम शर कविवर कहत विचारि [१-४-४]

दिनभाग :

गनौ प्रान्ह मध्यान्ह अरु है अपरान्ह सुजान। तीनि भाग दिन नाम ए क्रमते किए बखान [१-४-५]

निशा :

क्षणदा क्षपा गनि यामिनी अरु निशा रात्रि विभावरी। पुनि तमी बहुरि तमस्विनी रजनी तमिस्रा सांवरी। औ तामसी कहिए त्रियामा शर्वरी मन आनिए। भाष्यौ सुवंश निशीथिनी के नाम चौदह जानिए [१-४-६]

---

[4] जगच्चक्षु - नी०ग०।

आधी राति निशीथ कहायो। याम प्रहर को नाम बतायो। वर्तमान भविष्य दिन जानु। ता मधि राति पक्षिणी मानु [१-४-७]

प्रतिपद पंचदशी को अंतर। ताहि को पर्व संधि कहि बुधिवर। पच्छअंत को पंचदशी कहि। ताहि पूर्णिमा दर्श दुवौ लहि [१-४-८]

अनुमति राका रु पूर्णमासी। चारि पूर्णिमा नाम प्रकासी। अमा अमावस दर्श कुहू गनि। सीनिवालि (?) ए नाम पांच भनि [१-४-९]

कहि उपराग वहु ग्रह मानौ। ए त्रै नाम ग्रहण के जानौ। अग्न्युत्पात उपाहित नाम। त्रै उल्का के है बुधिधाम [१-४-१०]

प्रमाण :

अष्टादश निमेष को जानि। ताहि काष्ठा कहत बखानि। तीनि काष्ठा कला प्रमान। कला तीस क्षण एकु सुजान [१-४-११]

कहत मुहूरत द्वादस क्षण को। जे राखत कवि उज्जल मन को। तीस मुहूरत द्यौस राति गनि। तेई पंद्रह पक्ष सुकवि भनि [१-४-१२]

पक्ष युगल को मास बखानो। मास युगल को ऋतु अरु मानो। तीनि ऋतुन को अयन कहायो। अयन युगुल को वर्ष बतायो [१-४-१३]

मास :

मार्गशीर्ष अरु मार्गसह चार्यौ अगहन नाम। तैष सहस्य त्रई सु कहि पौष नाम बुधिधाम [१-४-१४]

माघ सो तप जिय जानियो फाल्गुन कह्यो तपस्य। बरनत है कवि पटु सबै जिनके वाणी वस्य [१-४-१५]

चैत्र नाम मधु द्वै कहे सुकविन जी मे जानि। त्रई नाम वैशाष के माधव राध बखानि [१-४-१६]

ज्येष्ठ शुक्र आषाढ शुचि श्रावण नभा सु जानु। भाद्र भाद्रपद प्रौष्ठपद चारि नभस्य बखानु [१-४-१७]

इष कहियत औ अश्वयुज आश्विन के त्रै नाम। कार्तिक बाहुल ऊर्ज त्रै नाम कहत बुधिधाम [१-४-१८]

ऋतु :

शरद और हेमंत गनि शिशिर वसंत प्रमान। ग्रीषम वर्षा नाम ए षटऋतु कहत सुजान [१-४-१९]

संवत्सर :

वर्ष अब्द हायन शरत संवत्सर जिय जानि। संवत्सर के नाम सर कहे सुवंश बखानि [१-४-२०]

प्रलय :

कल्प प्रलय कल्पांत अरु क्षय कहियत संवर्त। पांच नाम ए कहत है जे कविता को कर्त [१-४-२१]

पाप :

दुष्कृत औ दुरित अघ अंह लेखि। अरु एन वृजिन गनि पाप पेखि। किल्विष कल्मष कहि कलुष जानि। रवि नाम पाप्मा पंक मानि [१-४-२२]

धर्म :

पुण्य सुकृत वृष श्रेय गनि कहे चित्त करि चाउ। पांच नाम ए धर्म के धर्म रूप उमराउ [१-४-२३]

सुख :

मुत प्रीति प्रमद आनंद मोद। अरु हर्ष शर्म संमद प्रमोद। रु शात आनंदि सुधी प्रसंस। सुख नाम कहे द्वादस सुवंश [१-४-२४]

कल्याण :

मंगल कुशल अरु शस्त कहि पुनि भविक भव्य बखानिए। स्वः श्रेयस हित कल्याण भावुक भद्र शिव शुभ जानिए। गनि क्षेम द्वादश नाम कहत सुवंस करि चित चाउ को सब देत भूसुर कृपा करि शिव सुखद श्रीउमराउ को [१-४-२५]

प्रशस्त :

उद्‌घ प्रकांड मर्चर्चिका तल्लज बहुरि प्रशस्त। ए षट नाम मतल्लिका युत कवि कहत समस्त [१-४-२६]

भाग्य :

भागधेय विधि नियति गनि दैव दिष्ट मन मानि। कहे भाग्य के नाम षट सुकवि सुवंश बखानि [१-४-२७]

कह्यो आदिकारण सुकवि औ निदान द्वै नाम। हेतु बीज त्रै नाम ए कारण के बुधिधाम [१-४-२८]

प्रकृति :

तीनि नाम है प्रकृति के माया और प्रधान। जाते तीन्यू लोक मे बरनत सुकवि सुजान [१-४-२९]

जन्म :

उद्भव जनु उत्पत्ति कहि अरु जनि जनन सिहारि। जन्म नाम ए जानि षट सुकविन कहे विचारि [१-४-३०]

प्राणी :

चेतन जन्मी जन्यु अरु गनौ शरीरी जंतु। प्राणी के षट नाम ए कहे सुकविजन गंतु [१-४-३१]

मन :

मानस हृत पुनि चित्त कहि स्वांत हृदय अरु चेत। सात नाम मन के कहत जे कवि बुद्धिनिकेत [१-४-३२]

इति श्रीविश्वनाथ पुराखंड मंडल धराधीस चौधरी शिवसिंह वंशावतंस उमराउसिंह कारिते शुक्ल सुवंश विरचिते उमराउकोसे प्रथम कांडे काल वर्ग [४]

अथ धी वर्ग, बुद्धि :

धिषणा मनीषा ज्ञप्ति प्रज्ञा चेतना धी शेमुषी। मेधा बहुरि उपलब्धि संवित चित्त ह्वै कविवर सुषी। मति प्रेक्षा प्रतिपत कह्यो हरिगीत मीत सु छंद ते। ए नाम पंद्रह बुद्धि के भाषे सुवंस अनंद ते [१-५-१]

संकल्प संदेह :

मनकर्म नाम संकल्प भाषत जे कवि नहि बुधि अल्प। कहि विचिकित्सा संशय द्वापर चारि नाम संदेह सुमति वर [१-५-२]

नास्तिकता द्रोहचिंतन :

मिथ्यादृष्टि कह्यौ नास्तिकता। ए त्रै नाम नास्तिकचित्तता। लहौ द्रोहचिंतन को नाम। है व्यापाद कहत धीधाम [१-५-३]

सिद्धांत भ्रम भ्रांति :

सिद्धवस्तु को कहि सिद्धांत। दूजो नाम कहत राद्धांत। तीनि नाम भ्रम के मन मानौ। मिथ्यामति अरु भ्रांति बखानौ [१-५-४]

अंगीकार :

अभ्युपगम संवित आश्रव लहि। प्रतिश्रवः आगूः नियम कहि। प्रतिज्ञान संश्रव समाधि गनि। अंगीकार नाम दस कवि भनि [१-५-५]

मोक्ष :

अमृत मोक्ष अपवर्ग अरु निश्रेयस निर्वाण। श्रेय मुक्ति कैवल्य के ए दस नाम सुजाण [१-५-६]

अज्ञान :

गनौ अविद्या अहंमति अमरकोस सत मानि। तीनि नाम अज्ञान के सुकविन कहे बखानि [१-५-७]

विषय :

शब्द स्पर्शन रूप रस गंध सहित जे वान। तेई गोचर औ विषय इंद्रियार्थ बुधिवान [१-५-८]

इंद्रिय :

गो हृषीक विषयि हरषि भाषत बुद्धिविचित्र। इंद्रिय के ए नाम है चारि जानियो मित्र [१-५-९]

दस इंद्रिय :

चक्षु श्रोत्र रसना त्वचा घ्राण सुनौ धीधाम। वाक पाणि गुद शिश्न पद दस इंद्रिन के नाम [१-५-१०]

रस :

मधुर अम्ल कटु तिक्त अरु खार कषाय सिहारि। षटरस के यै नाम है कहे सुवंस विचारि [१-५-११]

सुगंध :

सुरभि घ्राणतर्पण परिमल कहि। इष्टगंध आमोद कह्यो चहि। बहुरि सुगंध सुवास जानिए। सात नाम ए सुखद मानियै [१-५-१२]

दुर्गंध कच्ची वासु :

पूतिगंधि दुर्गंध को नाम कहत कवि जानि। भाषत कच्ची वासु को विस्र नाम मन मानि [१-५-१३]

श्वेत :

सित शुक्र शुचि विशद श्वेत। अवदात शुक्ल धवल रु समेत। अर्जुन बलक्ष अरु गौर मानु। पांडुर स श्वेत चौदह बखानु [१-५-१४]

श्याम :

कृष्ण नील मेचक असित श्याम काल औ कार। श्यामल के वसु नाम ए कविवर कहत उदार [१-५-१५]

लाल :

कहि अव्यक्त राग अरु लोहित। अरुण शोण रक्त रु पुनि रोहित। लाल रंग वसु नाम गनाए। कहे सुवंश कविन मन भाए [१-५-१६]

पीत हरित :

हरिद्राभ पिंजर गौर चारि नाम रंग पीत। युगुल नाम पलाश अरु हरित जानियो मीत [१-५-१७]

हरिण पांडु पांडुर त्रई श्वेत पीत मिलि नाम। ईषत पांडुर को कहत धूसर मेधाधाम [१-५-१८]

मिश्रित :

श्याम रक्त मिश्रित जिय जानु। धूमल धूम्र नाम द्वै मानु। कृष्ण पीत के श्याव कपिश गनि। श्वेत रक्त को पाटल कवि भनि [१-५-१९]

कपिल :

पिंगल पिंग पिशंग पुनि कद्रु कडार सिहारि। कहे कपिल रंग नाम षट सुकविन हिए विचारि [१-५-२०]

चित्रविचित्र :

कर्बुर औ कल्माष गनि शवल एत किर्मीर। चित्रविचित्र षट नाम ए भाषत सुकवि गभीर [१-५-२१]

इति श्रीविश्वनाथ पुराखंड मंडल धराधीस चौधरी शिवसिंह वंसावतंस उमराउसिंह कारिते शुक्ल सुवंश विरचिते उमराउकोसे प्रथम कांडे धी वर्ग [५]

अथ ब्राह्मी वर्ग, सरस्वती :

सरस्वती भाषा अरु वाणी। गिरा शारदा औ ब्रह्माणी। इरा वाक भारती मानिए। गी युत ए दस नाम जानिए [१-६-१]

वचन :

वच भाषित अरु उक्ति पुनि लपित वचन व्याहार। सात नाम है वचन के भाषत बुद्धि उदार [१-६-२]

वेद :

ऋक यजु साम अथर्व अरु चारि वेद बुधिधाम। आम्नाय श्रुति तीनि ए कहे वेद के नाम [१-६-३]

वेदांग :

पाद छंदकर कल्प कहायो। मुख व्याकरण जासु को भायो। श्रवण निरुक्ति घ्राण शिक्षा ए। ज्योतिष नेत्र वेद अंग छाए [१-६-४]

ओंकार को प्रणव बखान। पुरावृत्त इतिहास को जान। अन्वीक्षिकी न्यायशास्त्र लहु। नीतिशास्त्र को दंडनीति कहु [१-६-५]

उच्च उदात्त नीच अनुदात्त। स्वरित समस्वर तीनि सुहात्त। जानौ जो वृत्तांत सत्य करि। आख्यायिका सो लहौ चित धरि [१-६-६]

संग्रह को जिय जानियो कहत समाहृति नाम। धर्मसंहिता को कहै स्मृति जे है बुधि कै धाम [१-६-७]

कहत समस्या को सबै समासार्था धीवान। कह्यो पंच लच्छन हरषि है पुराण अभिधान [१-६-८]

प्रबंध :

कह्यो प्रबंध कल्पनाकथाहि चित मानियो। प्रवह्लिका प्रहेलिका सुनाम दोऊ जानियो [१-६-९]

नाम :

आह्व्य आह्वा आख्या अरु नामधेय अभिधान। कहे नाम के नाम षट जानि लेउ बुधिवान [१-६-१०]

वार्ता :

गनि वृत्तांत उदंत पुनि औ प्रवृत्ति जिय जानि। चारि नाम युत वार्ता कहे सुवंश बखानि [१-६-११]

बुलावै के नाम :

आह्वान अरु आकारणा नाम वुलावन हूति। आह्वान वहु जने करै ताहि कहत संहूति [१-६-१२]
उपन्यास त्रै वाङ्मुख वचन अरंभ के नाम। कहि विवाद व्यवहार को बरनत है बुधिधाम [१-६-१३]
उपोद्घात बहुरि कह्यो उदाहार चितु लाइ। त्रै भविष्यवर्णन कह्यो नाम सुकवि समुदाइ [१-६-१४]

प्रश्न :

पृच्छा औ अनुयोग त्रै प्रश्न नाम बुधिधाम। प्रतिउत्तर प्रतिवाक्य त्रै ऐ उत्तर के नाम [१-६-१५]

मिथ्याभियोग :

झूठो विवाद मिथ्याभियोग। है अभ्याख्यान त्रि नाम योग। मिथ्याभिशंसन रु कह्यो राम। अभिशाप झूठ थापनो नाम [१-६-१६]

कीर्ति :

कीर्ति सुयशु समाज्ञा तीनि नाम ए जानि। वचन कह्यो अनुराग ते ताहि प्रणाद बखानि [१-६-१७]

स्तुति :

स्तव स्तुति स्तोत्र नुति कहे चारि ए नाम। नाम दुवचन त्रिवचन को आम्रेडित बुधिधाम [१-६-१८]

घोषणा काकु :

उच्चैर्घुष्ट घोषणा कह्यो उच्च शब्द के नाइ। ध्वनिविकार सोकादि ते कह्यो काकु चितु लाइ [१-६-१९]

निंदा :

परीवाद अपवाद जुगुप्सा। उपक्रोश निंदा अरु कुत्सा। गर्हण औ आक्षेप बखानि। युत निर्वाद नाम दस जानि [१-६-२०]

अप्रियवचन - भर्त्सन :

अभिवाद रु पारुष्य त्रै अप्रियवचन के नाम। अपकारकी गिरा [5] कहत भर्त्सन जे धीधाम [१-६-२१]
उपालंभ जो निंदि है परिभाषण त्यहि नाम। मैथुन हेत जु शब्द है आक्षरणा धीधाम [१-६-२२]
आभाषण आलाप को नाम कह्यो जिय जानि। सुकवि अनर्थक वचन को कहत प्रलाप बखानि [१-६-२३]

विलाप विप्रलाप :

परिदेवन विलाप बुधिधाम। शोकयुक्तवाणी त्रै नाम। अन्योअन्य विरोध वचन लहि। विप्रलाप त्यहि बरनत कवि कहि [१-६-२४]

संलाप - सुप्रलाप :

वचन परस्पर ताहि को सुकवि कहत संलाप। सुप्रलाप शुभ वचन को भाषत बुद्धि अमाप [१-६-२५]
निन्हव औ अपलाप वच हिए छिपै के जानि [6] । औ संदेस के वचन को वाचिक कहत बखानि [१-६-२६]
कह्यो शुभात्मिका बहुरि कल्या जे बुधिधाम। शुभरूपक जे वचन है ताके ए त्रै नाम [१-६-२७]
संगत हृदयंगम कहत जे वरबुधि के धाम। युक्तियुक्त जो वचन है ताके ए त्रै नाम [१-६-२८]
कर्कश वचन के नाम त्रै निष्ठुर परुष कहंतु। मधुर वचन को कहत हैं सांत्व सुकवि अनगंतु [१-६-२९]
त्रई ग्राम्य अश्लील ए भंडादिक के नाम। कहत सत्य प्रिय वचन को सूनृत मति के धाम [१-६-३०]
संकुल क्लिष्ट युगुल कहत जे मेधा के धाम। अन्योअन्य विरोध के वचन तासु द्वै नाम [१-६-३१]

---

[5] गिरै - नी०ग०।
[6] निन्हव को अपलाप कवि कहत हिए मै जानि - नी०ग०।

शक्तिहीन ते वचन जो कहत अपूर्ण सु तौन। लुप्तवर्ण पदग्रस्त द्वै नाम कहत धीभौन [१-६-३२]
त्वरितउदित मन मानियो औ निरस्त बुधिधाम। शीघ्रवचन उच्चरित जो ताके ए त्रै नाम [१-६-३३]
सनिष्ठेव अंबूकृत सो बरनत बुद्धि विचित्र। वचन् थूककणयुक्त त्रै नाम जानियो मित्र [१-६-३४]
असमय वचन अबद्ध जानियो। वचन असत्यहि वितथ मानियो। आहत औ मृषार्थक बुधिधाम। असत्य अर्थ के ए त्रै नाम [१-६-३५]
अविस्पष्ट औ म्लिष्ट गनाइ। त्रै अव्यक्त वचन के नाइ। कह्यो अवाच्य अनक्षर जानि। त्रै दुर्वचन के नाम बखानि [१-६-३६]

उपहासयुत :

सोल्लुठन (?) [7] सोत्प्रास ए बरनत बुद्धि विचित्र। तीनि नाम उपहासयुत वचन जानियो मित्र [१-६-३७]
रतिकूजित अरु मणित ए भाषत है बुधिधाम। सुरति समै जो नारिकृत शब्द तासु द्वै नाम [१-६-३८]

सत्य वचन :

सत्य तथ्य सम्यक बहुरि ऋत मन मध्य सिहारि। सत्य वचन के नाम सर सुकविन कहे विचारि [१-६-३९]

शब्द :

ध्वान ध्वनि रव निनद नाद निनाद स्वन आराव है। निस्वान औ निर्घोष निस्वन स्वान बहुरि विराव है। निंदा आरव संराव शब्द समेत सत्रह नाम है। भाषे सुवंस पढौ हरषि ए मित्र अति सुखधाम है [१-६-४०]

मर्मर सिंजित :

वस्त्र पत्र को शब्द जो मर्मर कहिए ताहि। सिंजित भूषण शब्द को कह्यौ सुवंस सराहि [१-६-४१]

वीणा शब्द :

निक्वाण निक्वण क्वाण अरु क्वणन क्वण जिय जानि। प्रक्वण युत षट नाम ए वीणा शब्द बखानि [१-६-४२]
कोलाहल कलकल द्ववो वहुकृत शब्द बखानु। प्रतिध्वान प्रतिश्रुत त्रई झाई शब्दहि मानु [१-६-४३]
पश्वादिक के शब्द को वाशित भाष्यौ नाम। कहत गान के नाम को गीत सकल बुधिधाम। [१-६-४४]

इति श्रीविश्वनाथ पुराखंड मंडल धराधीस चौधरी शिवसिंह वंशावतंस उमराउसिंह कारिते शुक्ल सुवंश विरचिते उमराउकोशे प्रथम कांडे शब्द वर्ग [६]

अथ नाट्य वर्ग, स्वर :

गांधार मध्यम रिषभ षड्ज निषाद सिहारि। धैवत पंचम सात स्वर कह्यौ सुवंस विचारि [१-७-१]
शब्द मधुर अव्यक्त जो ताको है कल नाम। कल सूक्ष्म को सु काकली कहत सुकवि अभिराम [१-७-२]
शब्द होत गंभीर जो ताको मंद्र बखानु। जो धुनि है अति उच्च तौ तार नाम जिय जानु [१-७-३]

एकताल :

नृत्य गीत अरु वाद्य को जहां होत सम भाउ। एकताल ताको कहै कवि कोविद उमराउ [१-७-४]

वीणा :

चारि विपंची वल्लकी तंत्री वीणा नाम। सात तार परिवादिनी वीणा जो बुधिधाम [१-७-५]
वीणादिक वाजा तत मानौ। मुरजादिक आनद्ध बखानौ। वंसादिकै शुषिर बुधिधाम। कंसादिक बाजा घन नाम [१-७-६]

चार्यो बाजा :

गति आतोद्य सुकवि सबै औ वादित्र [8] सिहारि। चार्यो बाजन के कहत ए द्वै नाम विचारि [१-७-७]

मृदंग :

मृदंगा को मुरज बखानु। अंकी आलिंग ऊर्ध्वक मानु। हरै जव गोपुच्छ समानु। मुरजादिक को भेद प्रमानु [१-७-८]

[7] सोल्लंठन - ग०।
[8] वादित्य - नी०ग०।

आनक ढक्का दुंदुभी पटह नगारा नाम। पांच विजै उमराउके बाजै आठौ जाम [१-७-९]
मर्दल झर्झर मड्डु अरु डिंडिम डमरू जानि। प्रणववाद्य षट नाम ए सुकविन कहे बखानि [१-७-१०]

नृत्य :

नर्तन नाट्य नटन बहुरि तांडव लास्य सिहारि। कहे नाम षट नृत्य के सुकविन सुमति विचारि [१-७-११]
कही लासिका नर्तकी सुनौ मित्र सुखधाम। नृत्य करति है नारि जो ताके ए द्वै नाम [१-७-१२]
गनौ भ्रकुंस भ्रुकुंस अरु भ्रूकुंस कौ बुधिधाम। नारि वेष पूरुष नचत ताके ऐ त्रै नाम [१-७-१३]

नृत्यभाव :

अभिनय अंगविक्षेप अरु अंगहार बुधिधाम। व्यंजक जुत ए पांच है नृत्यभाव के नाम [१-७-१४]
भ्रू विक्षेपादिकन ते तुष्ट आंगिक सो जानु। मनोवृत्य संतुष्ट जो सात्विक ताहि बखानु [१-७-१५]

नवरस :

गनि शृंगार हास्य पुनि करुना रौद्र रु जानि। भय अरु वीर वीभत्स कहि अद्भुत शांत बखानि [१-७-१६]

शृंगार :

शुचि उज्वल मन मानियो तीनि नाम शृंगार। उत्साहवर्धन [9] वीर जु भाषत सुमति उदार [१-७-१७]

करुणा :

अनुक्रोश करुणा कृपा घृणा दया उर आनु। अनुकंपा कारुण्य जुत सात नाम मनु मानु [१-७-१८]

हास्य :

हास्य हास हस तीनि ए नाम कहे जिय जानि। विकृत नाम वीभत्स को कविवर कहत बखानि [१-७-१९]

अद्भुत :

आश्चर्य विस्मय कह्यो अरु गनि अद्भुत चित्र। चारि नाम बरनत सुकवि जानि लेउ मन मित्र [१-७-२०]

भयानक :

भैरव भीषण भीम भयंकर। प्रतिभय भीष्म भयानक बुधिवर। दारुण घोर नाम भव मानु। उग्र रौद्र को नाम बखानु [१-७-२१]

भीत :

दर अरु भीति कह्यो बहुरि डर भी साध्वस त्रास। सात नाम भय के सुकवि भाषत बुद्धि प्रकास [१-७-२२]

अहंकार :

गर्व दर्प अवलेप अरु अभिमान मन मै मानि। अहंकार के नाम सर कह्यौ सुवंश बखानि [१-७-२३]

अनादर :

परिभाव परिभव बहुरि तिरस्क्रिया अवमान। अवमानना अवहेला षट मानि लेउ बुधिवान [१-७-२४]
रीढा असूर्क्षण औरऊ गनौ अवज्ञा जानि। नाम अनादर दस कहे सुकवि सुजान बखानि [१-७-२५]

लज्जा :

व्रीडा ह्री मंदाक्ष अरु त्रपा बुद्धि के धाम। कह्यो सुवंश विचारिकै लज्जा के सर नाम [१-७-२६]
पर ते जो कौन्यौ समै लज्जा निज को होइ। अपत्रपा ताको कहत नाम सुकवि सब कोइ [१-७-२७]

सहन :

मर्ष [10] मर्षण अरु क्षांति गनि बहुरि तितिक्षा जानि। कहे सहन के नाम सर कवि कोविदन बखानि [१-७-२८]

ईर्ष्या :

गनौ असूया ईर्ष्या अरु अक्षांति सुजान। तीनि नाम ए जानियो कीन्हो कविन बखान [१-७-२९]

अभिध्या :

परधनादि की वांछा अथवा चाहै नास। ताहि अभिध्या कहत है जे कवि बुद्धि विलास [१-७-३०]

वैर :

---

9 उत्सववर्धन - नी०ग०।
10 मष - नी०; अम ग०।

गनि विरोध विद्वेष अरु तीनि वैर के नाम। चित विभ्रम उन्माद को नाम कहत बुधिधाम [१-७-३१]

शोक :

पश्चात्ताप शुक मन्यु शोक। अनुत्ताप कहत कवि गिरा ओक। विप्रतीसार वर बुधि विचित्र। षट नाम कहे जानियो मित्र [१-७-३२]

क्रोध :

प्रतिघ रोष रुट रोष अरु क्रुध अमर्ष युत कोप। क्रोध नाम वसु जानियो भाषत कवि करि चोप [१-७-३३]

शील :

शील सकल कविराज शुद्ध चरित्र को कहत है। देत सकल सुखसाज भूल्यौ यो न विसारियो [१-७-३४]

प्रेम :

प्रेमा औरौ स्नेह प्रिय हार्द प्रेम सर नाम। है सुवंस उमराउ नृप प्रेम रूप अभिराम [१-७-३५]

मनोरथ :

काम मनोरथ कामना वांछा कांक्षा ईहा कह्यो तृषा जन जानिए। लालसा इच्छा गनौ अभिलाष औ दोहद स्पृहा रु तर्ष बखानिए। लिप्सा समेत ए चौदह नाम सुवंस कहै चित दै उर आनिए। देत मनोरथ जाचक को उमराउ नरेश वली मन मानिए [१-७-३६]

उपाधि :

नाम धर्मचिंता विषै जानौ मित्र उपाधि। सुकवि मानसीविथा को नाम कहत है आधि [१-७-३७]

चिंता :

आध्यान चिंता स्मृति उत्कलिका मन मानि। उत्कंठा युत नाम सर कह्यो सुवंस बखानि [१-७-३८]

कहत सुकवि उत्साह को अध्यवसाय बखानि। सो अति शक्ति समेत जो ताहि वीर्य मन मानि [१-७-३९]

कपट :

निकृति कुसृति कैतव कपट व्याज दंभ छल छद्म। उपधि शाठ्य गेरह कहे कूट नाम बुधिसद्म [१-७-४०]

कौतुक :

कुतुक कुतूहल औरऊ कौतूहल जिय जानि। ए कौतुक के नाम कवि चार्यौ कहत बखानि [१-७-४१]

स्वरूपगोपन :

सरूप छपावन नाम त्रै लक्ष्य व्याज अपदेश। क्रीडा लेखा कूर्दना बालकेंलि जुग वेश [१-७-४२]

परिहास :

हेला केलि कह्यो बहुरि लीला औ द्रव नर्म। ए षट है परिहास के नाम कहत कविपर्म [१-७-४३]

ताप :

स्वेद हेतु जो ताप त्रै धर्म निदाघ प्रमान। नष्टचेष्टता प्रलय त्रै मूर्छा के अभिधान [१-७-४४]

कंप :

नाम कंप को कहत है वेपथु जे बुधिधाम। अन्य कोप कर हास्य जो आच्छुरितक त्यहि नाम [१-७-४५]

हास्य :

सोत्प्रास उच्छरित [11] सहित बहुरि स्मित पुनि मानि। अति मध्यम लघु हास त्रै क्रमते कहत बखानि [१-७-४६]

पुलक :

पुलक रोमहर्षण गनौ औ रोमांच सिहारि। तीनि नाम ए जानियो सुकविन कह्यो विचारि [१-७-४७]

रोदन :

चारि नाम रोदन रुदित क्रंदित क्रुष्ट सुजान। जृंभण जृंभा जृंभ के तीनि नाम बुधिवान [१-७-४८]

निद्रा :

शयन स्वाप अरु सुप्ति कहि बहुरि स्वप्न संवेश। निद्रा के षट नाम ए भाषत है बुधिवेश [१-७-४९]

---

[11] शोप्रा संप्र - नी०ग०।

तंद्रा :

इंद्रिय जो आलस्य ते सिथिल होइ तेहि नाम। तंद्रा और प्रमीला द्वै भाषत है बुधिधाम [१-७-५०]

अंगीकृत छोडिवो :

विसंवाद जिय जानियो विप्रलंभ धीधाम। अंगीकृत को छोडिवो ताके ए द्वै नाम [१-७-५१]

कर पदते शिशु को चलनु रिंगण नाम बखानि। विछिलि परे को नाम कवि कहत स्खलन सु मानि [१-७-५२]

प्रकृति :

प्रकृति स्वरूप निसर्ग अरु गनि संसिद्धि स्वभाव। पांच नाम ए जानियो कहे सुकवि करि चाव [१-७-५३]

उत्सव :

महः क्षण उद्धव कह्यो उत्सव हिए सिहारि। पांच नाम उद्धर्ष जुत कहे सुवंश विचारि [१-७-५४]

इति श्रीविश्वनाथ पुराखंड मंडल धराधीस चौधरी शिवसिंह वंशावतंस उमराउसिंह कारिते शुक्ल सुवंश विरचिते उमराउकोशे प्रथम कांडे नाट्य वर्ग [७]

अथ पाताल वर्ग, पाताल :

नागलोक बलिसद्म अरु अधोभुवन पाताल। सहित रसातल नाम सर भाषत बुद्धि विशाल [१-८-१]

छिद्र :

कुहर सुषिर बिल विवर सुषि वपा श्वभ्र बुधिधाम। रंध्र रोक निर्व्यथन ए छिद्र यकादस नाम [१-८-२]

भूमिछिद्र के नाम द्वै गर्त अवट ए जानु। रंध्र सहित वंसादि जो ताको शुषिर बखानु [१-८-३]

अंधकार :

अंधकार अरु ध्वांत पुनि तिमिर तमिस्र सिहारि। पांच नाम तम के कहे पंडित सुकवि विचारि [१-८-४]

गाढे तम को कहत कवि अंधतमस यह नाम। क्षीण तमस को अवतमस नाम कहत बुधिधाम [१-८-५]

सर्प :

नाग व्याल कुंडली सरीसृप चक्री विषधर। पन्नग भोगी भुजंग भुजंगम अहि काकोदर। उरग बिलेशय फणी दंदशूक औ दर्वीकर। जिह्मग सर्प भुजंग बहुरि पवनाशन बुधिवर। पुनि दीर्घपृष्ठ चक्षुश्रवा काद्रवेय अरु गूढपद। गनि आशीविष छब्बीस ए नाम सुवंस कहे सुखद [१-८-६]

सर्पराज यह जानियो है वासुकि को नाम। ता सुत को तक्षक कहत सुकवि सुमति अभिराम [१-८-७]

शेष :

शेष अनंत सहसवदन पन्नगपति युग नाम। सदा रचत जो विष्णु के नूतन गुन अभिराम [१-८-८]

केचुलि :

कंचुक अरु निर्मोक त्रै केचुलि नाम बखानु। जांगुलिक रु विषवैद्य त्रै नाम गारुडिक मानु [१-८-९]

बाजीगर :

अहितुंडिक रु पुनि गनौ व्यालग्राही नाम। बाजीगर युत तीनि ए भाषत है बुधिधाम [१-८-१०]

विष :

क्ष्वेड गरल अरु हलाहल कालकूट काकोल। ए विष के षट नाम है भावत बुद्धि अमोल [१-८-११]

नारकी :

गनौ नारकी प्रेत अरु नारक मन मे मानि। नरकी के ए नाम है जग कवि कहत बखानि [१-८-१२]

नरकदेवता :

निर्ऋति और अलक्ष्मी द्वै नरकदेवता नाम। नरक नदी को कहत है वैतरणी बुधिधाम [१-८-१३]

नरक :

नारक दुर्गति निरय ए चारि नरक के नाम। रौरव आदिक औरऊ भेद कहत बुधिधाम [१-८-१४]

कष्ट :

पीडा व्यथा कष्ट आभील। कृच्छ्र प्रसूतिज सुनौ सुशील। बाधा अमानस्य वेदना। कश्मल दुष ए गेरह गुना [१-८-१५]

नरककष्ट :

गनौ कारणा यातना तीव्रवेदना नाम। नरककष्ट के तीनि ए भाषत है बुधिधाम [१-८-१६]

इति श्रीविश्वनाथ पुराखंड मंडल धराधीस चौधरी शिवसिंह वंशावतंस उमराउसिंह कारिते शुक्ल सुवंश विरचिते उमराउकोशे प्रथम कांडे पाताल वर्ग [८]

अथ वारि वर्ग, समुद्र :

सागर समुद्र नदीश जलनिधि अब्धि अर्णव जानिए। अरु सिंधु पारावार जलपति उदन्वान बखानिए। पुनि कह्यौ यादःपति [12] उदधि रत्नाकर रु बुधिधाम ए। गनि अकूपार रु सरस्वान सुवंश पंद्रह नाम ए [१-९-१]

समुद्र भेद :

क्षार इक्षुरस सुरा घृत शुद्धवारि दधि क्षीर। सात सिंधु इनके कहे जे कवि गुन गंभीर [१-९-२]

जल :

जीवन अमृत कबंध सर्वतोमुख पय पुष्कर। अंबु वारि जल आप कमलधन घनरस [13] शंबर। सलिल पाथ पानीय तोय कीलाल नीर गनि। उदक भुवन पुनि अर्ण अंभ अरु मेघपुष्प भनि। युत क्षीर वारि के नाम ए सताइस सुवंस लहि। षटपद वनाइ भाषो परम पढत सुजन सुख सो उमहि [१-९-३]

बडी लहरि :

गनो हरषि उल्लोल अरु बहुरि कहो कल्लोल। तुंगलहर के नाम त्रै भाषत बुद्धि अमोल [१-९-४]

तरंग :

भंग तरंग लहरि गनौ वीचि ऊर्मि सर नाम। अम्मय अप्य सु फेन के तीनि नाम धीधाम [१-९-५]

भंवर :

भंवर चक्र पुटभेद कहि पुनि आवर्त सिहारि। वारि भ्रमै ताके सुकवि नाम कहत ए चारि [१-९-६]

विंदु :

विंदु पृषंति विप्लुष कहत तीनि नाम बुधिधाम। धारा स्रोत प्रवाह औ पूर चारि ए नाम [१-९-७]

तट :

रोध कूल रोधस पुलिन सैकत तट अरु तीर। सहित प्रतीर सुवंस ए कहे नाम वसु धीर [१-९-८]

द्वीप :

राजै जल के मध्य मे सुकवि कहय अस्थान। अंतरीप अरु द्वीप द्वै ताकै नाम प्रमान [१-९-९]

पंक :

गनौ निषद्वर शाद अरु कर्दम पुनि जंबाल। पंक कीच के नाम षट भाषत बुद्धि विसाल [१-९-१०]

चूहा :

कहि विदारिका कूपका त्रै चूहा के नाम। जो जल उतरै [14] नाव ते नाव्य कहत बुधिधाम [१-९-११]

नौका :

नौ नौका नाम तरि तरणि अरु नाव नाम सर मान। कोल उडुप प्लव घन्नई चारि नाम ए जान [१-९-१२]

उतराई :

आतर अरु तरपण्य त्रै उतराई के नाम। काठ पषान बहै जहा सो द्रोणी बुधिधाम [१-९-१३]

कर्णधार नाविक त्रै नाम। पतवारी के है बुधिधाम। कूपक औ गुणवृक्षक मानु। तीनि नाम मस्तूल बखानु [१-९-१४]

नौकादंड डांड क्षेपणी। तीनि नाम भाषत बुधिधनी। गनौ केनिपातक अरित्र। नौकाबांस नाम त्रै मित्र [१-९-१५]

परीवाह अरु जलउच्छ्वास। जलउच्छल त्रै नाम प्रकास। पाल नाम त्रै कविकोविद लहि। नियामक पोतवाह चहि [१-९-१६]

जहाज :

---

12 जादस्पति - नी०ग०।

13 रसवन - नी०ग०।

14 उतरी - नी०ग०।

ये त्रै नाम जहाज के यान यात्रि (?) अरु पोत। कह्यो समुद्रिय नाम त्यहि जो समुद्र मे होत [१-९-१७]

निर्मल :

निर्मलजल के नाम त्रै अच्छ प्रसन्न बखानु। आविल कलुष अनच्छ युग नाम मलिनजल मानु [१-९-१८]

निम्न कहत गंभीर को नाम उथल उँतान। अतुलस्पर्श अगाध को भाषत सुकवि सुजान [१-९-१९]

केवट :

धीवर केवट दास कहि औ कैवर्त मलाह। पांच नाम कविवर कहत करिकै चित्त उछाह [१-९-२०]

बंसी :

वडिश मत्स्यभेदन कह्यौ बंसी के त्रै नाम। जार जाल त्रै नाम ए युत अनाय बुधिधाम [१-९-२१]

मत्स्य :

पृथुरोमा झष मत्स्य विसार। वैसारिण कवि कहत उदार। शकली अंडज सफरी मीन। चिलहुल[15] रोहित कहत प्रवीन [१-९-२२]

तिमि राजीव तिमिंगिल शाल। मद्गुर मकर स शकुल विशाल। शकुलार्भक गडक लघुमीन। बीस नाम कवि कहत प्रवीन [१-९-२३]

मीनपात्र :

मत्स्याधानी नाम द्वै सहित कुवेणी मित्र। मीनपात्र के जानियो भाषत बुद्धि विचित्र [१-९-२४]

कहत नाम जलजंतु के जा दस बुधि के नाम। कर्कट कह्यो कुलीर अरु ग्यगटा कै त्रै नाम [१-९-२५]

कछुवा :

चारि नाम कच्छप कमठ कछुवा कूर्म बखानु। तीनि नाम कमठी डुली कछुवी के मन मानु [१-९-२६]

घरियार :

नाक नक्र कुंभीर अरु ग्राह गनौ अवहार। कहत नाम घरियार के षट वर बुद्धि उदार [१-९-२७]

सूंसि :

शिशुक उलूपी सूंसि के तीनि नाम धीधाम। कह्यो निहाका गोधिका तीनि गोह के नाम [१-९-२८]

केचुवा :

गंडूपद किंचुलुक अरु महीलता जिय जानि। केचुवा के युग नाम ए कविवर कहत बखानि [१-९-२९]

शंख :

दर कंबु शंख त्रै नाम जानु। मुक्तास्फोट सीपी बखानु। शंबुक शंखनष क्षुद्रशंख। घोघाहि नाम युग बुधि अशंख [१-९-३०]

मेढक :

वर्षाभू शालूर प्लव दर्दुर मेढक भेक। सात नाम मंडूक के भाषत सुकवि अनेक [१-९-३१]

कूप :

कूप अंधु प्रहि चारि ए नाम सहित उदपान। नाम बावली दीर्घिका वापी तीनि प्रमान [१-९-३२]

सर :

सर तडाग सरसी गनौ पद्माकर कासार। तारा युत षट नाम ए भाषत बुद्धि उदार [१-९-३३]

खांवा :

खेय परिखा खांवा कहत सुकवि गिरा के धाम। कोट गिर्द खाई लसै ताके ए युग नाम [१-९-३४]

थाल्हा :

आलवाल आवाप पुनि थाल्हा अरु आवाल। चारि नाम ए जानिए भाषत बुद्धि विसाल [१-९-३५]

नदी :

15 चिलिमिलि - नी०ग०।

तटिनी सरित स्रोतस्विनी ह्लदिनी स्रवंती जानिए। कहि निम्नगा अरु आपगा गनि द्वीपवती बखानिए। शैवलिनी पुनि नदी धुनी तरंगिणी उर आनिए। ए मित्र सुकवि सुवंस भाषे नाम द्वादस मानिए [१-९-३६]

गंगा :

जन्हुसुता गंगा विष्णुपदी [16]। गनौ त्रिस्रोता [17] औ सुरनदी। भागीरथी त्रिपथगा मानु। आठ भीष्मसू नाम बखानु [१-९-३७]

यमुना :

सूरसुता शमनस्वसा कालिंदी मन मानि। कृष्णा यमुना नाम सर कहे सुवंस बखानि [१-९-३८]

नर्मदा :

सोमोद्भवा नर्मदा जानि। पुनि रेवा मेकलसुता मानि। ए चारि नाम भाषत कवीस ज्येहि संध्या द्यौसनिसि रहत ईश [१-९-३९]

सेवार :

जलनीली शैवाल कहि शैवल बुद्धि विचित्र। ए युग नाम सेवार के जानि लेउ मन मित्र [१-९-४०]

जल उपजत है साग जो नाम युगल मन मानि। कहत वारिपर्णी सुखद औ कुंभिका बखानि [१-९-४१]

वारिमार्ग कृत्रिम बन्यौ ताहि प्रणाली नाम। अमरकोस को मानि मत भाषत कवि अभिराम [१-९-४२]

कमल :

अरविंद पद्म सरोज सारस तामरस उर आनिए। राजीव पुष्कर विसप्रसून महोत्पल रु मन मानिए। शतपत्र अंभोरुह कमल सरसीरुह पंकज गनौ। अरु सहस्रपत्र नलिन कुशेशय नाम सत्रह ए भनौ [१-९-४३]

इंदीवर नीलो कमल भाषत बुद्धि उदार। स्वेत सुगंधित कमल जो ताहि कहत कल्हार [१-९-४४]

गनौ रक्तसंध्यक बहुरि हल्लक मेधाधाम। सहित कोकनद तीनि ए रक्तकमल के नाम [१-९-४५]

श्वेतकमल को कहत है पुंडरीक बुधिधाम। कैरव कमल दुहून को कुवलय उत्पल नाम [१-९-४६]

पौडारी :

विस औ नाल मृणाल पुनि पौडारी जुग नाम। पद्म समूहै कहत है षंड सकल बुधिधाम [१-९-४७]

पद्ममूल :

शिफाकंद करहाट पुनि कहि शालुक सिहारि। पद्ममूल के नाम त्रै कहे सुवंस विचारि [१-९-४८]

कमलांतर केशर लसै किंजल्क कहत है ताहि। नवदल को संवर्तिका कहत नाम कवि चाहि [१-९-४९]

बीजकोश बुधिधाम ताहि वराटक कहत है। पुरइन के युग नाम नलिनी विसिनी पद्मिनी [१-९-५०]

कुमुद :

कुवलय कैरव कुमुद अरु युत फफूल जुग नाम। जग मे यश उमराउ को कैरव सो अभिराम [१-९-५१]

वंश स्वर्ग दिगकालधी ब्रह्मी नाट्य सुजान। सहित पताल सु वारिए है नव वर्ग प्रमान [१-९-५२]

सरसठि लहि औ तीनि सै प्रथम कांड के छंद। भाषे सुकवि सुवंश ए करिकै अमित अनंद [१-९-५३]

इति श्रीविश्वनाथ पुराखंड मंडल धराधीस चौधरी शिवसिंह वंशावतंस उमराउसिंह कारिते शुक्ल सुवंश विरचिते उमराउकोशे द्वितीय कांडे वारि वर्ग [९]

अथ द्वितीय कांडे पृथ्वी :

अवनि अनंता क्ष्मा मेदिनी क्षोणी धरणी। वसुधा भू वसुमती भूमि अचला सुखकरणी। स्थिरा धरित्री रसा उर्वी पृथ्वी अरु महि। वसुंधरा काश्यपी गोत्रा क्षिति विपुला लहि। ज्या विश्वंभरा धरा बहुरि पृथिवी सर्वसहा सु चित। गनि वंतीस नाम सुवंश ए कहे रत्नगर्भा सहित [२-१-१]

माटी :

मृत मृत्स्ना अरु मृत्तिका माटी के युग नाम। अन्न होत जहं उर्वरा भूमि नाम बुधिधाम [२-१-२]

---

16 हरिपदी - नी०ग०।

17 त्रिस्रोतसं वहति यो गगनप्रतिष्ठाम्।

ऊसर :

ऊषवान ऊषर बहुरि क्षारमृत्तिका जानि। ऊसर के युग नाम ए कविवर कहत बखानि [२-१-३]

अस्थल :

बिना वनाई भूमि जो सुंदर मोहै चित्त। ताहि स्थली कहत है और स्थल बुधिवित्त [२-१-४]

बिन जोती भू नाम द्वै खिल अप्रहत सु जासु। भाषत निर्जल देश को कवि मरु अरु धन्वा सु [२-१-५]

लोक :

जगत भुवन जगती बहुरि विष्टप मन मे मानि। पांच नाम ए लोक के कहे सुवंश बखानि [२-१-६]

मध्यदेश :

विंध्याचल हिमवान कुरुक्षेत्र अरु प्राग कहि। इनको मध्य सुजान मध्यदेश मध्यम कहत [२-१-७]

जामे वसत मलेच्छ सब सो वह देश प्रत्यंत। नामकोश को मानि मत भाषत सुकवि अनंत [२-१-८]

प्राच्य कहे दूनौ दिसा पूरवदक्षिण मानु। पश्चिमउत्तर को सुकवि कहत उदीच्य बखानु [२-१-९]

गनौ आर्यावर्त अरु पुण्यक्षेत्र बुधिधाम। कह्यौ हिमालय विंध्य लौ ताके ए द्वै नाम [२-१-१०]

स्थान :

विषय बहुरि जु स्थान अरु उपवर्तन जिय जानि। चारि नाम ए देस युत कविवर कहत बखानि [२-१-११]

जहां वसै जन नाम द्वै नीवृत जनपद देश। कुमुद्वान ताको कहत जहा कुमुद बुधिवेश [२-१-१२]

नरकुल है जेहि देस मे नड्वल औ नड्वान। बेंत होत ज्यहि देश मे वेतस्वान सुजान [२-१-१३]

होत हरित तृण देस ज्यहि त्यहि शाद्वल है नाम। पंक होत जेहि देस मे पंकिल सो बुधिधाम [२-१-१४]

कछोह :

जलप्राय पुनि कच्छ कहि अरु अनूप जिय जानि। चारौ नाम कछोह के कविवर कहत बखानि [२-१-१५]

सिकटी युक्त भू :

गनौ [18] शर्करिल शर्करा और शर्करावान। कहत सिकटिहा देस के ए त्रै नाम सुजान [२-१-१६]

होत नृपति जह धर्मरत राजन्वान सदेश। जह समराजा देस वह राजवान बुधिवेश [२-१-१७]

प्रथम जहा गाई टिकी गोष्ठीन त्यहि नाम। गोशाला को कहत है गोष्ठ नाम बुधिधाम [२-१-१८]

नदी नगर पुरवा निकट भू ताके द्वै नाम। परिसर अरु पर्यंतभू भाषत कवि अभिराम [२-१-१९]

बांबी :

वामलूर वल्मीक अरु बांबी नाकु सिहारि। विमौट [19] के सर नाम ए कविवर कहत विचारि [२-१-२०]

सेतु :

सेतु आलि पुल बांध के चारि नाम जिय जानि। नामकोस को मानि मत कहे सुवंस बखानि [२-१-२१]

पंथ :

वर्त्म अयन मार्ग रु वर्तनी। पद्धति सरणि सृति ए गनी। अध्वा पंथा पदवी बाट। पद्या तेरह राह सु ठाट [२-१-२२]

सुपंथ कुपंथ :

अतिपंथा सत्पथ त्रई है सुपंथ बुधिधाम। व्यध्व रु कापथ दुरध्व है युग कुपंथ के नाम [२-१-२३]

कहत चतुष्पथ को सुकवि शृंगाटक मन मानि। मिलै न जल जेहि राह मो प्रांतर ताहि बखानि [२-१-२४]

दुर्गम मारग को कह्यो कांतर यह है नाम। कहत अपंथा अपथ को नाम कहत अभिराम [२-१-२५]

राजमार्ग :

घंटापथ संसरण द्वै नाम हिए मै जानि। नृप के चौडे पंथ के सुकविन कहे बखानि [२-१-२६]

नल्व चारिसै किष्कु को भाषत बुद्धि विचित्र। होत क्रोश दस नल्व को जानि लेउ मन मित्र [२-१-२७]

कहत राजधानी विषै उपनिष्कर बुधिधाम। द्यावा पृथिवी को कहत सुकवि रोदसी नाम [२-१-२८]

---

18 गधौ - नी०ग०।

19 व्यमउरु - नी०; व्यमउरि - ग०।

इति श्रीविश्वनाथ पुराखंड मंडल धराधीस चौधरी शिवसिंह वंसावतंस उमराउसिंह कारिते शुक्ल सुवंश विरचिते उमराउकोसे द्वितीय कांडे पृथ्वी वर्ग [१]

अथ पुर वर्ग, पुर :

पुटभेदन पत्तन निगम नगर पुरी पुर ग्राम। नगरी अरु स्थानीय नव नाम कहत धीधाम [२-२-१]

घर :

गृह गेह वेश्म निकेत मंदिर भवन सदन निलय लहै। आगार सद्म निकाय्य शाला ओक कुटी सभा गहै। उदवसित वस्त्य निशांत आलय वास वेष हिए गनौ। भाषे सुवंश विचारि वाइस नाम ए घर के भनौ [२-२-२]

चतुःशाल अरु संजवन भाषत है बुधिधाम। अमुही समुहा चारि घर ताके ए द्वै नाम [२-२-३]

हाट :

आपण हाट बजार ए चारि निषद्या नाम। वेश वेश्या को सदन भाषत कवि अभिराम [२-२-४]

जो द्रुकान विनु हाट की तासु नाम द्वै मित्र। पण्यवीथिका विपणि ए भाषत बुद्धि विचित्र [२-२-५]

गली :

रथ्या विशिखा चारि युत गली प्रतोली नाम। वप्र पुश्त चय नाम त्रै भाषत बुधि अभिराम [२-२-६]

भीति :

कुड्य भीति दीवाल त्रै भाषत सुकवि उदार। दुर्गकुड्य के नाम त्रै वरण शाल प्राकार [२-२-७]

मुनिघर :

उटज पर्णशाला दुवौ मुनिघर बुद्धि विचित्र। यज्ञस्थल के नाम द्वै चैत्य आयतन मित्र [२-२-८]

तवेला :

हयशाला अरु मंदुरा तीनि तवेला नाम। तामै नृप उमराउ के राजै है अभिराम [२-२-९]

शिल्पशाला [20] नाम है आवेशन बुधिवान। मदिराघर को कहत है गंजा नाम सुजान [२-२-१०]

पौसरा :

पानीयशालिका [21] पौसरा प्रपा नाम त्रै मानु। नाम जनाश्रय मंडप रु तृणच्छाय द्वै जानु [२-२-११]

सूतिकागृह :

सूतिकागृह अरु वासगृह गर्भागार अरिष्ट। चारि नाम गृहमध्यगृह भाषत सुकवि सरिष्ट [२-२-१२]

झरोखा :

कहो गवाक्ष विचारि अरु वातायन जिय जानि। तीनि झरोखा नाम ए कविवर कहत बखानि [२-२-१३]

राजसदन :

राजसदन प्रासाद अरु सौध नाम त्रै मित्र। हर्म्य धनी के सद्म को भाषत बुद्धि विचित्र [२-२-१४]

रानीगृह :

अंतःपुर अवरोध अरु अवरोधन शुद्धांत। ए रानी के सदन के चारि नाम वुध कांत [२-२-१५]

वस्त्रगृह :

उपकार्या उपकारिका ऐ द्वै नाम सुजान। वस्त्रन के घर बने त्यहि कविवर कहत बखान [२-२-१६]

देवसदन :

स्वस्तिक नंद्यावर्त अरु विच्छंदक सु बखानु। नाम सर्वतोभद्र पुनि देवसदन सर मानु [२-२-१७]

अट्ट क्षौम ए नाम त्रै सहित अटारी मित्र। गृहावग्रहणी देहली ए द्वै बुद्धि विचित्र [२-२-१८]

प्रघण अलिंद प्रघाण युग द्वारअग्र भू नाम। अंगन चत्वर अजिर त्रै नाम कहत धीधाम [२-२-१९]

खिरकी :

प्रच्छन्न पक्षद्वार अरु पक्षक अंतर्द्वार। खिरकी के शर नाम ए भाषत सुकवि उदार [२-२-२०]

छानि :

20 शिल्पिसदन को - नी०ग०।

21 नीरशालिका - नी०ग०।

तीनि नाम ए पटल छदि छानी के बुधिधाम। नीध्र वलीक सुकवि कहै त्रई वरौनी मान [२-२-२१]

छज्जा :

बलभी गोपानसी सुजान। छज्जा के त्रै नाम प्रमान। प्रतीहार दरवाजा द्वार। तीनि नाम कवि कहत उदार [२-२-२२]

कपोतगृह :

कवि कपोत के सदन को भाषत नाम विटंक। नाम वेदिका को कहत सुकवि वितर्दि विशंक [२-२-२३]

बंदनवार :

बहिर्द्वार तोरण बुधिधाम। युत बंदनवारे त्रै नाम। बढनी संमार्जनी शोधनी। तीनि नाम भाषत बुधिधनी [२-२-२४]

करकट :

तीनि नाम संकर अवकर करकट बुद्धि विचित्र। वेडना दीन केवार मो सो अर्गल है मित्र [२-२-२५]

गोपुर :

पुरद्वार गोपुर द्ववौ वहिर्द्वार के नाम। अरर कपाट केवार त्रै नाम कहत बुधिधाम [२-२-२६]
कह्यौ हस्तिनख औरऊ कूट हिए मे जानि। पुरद्वार की फर्स के ए द्वै नाम बखानि [२-२-२७]

निसेनी :

आरोहण अधिरोहिणी औ कहिए सोपान। चारि निसेनी के कहत नाम सकल बुधिवान [२-२-२८]
गृह ते वाहर और जो है विहार रु स्थान। ताहि निकर्षण नाम द्वै सन्निवेश बुधिवान [२-२-२९]
वास्तु सदनभू को कहत नाम सुकवि जिय जानि। ग्रामांत को कहत है उपशल्य बखानि [२-२-३०]
गोपग्राम के नाम द्वै पल्ली घोष प्रमान। शवरालय को कहत है पक्वण नाम सुजान [२-२-३१]

मर्यादा :

मर्यादा को कहत है सीमा कवि करि चाउ। सो सीमा है धर्म की जग मै नृप उमराउ [२-२-३२]

इति श्रीविश्वनाथ पुराखंड मंडल धराधीस चौधरी शिवसिंह वंशावतंस उमराउसिंह कारिते शुक्ल सुवंश विरचिते उमराउकोसे द्वितीय कांडे पुर वर्ग [२]

अथ शैल वर्ग, पर्वत :

शिखरी शिलोच्चय शैल पर्वत क्ष्माभृत गिरि जानिए। धर अद्रि अचल अहार्य भूधर ग्रावा गोत्र बखानिए। ए नाम चौदह युत महीधर सुवंश भाषे चाउ कै। त्यहि शैल ऊपर लौ सुकवि कीरति कहै उमराउ कै [२-३-१]
पर्वत लोकालोक को चक्रबाल है नाम। त्रिककुत कहत त्रिकूट को जामे लंका ग्राम [२-३-२]
उदय पूर्वगिरि नाम त्रै उदयाचल के जानु। अस्त चरमगिरि नाम त्रै अस्ताचल के मानु [२-३-३]

आदिगिरि :

दर्दुर निषध मेरु कैलास। माल्यवान मैनाक प्रकास। मंदर मलय विंध्य हिमवान। इन्है आदिगिरि औरौ जान [२-३-४]

उपल :

दृषत शिला प्रस्तर बहुरि अश्म ग्राव पाषाण। उपल नाम ए सात है भाषत सुकवि सुजाण [२-३-५]
कूट शिखर त्रै शृंग के नाम जानियो मित्र। कटक मध्यगिरि को कहत है जे कवि बुद्धि विचित्र [२-३-६]

अतट :

भृगु प्रपात अरु अतट ए भाषत बुधि के धाम। गिरि पर सिला अरोह बिन ताके ए त्रै नाम [२-३-७]
नाम प्रस्थ सानु स्नु त्रै गिरिसमभू बुधिधाम। निर्झर वारिप्रवाह झर झरना के युग नाम [२-३-८]
उत्स प्रश्रवण नाम द्वै जहा स्रवै दर वारि। नाम दरी गह्वर गुहा सहित कंदरा चारि [२-३-९]
पादा औ प्रत्यंतपर्वत [22] ए लघुगिरि के त्रै नाम। गिरिते छूटि उपल लसै गंडशैला बुधिधाम [२-३-१०]
पर्वत ऊपर भूमि जो अधित्यका सो जानु। गिरि के नीचे भूमि जो उपत्यका मन मानु [२-३-११]

22 शैलपाद प्रत्यंत ए - नी०ग०।

शैलधातु :

अभ्रक गंधके लोह कहि अरू गेरू बुधिधाम। मनः शिलादिक जानियो शैलधातु के नाम [२-३-१२]

खानि :

खनि अरु आकर खानि त्रै नाम कह्यो करि चाउ। जग मै गुन की खानि है महीपाल उमराउ [२-३-१३]

कुंज :

मारग छाई लतन ते बरनत है कविपुंज। नाम युगल ताके सुकवि भाषत कुंज निकुंज [२-३-१४]

इति श्रीविश्वनाथ-पुराखंड मंडल धराधीस चौधरी शिवसिंह वंशावतंस उमराउसिंह कारिते शुक्ल सुवंश विरचिते उमराउकोसे द्वितीय कांडे शैल वर्ग [३]

अथ वनौषधि वर्ग, वन :

कानन अटवी वीपिन अरु गहन अरण्य सिहारि। ए वन के षट नाम है कहै सुवंस विचारि [२-४-१]

महावन :

नाम अरण्यानी सुमति महाअरण्य को जानि। गृहाराम निष्कुटा द्ववौ गृह उपवन के मानि [२-४-२]

वनसमूह को कहत है वन्या कविवर नाम। कृत्रिम वन के नाम द्वै उपवन औ आराम [२-४-३]

वृक्षवाटिका :

गणिका मंत्री सदन मे जो उपवन है मित्र। वृक्षवाटिका कहत है ताको बुद्धि विचित्र [२-४-४]

उद्यान :

साधारण वन नृपति को राजै जो मतिधाम। आक्रीड रु उद्यान द्वै ताके ए है नाम [२-४-५]

पंक्ति :

श्रेणी लेखा पंक्ति कहि वीथि आलि औ राजि। आवलि पंगति नाम वसु कहै सुकवि मति साजि [२-४-६]

वृक्ष :

शाखी पादप साल पलाशी। अगम महीरुह वृक्ष विलासी। द्रुः कुट विटप अनोकह मानौ। द्रुम तरु तेरह नाम बखानौ [२-४-७]

फूलन ते कल होत है वानस्पत्य बखानु। बिना फूल तरु जो फलै ताहि वनस्पति मानु [२-४-८]

पाके फल जो लै रहै ओषध्य सु ताहि बखानु। ऋतु मे जामे होइ फल नाम अवंध्य सु जानु [२-४-९]

फल जुत तरु के नाम युग फली [23] फलिन फलवान। वंध्य अफल अवकेशी युग बंझटा नाम सुजान [२-४-१०]

फल :

फुल्ल प्रफुल्ल संफुल्ल अरु उत्फुल्ल रु व्याकोष। प्रस्फुट विकसित विकच वसु नाम कहत बुधिकोष [२-४-११]

साखा जर लघु जासु मे क्षुप भाषत बुधिधाम। जुगल गुल्म अरु स्तंब ए बिन प्रकांड तरु नाम [२-४-१२]

लता :

वल्ली वीरुत व्रतति अरु उलप गुल्मिनी जानि। लता नाम षट जानिए कहे सुवंस बखानि [२-४-१३]

उच्छ्रय अरु उत्सेध पुनि कह्यो बहुरि उच्छ्राय। उच्च द्रुमादिक नाम त्रै भाषत कवि समुदाय [२-४-१४]

साखा निकसै जहां ते भू सरि लौ तरु जौन। है स्कंध प्रकांड द्वै नाम तासु बुधिभौन [२-४-१५]

निष्कुह कोटर नाम त्रै खोढर के मन मानु। चारि नाम स्थाणु ध्रुव शंकु ठूंठ के जानु [२-४-१६]

तीनि नाम शाखा लता डार कहत कवि मानु। शाला नाम स्कंध की शाखा ताहि बखानु [२-४-१७]

मूल :

शिफा बुध्न अरु मूल कहि अंघ्रि [24] जटा जिय जानि। ए जर के षट नाम है कहे सुवंस बखानि [२-४-१८]

शिखा साख अवरोह जुग ए वर्रोह के नाम। काठसार को कहत है मज्जा नर धीधाम [२-४-१९]

अग्र शिखर शिर नाम युग फुनगू के है मित्र। नाम काष्ठ को दारु है भाषत बुद्धि विचित्र [२-४-२०]

---

[23] फूलि - नी०ग०।
[24] अंघि - नी०; अंद्रि - ग०।

ईंधन :

इध्म बहुरि एधः कह्यो त्रै ईंधन के नाम। पावक मे वह जरत है भाषत है बुधिधाम [२-४-२१]

वकला :

त्वक वल्कल अरु वल्क जुग है वकला के नाम। एधः समित सो कहत है सकल सुकवि अभिराम [२-४-२२]

पत्र :

पत्र छदन छद पर्ण दल जुत पलाश षट नाम। पल्लव किसलय नएदल तीनि नाम बुधिधाम [२-४-२३]
नाम मंजरि वल्लरि को भाषत है बुधिधाम। वृंत प्रसवबंधन त्रई ड्यटुरा के है नाम [२-४-२४]
कच्चे फल के नाम सब कविवर कहत शलाटु। सूखे फल को नाम है वान कहत बुधिठाटु [२-४-२५]
क्षारक जालक नाम त्रै नूतनकलीसमूह। कलिका कोरक कली त्रै नाम कहत कवि जूह [२-४-२६]
जाल फुलै जा कलिन को राजत है बुधिधाम। गुच्छक अरु स्तवक ए द्वै ताके है नाम [२-४-२७]
थोरी फूली कली जो कविवर कहत बखान। सुनौ तासु के नाम द्वै कुड्मल मुकुल सुजान [२-४-२८]

फूल :

सुमनस पुष्प प्रसून अरु कुसुम सुमन मन मानि। फूल सहित षट नाम ए कहत सुवंस बखानि [२-४-२९]
नाम पुष्परस को कहत है मकरंद सुजान। पुष्पधूरि को नाम कवि कहत पराग प्रमान [२-४-३०]

पीपर :

चलदल पिप्पल बोधिद्रुम अरु अश्वत्थ सिहारि। नाम कुंजराशन सहित पीपर षट सुखकारि [२-४-३१]

कैथा :

दधिफल मन्मथ दंतशठ ग्राही कहत दधित्थ। कयथ रु सहित प्रसूनफल कहि वसु नाम कपित्थ [२-४-३२] [25]

कचनार :

युगपत्रक चमरिक बहुरि कोविदार कुद्दाल। पांच नाम कचनार के भाषत बुद्धि विसाल [२-४-३३]

गूलरि :

गनौ उदुंबर जंतुफल अरु यज्ञांग सुजान। नाम हेमदुग्धक सहित गूलरि पांच प्रमान [२-४-३४]

सतावरि :

विषमच्छद शारद बहुरि सप्तपर्ण बुधिधाम। कह्यो विशालत्वक सहित पांच सतावरि नाम [२-४-३५]

किरवार :

आरग्वध संपाक अरु आरेवत व्याधिघात [26]। बहुरि सुवर्णक जानियो भाषत बुद्धि उदात [२-४-३६]
राजवृक्ष पुनि कहत है चतुरंगुल कृतमाल। कहे नाम किरवार के ए नव बुद्धिविसाल [२-४-३७]

निबुवा :

जंभ दंतशठ जंभल औ गनियो पुनि जंभीर। निबुवा औ जंबीर षट नाम कहत कवि धीर [२-४-३८]

वरुणवृक्ष :

तिक्तशाक वारुण बहुरि सेतु कुमारक जानि। वरुणवृक्ष के नाम सर सुकविन कहे बखानि [२-४-३९]

पुन्नाग :

पुरुष देववल्लभ गनौ केसर औरो तुंग। पांच नाम पुन्नाग के भाषत है कवि पुंग [२-४-४०]

बकाइन :

पारिभद्र पुनि निबंतरु पारिजातक रु [27] जानि। नाम बकाइन करहरी (?) [28] षट मंदार बखानि [२-४-४१]

वंजुल :

स्यंदन-नेमी चित्रकृत रतिमुक्तक बुधिधाम। वंजुल तिनिश रथद्रु जुत सात जानियो नाम [२-४-४२]

---

25 दधिफल मन्मथ दंतशठ कहि दधित्थ अरु ग्राहि। कयथ कपित्थ प्रसूनफल कहि वसु नाम सराहि - नी०ग०।
26 व्याधात - नी०ग०।
27 पारिजातकौ - नी०ग०।
28 रहरी - नी०।

अमरा :

आम्रातक पीतन बहुरि अमरा गनौ सुजान। नाम कपीतन पांच जुत ए आम्रात [29] प्रमान [२-४-४३]

महुवा :

वानप्रस्थ अरु मधुद्रुम गुडपुष्प [30] रु मधुष्ठील। महुवा सहित मधूक षट नाम कहत बुधिशील [२-४-४४]

पिलुवा :

स्रंसी गुडफल पीलु जुग है पिलुवा के नाम। कंदराल आक्षोड द्वै धर पिलुवा बुधिधाम [२-४-४५]

अंकोहर :

गनौ निकोचक औरऊ है अंकोट प्रमान। तीनि अकोहर नाम ए भाषत सुकवि सुजान [२-४-४६]

छिउल :

वातपोथ अरु पर्ण कहि किंशुक बहुरि पलाश। छिउल सहित सर नाम ए भाषत बुद्धि प्रकाश [२-४-४७]

बेंत :

वंजुल वेतस शीतरथ अभ्रपुष्प वानीर। विदुल बेंत के नाम वसु भाषत कवि गंभीर [२-४-४८]

जलबेंत :

नादेयी अरु विदुल गनि कह्यो बहुरि परिव्याध। चारि नाम जलबेंत के भाषत बुद्धि अगाध [२-४-४९]

सहिजन :

मोचक शिग्रु तीक्ष्णगंधक शोभांजन बुधिसीव। ये छह नाम सहिजन सहित अरु है जुत अक्षीव [२-४-५०] [31]

लाल सहिजन :

नाम कहत मधुशिग्रु यह जो है सहिजन लाल। गनि अरिष्ट फेनिल त्रई रीठा नाम विशाल [२-४-५१]

बेल :

शांडिल्य शैलूष अरु श्रीफल पुनि मालूर। बिल्व बेल के नाम षट भाषत है कविपूर [२-४-५२]

पाकरि :

प्लक्ष बहुरि पर्कटी पुनि जटी हिए मे जानि। पाकरि के जुग नाम है कविवर कहत बखानि [२-४-५३]

बरगद :

चारि नाम न्यग्रोध वट बरगद औ बहुपात। झावुक पिचुल [32] नाम त्रै झाऊ बुद्धि उदात [२-४-५४]

लोध्र :

गालव शावर लोध्र पुनि मार्जन तिल्व तिरीट। सात नाम है लोध्र के भाषत गिराकिरीट [२-४-५५]

रक्तलोध्र :

पट्टिकाख्य पट्टी क्रमुक लाक्षाप्रसादन मित्र। रक्तलोध्र के नाम सर भाषत बुद्धिविचित्र [२-४-५६]

आम :

गनौ आम्र सहकार अरु चूत समेत रसाल। पांच नाम है आम के भाषत बुद्धि विसाल [२-४-५७]

गुग्गुल :

कौशिक कुंभ उलूखलक गुग्गुल पुर बुधिधाम। कहे सुवंश विचारिकै गुग्गुल के षट नाम [२-४-५८]

लसोहर :

शेलु शीत श्लेष्मातक अरु उद्दाल। बहुवारक षट नाम जुत लसोहर बुद्धि विशाल [२-४-५९]

चिरौंजी :

राजादन अरु धनुःपट सन्नकद्रु धीधाम। पुनि पियाल जुत पांच ए कहे चिरौंजी नाम [२-४-६०]

खंभारी :

---

29 अमरत - नी०, अमरूत - ग०।
30 गुडफूल - नी०ग०।
31 मोचक गंधक शिग्रु पुनि शोभांजन बुधिसीव। सात नाम तीक्षण सहित सहिजन जुत अक्षीव - नी०ग०।
32 पिंजल - नी०ग०।

मधुपर्णिका सर्वतोभद्रा श्रीपर्णी जिय जानौ। गनौ भद्रपर्णी गंभारी[33] काश्मरी पहिचानौ। काश्मर्य खंभारी नाम वसु हरषि सुवंस बखानौ। क्षुरक और श्रीमान नाम त्रै तिलक वृक्ष मन मानौ [२-४-६१]

बेरि :

गनौ कोलि कर्कंधु अरु वदरी मन मे मानि। चारि नाम ए बेरि के कविवर कहत बखानि [२-४-६२]

बेरीफल :

कोल कुवल फेनिल वदर घोंटा वेर सौवीर। बेरीफल के नाम ए सात कहत बुधिधीर [२-४-६३]

स्रुवावृक्ष :

व्याघ्रपात ग्रंथिल बहुरि स्वादुकंटक रु जानु। पांच विकंकत नाम ए स्रुवावृक्ष के मानु [२-४-६४]

नारंगी :

नागरंग एरावत रु नादेई धीधाम। भूमिजंबुका जानियो नारंगी सर नाम [२-४-६५]

तेंदू :

तिंदुक स्फूर्यक बहुरि कालस्कंध सिहारि। शितिसारक सर नाम कवि तेंदू कहत विचारि [२-४-६६]

कटुतेंदू :

कुलक काकपीलुक गनौ औ काकेंदु बखानु। नाम काकतिंदुक सहित कटुतेंदू सर मानु [२-४-६७]

गोलीढ :

मुष्कक घंटापाटलि अरु मोक्ष स झाटल मित्र। कहत नाम गोलीढ के षट वर बुद्धिविचित्र [२-४-६८]

कैफरा :

कटफल अरु कैटर्य पुनि कुंभी कुमुदिका मानि। नाम कायफर षट सहित श्रीपर्णिका बखानि [२-४-६९]

पलाशपीपर :

ब्रह्मदारु ब्रह्मण्य अरु तूद यूप पुनि तूल। जुत पलाशपीपर क्रमुक सात नाम बुधिमूल [२-४-७०]

कदंब :

गने नीप अरु हलिप्रिय बहुरि प्रियक मन मानि। ए कदंब के नाम जुग कहे सुवंस बखानि [२-४-७१]

भिलावा :

अग्निमुखी भल्लातकी वीरवृक्ष बुधिधाम। पांच अरुष्कर सहित ए कहे भिलावा नाम [२-४-७२]

बडी पाकरिगंध :

प्लक्ष सुपार्श्वक कपीतन गर्धभांड जिय जानि। गंधराल पाकरि बडी गंध नाम षट मानि [२-४-७३]

अमिली :

गनि चिंचा तिंतिडीक औ अम्लिका सिहारि। अमिली के ए नाम जुग कविवर कहत विचारि [२-४-७४]

साखो :

साल अश्वकर्णक बहुरि सर्ज कार्ष्य बुधिधाम। कहे शस्यसंबर सहित साखो के षट नाम [२-४-७५]

कौहा :

नदीसर्ज इंद्रद्रु पुनि ककुभ वीरतरु मित्र। अर्जुन कौहा नाम षट भाषत बुद्धि विचित्र [२-४-७६]

खिन्नी :

फलाध्यक्ष अरु क्षीरिका राजादन जिय जानि। खिन्नी के ए नाम युग सुकविन कहे बखानि [२-४-७७]

इंगुवा :

तापसतरु अरु इंगुदी त्रै इंगुवा के नाम। मृदुत्वच भूर्ज चर्मी सहित भोजपत्र बुधिधाम [२-४-७८]

सेमर :

स्थिरायु अरु पिच्छिला मोचा शाल्मलि जानु। सहित पूरणी नाम षट सेमर के मन मानु [२-४-७९]

कृष्णसेमर :

[33] गभीरा - नी०ग०।

कूटशाल्मलि जानियो पुनि रोचन बुधिधाम। कृष्णशाल्मलि वृक्ष के ए त्रै नाम प्रमान [२-४-८०]

सेमरगादि :

गनि पिच्छा औरो लहौ मित्र शाल्मलीवेष्ट। ए त्रै सेमरगादि के नाम कहौ कवि श्रेष्ट [२-४-८१]

विजयसार :

प्रियक पीतसारक जिय जानि। जीवक सर्जक असन बखानि। विजयसार बंधूकपुष्प भनि। सात नाम ए लेउ मित्र गनि [२-४-८२]

अकंटक कंजा :

नक्तमाल चिरबिल्व अरु करज करंजक जानि। बिना कांट को कंजा सर नाम कहत गुनखानि [२-४-८३]

सकंटक कंजा :

कलिमारक पूतिक बहुरि पूतिकरज बुधिधाम। पुनि प्रकीर्य कंटक सहित कंजा को सर नाम [२-४-८४]

रोहित :

प्लीहशत्रु अरु रोहितक दाडिमपुष्पक चारि। भाषत रोहित वृक्ष के कवि जुग नाम सिहारि [२-४-८५]

खैरु :

खदिर दंतधावन बहुरि बालतनय बुधिधाम। गायत्री जुत ये खैर के कविन कहे सर नाम [२-४-८६]

दुर्गंधितखैर :

नाम कहे विटखदिर पुनि अरिमेद कौ प्रमान। दुरगंधित जो खदिर है ताहि कहत बुधिवान [२-४-८७]

श्वेतखदिर :

गनौ सोमवल्क बहुरि कदर हिए मै जानि। श्वेतखदिर के नाम त्रै कविवर कहत बखानि [२-४-८८]

छीकुरि :

शमी शिवा छीकुरि कह्यो शक्तुफला जुग नाम। लघु छीकुरिहि शमीर यह नाम कहत धीधाम [२-४-८९]

रंड :

व्याघ्रपुच्छ उरुवूक एरंड। चित्रक रुचक चंचु अमंड। पंचांगुल गंधर्वहस्तक रु। मान व्यडंबक स वर्धमानक सु [२-४-९०]

मैनफल :

मदन शल्य करहाटक मानि। मरुवक श्वसन हिए मै जानि। पिंडीतक अरु कह्यो मैनफर। सात नाम ए भाषत बुधिवर [२-४-९१]

देवदारु :

दारु द्रुकिलिम शक्रपादप गनि। पारिभद्रक भद्रदारु भनि। पूतिकाष्ठ अरु पीतदारु चहि। देवदारु वसु नाम लहै वहि [२-४-९२]

पाडरि :

पाटलि पाडल काचस्थाली। कह्यो कृष्णवृंता बुधिबली। फलेरुहा पुनि अमोघा जानु। कुवेराक्षी पाडरि वसु मानु [२-४-९३]

गंधप्रियंगु :

फलनी प्रियंगु लता फली पुनि प्रियक अरु गोवंदिनी। श्यामा बहुरि महिलाह्वया गुंद्रा लहो सुखकंदनी। गनि विष्वक्सेना मानि मन में मित्र कारंभा लहो। ए नाम गंधप्रियंगु के द्वादश सुवंस कहे कहौ [२-४-९४]

सोनावृक्ष :

कट्वंग अरु मंडूकपर्ण अरल कुटंनट गानिए। पत्रोर्ण शोणक ऋक्ष नट श्योनाक टुंटुक जानिए। पुनि दीर्घवृंत विचारि चित मे शुकनास बखानिए। ए नाम सोना के सुवंश कहे त्रयोदस मानिए [२-४-९५]

औरा :

तिष्यफला अमृता बहुरि आमलकी बुधिधाम। धात्री अवरा षट कहे सहित वयस्था नाम [२-४-९६]

बहेरा :

भूतावास तुष कर्षफल गनौ कलिद्रुम अक्ष। नाम विभीतक सप्त ए जुत बहेरा मति स्वक्ष [२-४-९७]

हरैं :

अभया पथ्या अव्यथा कायस्था मन मान्नि। हरीतकी अमृता शिवा औ श्रेयसी बखानि [२-४-९८]
हैमवती अरु चेतकी पुनि पूतना सिहारि। द्वादस हरैं नाम ए कहे सुवंस विचारि [२-४-९९]

धूपसरल :

पूतिकाष्ठ पीतद्रु अरु सरल जानियो मित्र। धूपसरल के नाम ए भाषत बुद्धि विचित्र [२-४-१००]

नैनिया :

कर्णिकार गनि कहत है परिव्याध बुधिधाम। चारि नैनिया वृक्ष के सहित द्रुमोत्पल नाम [२-४-१०१]

बडहर :

लिकुच बहुरि डहू कह्यौ डहु अर लकुच सिहारि। बडहर के सर नाम ए कहे सुवंस विचारि [२-४-१०२] [34]

कटहर :

कंटकिफल कटहर पनस तीनि नाम ए मित्र। वंजुल कहत अशोक को जे वर बुद्धि विचित्र [२-४-१०३]

समुद्रफल :

अंबुज औ इज्जल बहुरि निचुल हिए मै जानि। चारि समुद्रफल नाम ए कविवर कहत बखानि [२-४-१०४]

कठूमरि :

मलपू जघनेफला अरु फल्गु कहत बुधिधाम। काकोदुंबरिका सहित पांच कठूमरि नाम [२-४-१०५]

नींब :

निंब सर्वतोभद्र गनि अरु अरिष्ट पिचुमंद। नाम हिंगुनिर्यास षट मालक जुत बुधिचंद [२-४-१०६]

सिरसई :

अगुरु शिंशपा पिच्छिला अरु सिंसुपा सिहारि। नाम सिरसई के कहे सुकविन पांचि विचारि [२-४-१०७]

सिरसा :

भंडिल बहुरि शिरीष गनि और कपीतन मानि। सिरसा के जुग नाम ए कविवर कहत बखानि [२-४-१०८]

चंपा :

हेमपुष्प चांपेय जुग चंपा चंपक नाम। गंधफली ता कली को भाषत है बुधिधाम [२-४-१०९]

अगेंथु :

गणिकारिक कणिका तर्कारि। अग्निमंथ श्रीपर्ण सिहारि। जया जयंती नादेयी अस। वैजयंतिका अगेंथु के दस [२-४-११०]

मौलसिरी :

कह्यो वकुल केसर त्रई मौलसिरी के नाम। दाडिम करक अनार त्रै नाम कहत बुधिधाम [२-४-१११]

कुरैया :

कुटज शक्र वत्सक बहुरि गिरिमल्लिका सिहारि। नाम कुरैया वृक्ष के सर कवि कहत विचारि [२-४-११२]

इंद्रजव :

फरत कुरैया वृक्ष मे फल जेई बुधिधाम। ते कलिंग अरु भद्रजव तीनि इंद्रजव नाम [२-४-११३]

करौंदा :

करमर्दक अरु कृष्णपाकफल। गनि अविग्न भाषत है बुधिबल। सहित सुषेण करौंदा नाम। पांच कहत है कवि अभिराम [२-४-११४]

तमाल :

नाम तीनि तापिच्छ अरु कालस्कंध तमाल। तासु रंग नंदलाल को भाषत बुद्धि विसाल [२-४-११५]

वंदाल :

[34] अलिकुच अडहु बहुरि कह्यौ वहु अरल सिहारि - नी०।

देवताड वेणी बहुरि खरा गरी जीमूत। पांच नाम वंदाल के भाषत सुकवि सपूत [२-४-११६]

म्यौडी :

निर्गुंडी अरु सिंधुवार गनि। इंद्राणिका बहुरि सिंदुक भनि। इंद्रसुरस म्यौडी षट नाम। भाषत कवि कोविद अभिराम [२-४-११७]

सिलिमिलि :

भूरुंडी श्रीहस्तिनी सिलिमिलि के त्रै नाम। माध्य कुंद को कहत है कवि कोविद अभिराम [२-४-११८]

बेला :

शीतभीरु तृणशून्य अरु गनौ भूपदी मित्र। पांच नाम जुत मल्लिका बेला बुद्धि विचित्र [२-४-११९]

वनबेला :

आस्फोटा यह कहत है वनबेला को नाम। याही को कोऊ कहत कठबेला बुधिधाम [२-४-१२०]

श्वेतनेवारी :

गनौ श्वेतसुरसा बहुरि भूतवेशी सो मित्र। नाम श्वेतनेवारी [35] ए त्रै बुद्धि विचित्र [२-४-१२१]

श्यामनेवारी :

सुवहा औ शेफालिका बहुरि नीलिका जानि। श्यामनेवारी नाम करि सुकविन कहे बखानि [२-४-१२२]

जूही :

गणिका औ मागधी प्रमान। अंबष्ठा यूथिका सुजान। पांच नाम जूही के मीत। हेमपुष्पिका जूहीपीत [२-४-१२३]

वसंतलता :

वासंती अरु माधवी पुंड्रक पुनि अतिमुक्त। मधुमय उपजै लता सर नाम कहत मतिजुक्त [२-४-१२४]

चमेली :

सुमना गनि औ मालती जाती जी मै जानि। चारि चमेली नाम ये कहे सुवंस बखानि [२-४-१२५]

दुपहरी :

बंधुजीव बंधूक अरु रक्तक बुधि के धाम। चारि दुपहरी के कहे मित्र जानियो नाम [२-४-१२६]

घीकुवारि :

सहा कुमारी तरणि ए चारि नाम घीकुवारि। ग्रंथिल क्रकर करील त्रै भाषे नाम विचारि [२-४-१२७]

गुडहर :

ओड्रपुष्प गुडहर त्रई जपापुष्प ए नाम। वज्रपुष्प तिलका कहत कवि कोविद अभिराम [२-४-१२८]

कनइल :

हयमारक चंडात अरु शतप्रास करवीर। कनइल [36] जुत प्रतिहास षट नाम कहत बुधिधीर [२-४-१२९]

धतूर :

कितव धूर्त उन्मत्त अरु मातुल बुद्धि विचित्र। मदन धतूर कनक सहित सात नाम ए मित्र [२-४-१३०]

बिजौरा :

रुचक मातुलुंगक बहुरि बीजपूर फलपूर। पांच बिजौरा नाम ए भाषत सुकवि अकूर [२-४-१३१]

मधुकाकरि :

गनौ फणिज्झक मरुवक रु प्रस्थपुष्प जिय जानि। मधुकाकरि जंभीर षट नाम समीरण मानि [२-४-१३२]

अनन्नास :

गनौ कुठेरक कठिंजर बहुरि कह्यौ पर्णास। अनन्नास के नाम जुग भाषत बुद्धिप्रकास [२-४-१३३]

चीत :

कह्यो वह्निसंज्ञक बहुरि पाठी चित्रक जानि। चारि नाम यै चीत के कहे सुवंश बखानि [२-४-१३४]

मदार :

---

[35] सपेत नेवारि के - नी०ग०।

[36] कनथर - नी०; कनयर - ग०।

वसुकः विकिरण अर्कपर्ण [37] आस्फोत मंदार। सात नाम गणरूप जुत है मदार बुधिसार [२-४-१३५]

गुम्मा :

शिवमल्ली वक पाशुपत वसु अरु एकाष्ठील। षट गुम्मा के नाम ए कहत सुकवि गरवील [२-४-१३६]

वांदा :

वृक्षरुहा जीवंतिका वृक्षादनी सिहारि। वंदा वांदा नाम सर सुकविन कहे विचारि [२-४-१३७]

गुर्च :

जीवंतिका अमृता गुडूची सोमवल्ली जानिए। वत्सादनी औ विशल्या तंत्रिका मन मानिए। गनि गुरुचि मधुपर्णी सहित नव नाम मोद बढाइकै। भाषे सुवंस विचारि ए हरिगीत छंद वनाइकै [२-४-१३८]

मुरहरी :

स्रुवा मधुरसा मूर्वा मधुश्रेणी उर आनि। देवी और मधूलिका पुनि तेजनी बखानि [२-४-१३९]

गनी पीलुपर्णी बहुरि गोकर्णी बुधिधाम। सहित मोरटा मुरहरी ताके गेरह नाम [२-४-१४०]

पाठी :

एकाष्ठीला पापचेली श्रेयसी मन मानिए। वनतिक्तिका स्थापनी पाठी रसा उर आनिए। अरु गनौ अंबष्ठा सुमति चित विद्धकर्णी जानिए। ए नाम प्राचीना सहित पाठी ये [38] गेरह गानिए [२-४-१४१]

कुटकी :

कटंभरा अरु शकुलादनी। बहुरि मत्स्यपिता बुधिधनी। चक्रांगी कवि कहत बखानि। और कृष्णभेदी मन मानि। कटुरोहिणी अशोकरोहिणी। कटु कुटकी नव नाम मोहिनी [२-४-१४२]

क्यवांच :

ऋष्यप्रोक्ता मर्कटी प्रावृषायणी जिय जानि। जडा आत्मगुप्ता बहुरि अव्यंडा कह्यो बखानि [२-४-१४३]

शूकशिंवि अरु कंडुरा कपिकच्छु बुधिधाम। कहे सुवंस विचारि कै दस क्यवांच के नाम [२-४-१४४]

लटजीरा :

अपामार्ग शैखरिक मयूरक। किणिही कीशपर्णी बुधिपूरक। प्रत्यकपुष्पी अरु धामार्गव। खरमंजरी यै लटजीरा नव [२-४-१४५]

मूसरी :

प्रत्यकश्रेणी शंबरी न्यग्रोधी मन मानि। चित्रा उपचित्रा वृषा रंडा कहै बखानि [२-४-१४६]

मूषिकपर्णी गनि कह्यौ सुतश्रेणी बुधिधाम। मूसरि के गेरह कहे सहित द्रवंती नाम [२-४-१४७]

भारंगी :

ब्राह्मणी पद्मा बहुरि ब्राह्मणयष्टिका मन मानिए। बालेयशाक विचारि वर्वर फंजिका उर आनिए। वर्धक गनौ अरु भार्गी सनाम भारंगी लसै। अंगारवल्ली युत कहत कवि गिरा मुख जिनके वसै [२-४-१४८]

मजीठ :

मंजिष्ठा विकसा अरु जिंगी योजनवल्ली जानौ। कालमेषिका भंडीरी पुनि बहुरि समंगा मानौ। दस मंडूकपर्णी जुत भंडी नाम मजीठ बखानौ। कंठ करौ ए मित्र मोद सो भाषत गिरा खजानौ [२-४-१४९]

जवासा :

यास समुद्रांता कह्यो बहुरि कुनाशक मानि। धन्वयवास रु रोदनी पुनि दुस्पर्ष बखानि [२-४-१५०]

दुरालभा अरु कच्छुरा बहुरि अनंता मित्र। नाम जवासा के कहत दस वर बुद्धि विचित्र [२-४-१५१]

पिठवन :

गनि पृष्णिपर्णी चित्रपर्णी पृथकपर्णी जानिए। अंघ्रिवल्लिका [39] क्रोष्टुविन्ना सिंहपुच्छी मानिए। कलशी कह्यो पुनि धावनी अरु गुहा पिठवन गानिए। ए नाम दस भाषे सुवंस विचारि मित्र बखानिए [२-४-१५२]

---

[37] कारन अर्क अरु - नी०ग०।
[38] पाठीय? - नी०; पाठीप - ग०।
[39] अरु अंघ्रिपर्नी - नी०ग०।

भटकटैया :

क्षुद्रा पृशी प्रचोदनी वृहती व्याघ्री जानि। दुस्पर्शा पुनि राष्ट्रिका अरु निदिग्धिका मानि [२-४-१५३]
कंटकारिका कुली ए भाषत बुद्धि विचित्र। नाम भटकटैया सहित ए गेरह जानौ मित्र [२-४-१५४]

नील :

मधुपर्णिका ग्रामीणा काला क्लीतकिका अरु दोला। तुत्था द्रोणी बहुरि नीलिनी नीली बुद्धि अमोला। गनौ रंजनी और श्रीफली नील [40] सहित चितु दैकै। द्वादस नाम सुवंस बखाने अमरकोस मत लैकै [२-४-१५५]

वकुची :

पूतिफली सोमवल्लिका कह्यो अवल्गुज जानौ। कृष्णफला वाकुची चित दै मित्र सोमवल्ली बखानौ। बहुरि कालमेषी युत वकुची ए नव नाम गनायो। सहित सोमराजी वैद्यन के अति मन को हरषायो [२-४-१५६]

पीपरि :

उषणा कणा वैदेही कोला। चपला कृष्णा बुद्धि अमोला। उपकुल्या मागधी पिप्पली। शौंडी पीपरि शिवबुधिवली [२-४-१५७]

गजपीपरि :

वशिर कोलवल्ली बहुरि कपिवल्ली बुधिधाम। गजपीपरि जुत श्रेयसी ताके सर ए नाम [२-४-१५८]

घुंघुचिल :

गनौ काकचिंची बहुरि गुंजा बुद्धि विचित्र। कह्यो कृष्णला नाम जुग घुंघुचिल के ए मित्र [२-४-१५९]
वनशृंगाट श्वदंष्ट्रा पलंकषा जिय जानि। त्रिपुट रु गोकंटक कह्यो औ गोक्षुरक बखानि [२-४-१६०]
गनौ इक्षुगंधा सहित स्वादकंटकः मित्र। गुखुरू के नव नाम ए भाषत बुद्धि विचित्र [२-४-१६१]

अतीस :

अरुणा औ प्रतिविषा उपविषा। विषा महौषध पुनि अतिविषा। विश्वा शृंगी सहित अतीस। ए नव भाषत नाम कवीस [२-४-१६२]

दुद्धी :

क्षीरावी अरु दुग्धिका दुद्धी के त्रै नाम। चविक चाव्य त्रै चाव के नाम कहत बुधिधाम [२-४-१६३]

सतावरि :

ऋष्यप्रोक्ता बहुसुता शतमूली मन मानि। इंदीवरी अहेरु अरु नारायणी बखानि [२-४-१६४]
गनी अभीरुपत्री वरी कहि अभीरु धीधाम। गेरह सहित शतावरी मित्र सतावरि नाम [२-४-१६५]

दारुहलदी :

कालेयक दार्वी रु [41] हरिद्रु। दारुहरिद्रा औ पीतद्रु। पचंपचा औरौ पर्जनी। नाम दारुहलदी वसु धनी [२-४-१६६]

वच :

वचा उग्रगंधा षडग्रंथा। गोलोमी वच कहि बुधिपंथा। शतपर्विका नाम षट जानो। हैमवती शुक्ला वच मानो [२-४-१६७]

रूसाह :

अटरूष वैद्यमाता सिहारि। सिंहास्य वासिका वृष विचारि। गनि वासक सिंही करि उछाह। नव नाम वाजिदंतक रूसाह [२-४-१६८]

अपराजिता :

गनौ आस्फोता बहुरि गिरिकर्णी बुधिवान। विष्णुक्रांता नाम जुग अपराजिता प्रमान [२-४-१६९]

तालमखाना :

कोकिलाक्ष कांडेक्षु क्षुर इक्षुर तालमखान। नाम इक्षुगंधा सहित षट भाषत बुधिवान [२-४-१७०]

वनसौंफ :

[40] लोल - नी०; लील - ग०।
[41] दार्वीय - नी०ग०।

मिश्रेया मिशि शीतशिव अरु शालेय बखानि। छत्रा रिषि वनसौफ के नाम मधुरिका मानि [२-४-१७१]

सेंहुड :

गनि समंतदुग्धा गुडा स्नुही वज्रद्रुम मान [42]। सेंहुड के षट नाम ए जुत सीहुंड सुजान [२-४-१७२]

वायुविडंग :

तंडुल वेल्ल कृमिघ्न विडंग। चित्रतंडुला बुद्धि उतंग। वायविडंग अमोघा जानि। सात नाम कवि कहत बखानि [२-४-१७३]

बरियारी :

बला वट्यालक बरियारी। तीनि नाम ए कहत सुखारी। सनई घंटारवा बखानो। शणपुष्पिका नाम त्रै मानो [२-४-१७४]

दाख :

द्राक्षा स्वाद्वी गौस्तनी मृद्विका मन मानि। दाख मधुरसा नाम षट सुकविन कहे बखानि [२-४-१७५]

श्वेतत्रिधारा :

सर्वानुभूति सरला बखानु। त्रिपुटा त्रिवृता रोचनी जानु। अरु त्रिवृत त्रिभंडी बुद्धि विचित्र। वसु श्वेतत्रिधारा नाम मित्र [२-४-१७६]

कृष्णत्रिधारा :

गनौ अर्धचंद्रा अरु काला। कालमेषिका बुद्धि विसाला। पालिंधी सुषेणिका श्यामा। कृष्णत्रिधारा है रिषि नामा [२-४-१७७]

जेठीमधु :

क्लीतक यष्टिमधुक अरु मधुयष्टिका प्रमान। मधुक नाम सर कहत है जेठीमधु बुधिधाम [२-४-१७८]

श्वेतजेठीमधु :

इक्षुगंधा क्षीरशुक्ला और क्रोष्ट्री जानियो। श्वेतजेठीमधु विदारी नाम सर मन मानियो [२-४-१७९]

जलपीपरि :

गन्यौ लांगली शारदी शकुलादनी सिहारि। जलपीपरि के नाम जुग कहे सुवंस विचारि [२-४-१८०]

जवाइन :

दीप्य बहुरि खराश्वा जानै। और मयूर कारवी मानै। गनौ लोचमस्तक बुधिधाम। सहित जवाइन ए षट नाम [२-४-१८१]

गौरीसाव :

गोपी उत्पलशारिवा श्यामा गनौ अनंत। पांच सारिवा नाम ए गौरी साव लसंत [२-४-१८२]

केरा :

रंभा मोचा औ काष्ठीला। अंशुमत्फला कहत सुशीला। कदली वारणबुसा समेत। केरा सात नाम बुधिकेत [२-४-१८३]

मुगवनि :

महा मुद्गपर्णी हरषि भाषत बुद्धि विचित्र। नाम काकमुद्गा सहा जग मुगवनि के मित्र [२-४-१८४]

भांटा :

दुष्प्रधर्षिणी औ वार्ताकी। गनौ हिंगुली औ भंटाकी। सिंही भांटा जुत वृंताक। सात नाम ए बुद्धि अथाक [२-४-१८५]

रहसन :

गंधनाकुली नाकुली सुरसा सुवहा जानि। छत्राकी अरु रास्ना कविवर कहत बखानि [२-४-१८६]
गनौ सुगंधा औरऊ नकुलेष्टा बुधिधाम। कहो भुजंगाक्षी बहुरि रहसन के दस नाम [२-४-१८७]

सरिवन :

[42] वज्र प्रमान - नी०ग०।

अंशुमती विदारिगंधा लहि। ध्रुवा शालपर्णी मन मो लहि। सरिवन के षट नाम सिहारि। स्थिरा सहित कवि कहत विचारि [२-४-१८८]

कपास :

वदरा समुद्रांता जानि। और तुंडिकेरी मन मानि। कहत कार्पासी बुधिधाम। ए कपास के है सर नाम [२-४-१८९]

ककई :

नागवला गांगेरुकी झषा सुमति मन मानि। ह्रस्वगवेधुका नाम सर ककई कहत बखानि [२-४-१९०]

व्यषसा :

घोषक धामार्गव त्रई व्यषसा [43] नाम सुमीत। नाम महाजाली कहत जो है व्यषसा पीत [२-४-१९१]

चचीडा :

जाली और पटोलिका बहुरि ज्योत्स्नी जानि। चारि चचीडा के कहत कविवर नाम बखानि [२-४-१९२]

करियारी :

गनौ लांगलिकी बहुरि अग्निशिखा बुधिधाम। करियारी परसिद्धि जो ताके ए त्रै नाम [२-४-१९३]

कौवाठोठी :

काकनासिका काकांगी गनि। कौवाठोठी नाम तीनि भनि। सुवहा गोधापदी प्रमान। हंसपदी त्रै नाम सुजान [२-४-१९४]

मूसरि :

तालमूलिका मुसली मुसला। ए त्रै नाम कहत कवि कुसला। कहत दार्विक बुधि के धाम। गोजिह्वा गोभी त्रै नाम [२-४-१९५]

ककराशृंगी :

अजशृंगी अरु विषाणी ककराशृंगी मित्र। तीनि नाम ए जानियो भाषत बुद्धि विचित्र [२-४-१९६]

पान :

तांबूलवल्ली कह्यो तांबूली बुधिधाम। सहित नागवल्ली बहुरि पानवेलि युग नाम [२-४-१९७]

मिर्चसदर्स :

कपिला कौंती रेणुका द्विजा हरेणु सुजान। भस्मगंधिनी नाम षट मिर्चसदर्स प्रमान [२-४-१९८]

कैफरासदस्य :

वालुक बहुरि गनौ हरिवालुक। और सुगंधि पुनि एलावालुक। भाषत है एलेय सुबुधि ठट। नाम कैफरासदस्य मित्र षट [२-४-१९९]

पलाकी :

पालंक अरु कुंदरू गनिए और मुकुंद। सहित पलाकी नाम सर भाषत है कवि इंद [२-४-२००]

नेत्रबाला :

बाल उदीच्य गनौ वर्हिष्ट। अरु केशांबु नाम कवि शिष्ट। पुनि ह्रीवेर मित्र मन मानौ। नाम नेत्रबाला षट जानौ [२-४-२०१]

शिलाजितु :

कालानुसार्य अरु वृद्ध जानि। शैलेय शीतशिव चित्त मानि। गनि अश्मपुष्प भाषत सुवंस। षट नाम शिलाजितु अति प्रसंस [२-४-२०२]

मुरहरी :

गंधकुटी दैत्या मुरा औ गंधिनी बखानु। नाम तालपर्णी सु षट मित्र मुरहरी मानु [२-४-२०३]

सलई :

[43] ब्यवसा - ग०।

गजभक्ष्या सुवहा सुरभी लहि। औ ल्हादिनी शल्लकी को चहि। कुंदुरुकी महेरणा रसा। सलई नाम निद्धि बुधिवसा [२-४-२०४]

धव :

धातुपुष्पिका धातकी बहुरि सुभिक्षा जानु। पांच अग्निज्वाला सहित धव के नाम बखानु [२-४-२०५]

बडी इलाइची :

गनौ चंद्रबाला पृथ्वीका। निष्कुटि एला बहुला ठीका। बडी इलाची के षट नाम। भाषत कवि कोविद अभिराम [२-४-२०६]

छोटी इलाइची :

त्रुटि त्रिपुटा उपकुंचिका औ कोरंगी मानु। छोटि इलाची नाम षट तुत्था सहित बखानु [२-४-२०७]

कूट :

उत्पल पाकल व्याप्य अरु पारिभाव्य पुनि कुष्ठ। व्याधि कूट के नाम ए सात कहत कवि पुष्ठ [२-४-२०८]

कौड्याला :

कह्यौ चोरपुष्पी सुकवि औ शंखिनी सिहारि। नाम केशिनी सहित ए कौड्याला के चारि [२-४-२०९]

भूमिआमलकी :

शिवा अंझटा ताली अमला। झटा वितुन्नक जे बुधिवला। जाहिर जगत भूमिआमलकी। आठ नाम सो जुत तामलकी [२-४-२१०]

स्थलकमल :

कहौ पुंडर्य औरऊ प्रपौंडरीक सिहारि। स्थलकमल कै नाम त्रै लीजै मित्र विचारि [२-४-२११]

तुनि :

नंदिवृक्ष कांतलक अरु तुन्न कुवेरक कच्छ। षट तुनि के ए नाम है भाषत जे कवि स्वच्छ [२-४-२१२]

नख :

करजं चक्रकारक बहुरि व्यालायुध मन मानि। पांच व्याघ्रनख नाम कवि नख के कहत बखानि [२-४-२१३]

नली :

सुषिरा विद्रुमलता सुजान। कपोतांघ्रि अरु नटी प्रमान। पांच नाम है नली अनूप। है सुगंधवाला के रूप [२-४-२१४]

हाटविलासिनी :

अंजनकेशी औरहू धमनी बुद्धिविचित्र। जुग ए हट्टविलासिनी [44] नाम जानियो मित्र [२-४-२१५]

जटामासी :

तपस्विनी जटिला मसी अरु लोमशा निहारि। पांच जटामासी सुकवि भाषत नाम विचारि [२-४-२१६]

तुवरी :

काक्षी औ आढकी मृत्स्ना। बहुरि तुवरिका बुधि के घना। सुकवि मृतालक सुराष्ट्रजं लहि। कहत तूवरी सात नाम चहि [२-४-२१७]

केवटीमोथ :

परिपेलव वानेय दाशपुर। कैवर्तीमुस्तक प्लव गोपुर। गनि गोनर्द कुटन्नट गीवस। कहत केवटीमोथ नाम दस [२-४-२१८]

गठिवन :

कुक्कुर स्थौणेय शुक वर्हिपुष्प मन मानि। ग्रंथिपर्ण गठिवन कहे ए षट नाम बखानि [२-४-२१९]

अस्परक :

[44] हाटविलासिनी - नी०ग०।

वधू कोटिवर्षा लघु देवी। लता मरुन्माला बुधि सेवी। पिशुना लंकोपिका सुमतिरस। समुद्रांता अस्परक नाम दस [२-४-२२०]

तज :

चोच वरांगक त्वक बहुरि उत्कट औरौ भृंग। सात नाम त्वकपत्र जुत तज के है बुधि रंग [२-४-२२१]

पीतकचूर :

कर्चूरक काल्पक बहुरि द्राविडक औ बुधिपूर। नाम वेधमुख्यक सहित षट है पीतकचूर [२-४-२२२]

विधारा :

छगलांत्री आवेगी जानौ। जुंग ऋक्षगंधा मन मानौ। कहत वृद्धदारक बुधिधाम। गनौ विधारा के षट नाम [२-४-२२३]

ब्राह्मी :

सोमवल्लरी औरऊ मत्स्याक्षी मन मानि। नाम वयस्था चारि ए ब्राह्मी कह्यौ बखानि [२-४-२२४]

चौष :

कहत स्वर्णक्षीरी बहुरि हिमावती बुधिधाम। चौष पटपर्नी सहित हेमवती सर नाम [२-४-२२५]

मलामल :

महासहा कांबोजी जानै। और माषपर्णी मन मानै। हयपुच्छी भाषत बुधिवान। पांच मलामल नाम प्रमान [२-४-२२६]

चौराई :

कह्यो अल्पमारिष बहुरि तंडुलीय त्रै जानु। चौराई के नाम ए कविवर कहत बखानु [२-४-२२७]

कुंदुरू :

रक्तफला बिंबिका मन मानि। और पीलुपर्णी सुखदानि। सहित तुंडकेरी बुधिधाम। पांच कहत कुंदुरू के नाम [२-४-२२८]

बबई :

कवरी तुंगी बर्बरा खरपुष्पा मन मानु। अजगंधिका समेत षट बबई नाम बखानु [२-४-२२९]

अमलुनिया :

चांगेरी अरु दंतशठा लहि। अंबष्ठा चुक्रिका चित्त चहि। अम्ललोणिका कहत सुजान। अमलुनिया षट नाम प्रमान [२-४-२३०]

चूक :

चुक्र सहस्रवेधी गनौ शतवेधी मन मानि। चूक अम्लवेतस सुकवि नाम कहत सर जानि [२-४-२३१]

लजारू :

खदिरी और गंडकारी गनि। सहित नमस्कारी कोविद भनि। बहुरि समंगा कहौ लजारू। नाम पांच कहिए बुधिचारू [२-४-२३२]

जीवंती :

मधुस्रवा अरु जीवनी जीवा जी मे जानि। नाम जीवनीया कह्यो जीवंती सर मानि [२-४-२३३]

अष्टवर्ग मध्ये जीवक :

कूर्चशीर्ष मधुरक बहुरि शृंग हिए मै जानि। ह्रस्वांग जीवक सहित कविवर कहत बखानि [२-४-२३४]
अष्ट वर्ग के मध्य मे जो है जीवक वाम। ताके ए सर नाम है कहत सुकवि अभिराम [२-४-२३५]

चिरैता :

कह्यो किराततिक्त मन मानि। बहुरि अनार्यतिक्त बखानि। औ भूनिंब चिरैता मित्र। चारि नाम ए बुद्धि विचित्र [२-४-२३६]

थूहर :

चर्मकषा सातला सप्तला। बहुरि भूरिफेना अरु विमला। ए थूहर षट नाम बखानत। जे कवि कोश मतो पहिचानत [२-४-२३७]

काकोली :

कहत वायसोली सुकवि स्वादुरसा निर्धारि। सहित वयस्था नाम ये काकोली के चारि [२-४-२३८]

दातुन्य :

गनौ निकुंभ उदुंबरपर्णी। प्रत्यकश्रेणी अति सुखकर्णी। बहुरि दंतिका बुद्धि सुकवि ठट। नाम दत्यून मकूलक जुत षट [२-४-२३९]

यवानी :

अजमोदा यवानिका जानि। और उग्रगंधा मन मानि। कहत ब्रह्मदर्भा बुधिधाम। पांच यवानी के है नाम [२-४-२४०]

पुष्करमूल :

काश्मीर पुष्कर बहुरि पद्मपत्र बुधिखानि। भाषत पुष्करमूल के चारि नाम मन मानि [२-४-२४१]

पद्ममाष :

पद्मचारिणी अव्यथा औ पद्मा बुधिधाम। अतिचरा औ चारटी पद्ममाष षट नाम [२-४-२४२]

रोचनी :

कांपिल्ल रक्तांग पुनि कर्कश औरौ चंद्र। पांच रोचनी नाम कवि कहत जे बुधि मंद्र [45] [२-४-२४३]

चकवड :

प्रपुन्नाड दद्रुघ्न ऐडगज। उरणाक्ष पद्माट बुद्धि सज। सहित चक्रमर्दक ए लहिए। सात नाम चकवड के कहिए [२-४-२४४]

पियाजु :

नाम पियाजु पलांडु त्रै सहित सुकंदक मित्र। हरितपियाजु लतार्क त्रै दुद्रुम बुद्धि विचित्र [२-४-२४५]

लहसुन :

लशुन महौषध ओर अरिष्ट। गृंजन महाकंद कवि शिष्ट। कहत रसोनक सहित विचारि। लहसुन सात नाम सुखकारि [२-४-२४६]

गदहपुन्ना :

पुनर्नवा औरौ कह्यो वर्षाभू बुधिधाम। शोथघ्नी ए चारि है गदहपुना के नाम [२-४-२४७]

विषपरा :

सुनिषण्णक पुनि औरऊ कहौ वितुन्न रु मित्र। तीनि विषपरा नाम ए भाषत बुद्धि विचित्र [२-४-२४८]

सनपर्नी :

वातक पुनि अपराजिता अरु शीतल सु जानि। शणपर्णी के नाम जुग कविवर कहत बखानि [२-४-२४९]

ककूदनि :

पारावतांघ्रि लता अरु पण्या। ज्योतिष्मती कहत कवि धन्या। कटभी और ककूदनि? नाम। ए षट जानि लेउ मतिधाम [२-४-२५०]

त्रायमाणा :

कहत त्रायमाणा सुकवि और वार्षिक सु मानि। त्रायंती बलभद्रिका ये गुन नाम बखानि [२-४-२५१]

वराहीकंद :

विष्वक्सेनप्रिया कहत वाराही अरु गृष्टि। सर वाराहीकंद के वदरा बुधि के इष्ट [२-४-२५२]

घमरा :

भृंगराज अरु मार्कव घमरा के त्रै नाम। अमरकोस को मानि मत भाषत बुधि के धाम [२-४-२५३]

---

[45] मानि आनंद - नी०ग०।

क्यवैया :

गनौ काकमाची बहुरि मित्र वायसी जानि। नाम क्यवैया के कहे सुकविन तीनि बखानि [२-४-२५४]

सौफ :

अवाकपुष्पी शतपुष्पा गनि। मिसि मधुरा अतिच्छत्रा को भनि। औ कारवी कहत बुधिधाम। सौफ सितच्छत्रा वसु नाम [२-४-२५५]

गंधपर्ण :

कटंभरा अरु भद्रबला लहि। राजबला सरणा चित चहि। औ प्रसारिणी बुद्धि विचित्र। नाम गंधपर्ण स [46] षट मित्र [२-४-२५६]

म्यहदी :

रजनी चक्रवर्तिनी जनी। संस्पर्शा जतुकृत बुधिधनी। म्यहदी सहित जतूका जानि। सात नाम ए कहे बखानि [२-४-२५७]

गंधकचूर :

षटग्रंथिक कर्चूर अरु शटी कहत बुधिधाम। गंधकचूर पलाश जुत गंधमूल षट नाम [२-४-२५८]

करैला :

कह्यौ कठिल्लक औरऊ कारवेल्ल बुधिवान। नाम करैला चारि ए सुषवी सहित प्रमान [२-४-२५९]

परवर :

पटु अरु तिक्तक कुलक ए गनिए सहित पटोल। परवर के सर नाम कवि भाषत बुद्धि अमोल [२-४-२६०]

कुम्हडा :

कुष्मांडक कुम्हडा त्रई नाम सहित कर्कारु। नाम कर्कटी तीनि जुत ककरी औ इर्वारू [२-४-२६१]

लौकी :

कटुतुंबी इक्ष्वाकु त्रै करुईलौकी नाम। तुंबी नाम अलाबु त्रै ग्रहतुंवी बुधिधाम [२-४-२६२]

स्यधवा :

कहत गवाक्षी औरऊ गोड़ुंबा बुधिवान। संधी चित्रा पांच ए स्यधवा नाम प्रमान [२-४-२६३]

इंदोरन :

इंद्रवारुणी जानियो और विशाला मित्र। तीनि इंदोरन नाम ए भाषत बुद्धि विचित्र [२-४-२६४]

सूरन :

कंद और अर्शोघ्न त्रै शूरण नाम गंभीर। त्रै समष्ठिला नाम जुत वनसूरन गंडीर [२-४-२६५]

साग :

साग करेंबू तासु को कह्यौ कलंबी नाम। औ अपोदिका पोइ को भाषत कवि अभिराम [२-४-२६६]

दूब :

सहस्रवीर्या रुहा अनंता। शतपर्विका दूब कवि संता। कहत भार्गवी मन मे मानि। सात दूर्वा नाम बखानि [२-४-२६७]

श्वेतदूर्वा :

गोलोमी शतवीर्या गंडाली बुधिधाम। सेतद्रुव शकुलाक्षके जुत ताके सर नाम [२-४-२६८]

मोथ :

मुस्ता अरु कुरुविंद गनि मुस्तक बुद्धि विचित्र। मोथ मेघनामा सहित कहत नाम सर मित्र [२-४-२६९]

नागरमोथ :

कहत भद्रमुस्तक बहुरि गुंद्रा बुधि के धाम। ए त्रै नागरमोथ के मित्र जानियो नाम [२-४-२७०]

छातियामोथ :

---

[46] गंधपर्णी - नी०ग०।

चूडाला अरु चक्रला बहुरि उच्चटा जांनि। नाम छातियामोथ के युग कवि कहत बखानि [२-४-२७१]

बांस :

वेणु तृणध्वज औ त्वचिसार। शतपर्वा औरौ कर्मार। तेजन मस्कर यवफल वंश। बांस कहे दस नाम सुवंश [२-४-२७२]

सूखावंश :

कीचक सूखे वंश को नाम कहत बुधिधाम। ग्रंथि परुष पुनि [47] पर्व जुग कहे ग्रंथि के नाम [२-४-२७३]

मुंजसर :

गुंद्र तेजनक चारि शर नाम मुंजसर मित्र। चारि नाम कुश दर्भ कुथ भाषे सहित पवित्र [२-४-२७४]

नरकुल :

नाम पोटगल धमन नड नरकुल जुग गीवास। तीनि इक्षुगंधा कहै नाम पोटगल कास [२-४-२७५]

ऊख :

नाम तीनि कवि ऊख के भाषत इक्षु रसाल। जाको रस भूलोक मे देत सदा सुखजाल [२-४-२७६]

उरई :

वीरण गाडर वीरतर उरई के जुग नाम। ताकी जरै उशीर यह नाम कहत बुधिधाम [२-४-२७७]

जलतृण :

गनि छत्रा अतिछत्र अरु पुनि पालघ्न सिहारि। जलतृण के जुग नाम ए भाषत सुकवि विचारि [२-४-२७८]

बालतृण :

शष्प बालतृण को [48] कहत जवस नाम है घास। अर्जुन तृण को नाम यह भाषत बुद्धि प्रकास [२-४-२७९]

ताड :

ताड ताल तृणराज त्रै नाम कहत बुधिधाम। नारिकेर अरु लांगली नरियर के त्रै नाम [२-४-२८०]

सुपारी :

क्रमुक स घोंटा पूग ये नाम सुपारी चारि। द्वै खर्जूर छुहार जुत भाषे नाम विचारि [२-४-२८१]

धुवासुपारी :

धुवासुपारी नाम त्रै खपुर गुवाक प्रसंस। ता फल को उद्वेग यह भाष्यो नाम सुवंस [२-४-२८२]

इति श्रीविश्वनाथ पुराखंड मंडल धराधीस चौधरी शिवसिंह वंशावतंस उमराउसिंह कारिते शुक्ल सुवंश विरचिते उमराउकोशे द्वितीय कांडे वनौषधि वर्ग [४]

सिंह :

पंचास्य हर्यक्ष हरि सहित मृगेंद्र सिहारि। सिंह केशरी नाम षट कहे सुवंस विचारि [२-५-१]

वाघ :

शार्दूल द्वीपी बहुरि व्याघ्र बाघ जुग नाम। नाम मृगादन तेंदुवा त्रै तरक्षु बुधिधाम [२-५-२]

सुवर :

घृष्टि कोल दंष्ट्री भूदार। घोणी किर वराह बुधिसार। पोत्री क्रोड सुवर किटि शूकर। स्तब्धरोमा तेरह बुधिवर [२-५-३]

वानर :

प्लवग वनौका वलीमुख मर्कट वानर कीश। शाखामृग कपि नाम नव जुत प्लवंग बुधि ईश [२-५-४]

रीछ :

भल्ल ऋक्ष भल्लूक पुनि भल्लुक औरौ अक्ष। रीछ नाम षट कहत कवि जे कविता मै दक्ष [२-५-५]

गैडा :

47 परुषी अरु - नी०ग०।
48 जाल एको - नी०।

खंग और खंगी लहौ गंडक गैडा मित्र। चारि नाम ए कहत है जे कवि बुद्धि विचित्र [२-५-६]

भैसा :

सैरिभ कासर वाहद्विषत महिष और लुलाय। भैसा के षट नाम ए भाषत कवि समुदाय [२-५-७]

सियार :

गोमायु अरु मृगधूर्तक वंचक शिवा मन मानिए। जंबुक क्रोष्टा भूरिमाय शृगाल फेरु बखानिए। फेरव समेत सियार गेरह नाम ए कविवर कहै। है ते सियार समान नर जे नाम हरि को ना लहै [२-५-८]

बिलार :

वृषदंशक अरु आखुभुक मार्जार पुनि ओतु। नाम विडाल बिलार षट कहत सुमति उदोतु [२-५-९]

गोहपुत्र :

गनि गौधेर और गौधार। जुत गौधेय कहत बुधिसार। गोहपुत्र के ए जुग नाम। भाषत सकल बुद्धि अभिराम [२-५-१०]

स्याही :

श्वावित स्याही शल्य त्रै नाम कहत बुधिधाम। शल शलली अरु शलल त्रै स्याही रोमा नाम [२-५-११]

भ्यडहा :

ईहामृग अरु कोक पुनि विग वृक भ्यडहा जानि। पांच नाम ए चाउ करि कविवर कहत बखानि [२-५-१२]

मृग :

अजिनजोनि वातायु मृग औरौ एण कुरंग। हरिन नाम षट जानियो भाषत बुद्धि उतंग [२-५-१३]

करसायल :

रोहित चमर न्यंकु रुरु शंबर। पृषत रंकु गोकर्ण बुधिवर। रौहिष एण ऋष्य प्रमान। नाम कृष्णमृग रुद्र सुजान [२-५-१४]

पशु :

सृमर गवय गंधर्व अरु शरभ बहुरि शश राम। ए मृगादि पशु नाम षट भाषत बुधि के धाम [२-५-१५]

मूस :

मूष आखु उंदुर कहे मूसे के जुग नाम। बालमूषिका को कहत गिरिका कवि अभिराम [२-५-१६]

छपकी :

गृहगोधिका व मुसली पल्ली। छपकी चारि नाम बुधिवल्ली। सरट और कृकलास जानिए। तीनि नाम गिरदान मानिए [२-५-१७]

मकरी :

तंतुवाय मर्कटक अरु ऊर्णनाभ मन मानि। लूता मकरी नाम सर सुकविन कहे बखानि [२-५-१८]

कनखजूर :

कर्णजलौका शतपदी कनखजूर त्रै नाम। लधुकिरवा नीलंगु कृमि तीनि नाम बुधिधाम [२-५-१९]

बीछी :

शूककीट वृश्चिक बहुरि द्रुण अलि सहित सिहारि। बीछी के सर नाम ए कविवर कहत विचारि [२-५-२०]

कबूतर :

पारावत कलरव कह्यो औरौ सहित कपोत। चारि कबूतर नाम ए भाषत सुकवि उदोत [२-५-२१]

सेन भरदा :

श्येन शशादन पत्री जानि। तीनि नाम कवि कहत बखानि। भरद्वाज भरदा व्याघ्राट। तीनि नाम भाषत बुधि ठाट [२-५-२२]

खडरैचा :

खंजरीट खडरैचा खंजन। तीनि नाम भाषत बुधि रंजन। ज्यतने कहत कमल के नाम त्यतने सारस के बुधिधाम [२-५-२३]

लोहपृष्ठ को कंक जानिए। चाष किकीदिवि नाम मानिए। भृंग कलिंग धूम्याट सुजान। फुलचुहिया जुग नाम प्रमान [२-५-२४]

कठफोरवा :

लहौ दार्वाघाट अरु शतपत्रक जिय जानि। कठफोरवा के नाम त्रै कहे सुवंस बखानि [२-५-२५]

पपीहा :

स्तोकक चातक औरऊ पपीहा पुनि सारंग। चारि नाम ए कवि कहत जे है बुद्धि उतंग [२-५-२६]

मुर्गा :

चरणायुध कालज्ञ अरु शिखी कहत बुधिवान। ताम्रचूड कृकवाकु षट कुक्कुट नाम प्रमान [२-५-२७]

गरगवा :

चटक और कलविंक त्रै नाम गरगवा मित्र। चटका गरगैया विषै भाषत बुद्धि विचित्र [२-५-२८]

किलकिला ऐवक्का :

कर्करेटु किलकिला त्रै नाम करेटु प्रमान। तीनि नाम बक कह्व जुत बकुला के बुधिवान [२-५-२९]

कोकिला :

ताम्राक्ष कलकंठ पिक परभृत वनप्रिय जानि। कोकिल के षट नाम ए कहे सुवंश बखानि [२-५-३०]

काराकौवा :

द्रोणकाक काकोल त्रै कारोकौवा नाम। चील्ह चिल्ल आतायी त्रै नाम कहत बुधिधाम [२-५-३१]

कौवा :

आत्मघोष बलिभुक करट परभृत काक अरिष्ट। ध्वांक्ष सकृत्प्रज नाम दस वायस कौ बलिपुष्ट [49] [२-५-३२]

गीध :

दाक्षाय अरु गृद्ध त्रै नाम गीध परिमान। क्रुङ अरु क्रौंच कुलंग के तीनि नाम बुधिवान [२-५-३३]

चकहा :

ह्वै [50] रथांगनामा बहुरि चक्रवाक अरु कोक। पांच चक्र चकहा सहित नाम कहत बुधिओक [२-५-३४]

कलहंस कुरर :

कहत नाम कलहंस को कवि कादंब सिहारि। कुरर विषै उत्क्रोश यह भाषत नाम विचारि [२-५-३५]

हंस :

मानसौका चक्रांग रु श्वेतगरुत गनि हंस। पांच मराल समेत ए भाषे नाम सुवंस [२-५-३६]

राजहंस :

लाल चोंच अरु चरन है औ सब स्वेत सुजान। राजहंस ताको कहत और बलाक [51] प्रमान [२-५-३७]

हंस भेद :

धार्तराष्ट्र ताको कहत कृष्ण पक्ष जुत जौन। कहत नाम मल्लिकाख्य कवि मलिन पच्छ जुत तौन [२-५-३८]

हंसिनी :

हंसजोषिता को कहत वरटा बुद्धि विचित्र। सारसजोषित को कहत नाम लक्ष्मणा मित्र [२-५-३९]

चिमगूदर :

तैलपायिका जतुका परोष्णी बुधि धाम। कहत अजिनपत्रा सहित चिमगूदर सर नाम [२-५-४०]

माखी :

माछी नीला मक्षिका नाम वर्वणा चारि। सरघा यह मधुमक्षिका भाषत सुकवि विचारि [२-५-४१]

वरैया :

गंधोली वरटा कह्यो वरैया के त्रै नाम। मसा दंश वनमक्षिका ए त्रै बुधि के धाम [२-५-४२]

---

49 वासिष्ट - नी०ग०।
50 है - नी०ग०।
51 औरौ वकत - नी०ग०।

झींगुर :

भृंगारी अरु झीरुका चीरी झिल्ली जानि। झींगुर के सर नाम ए कविवर कहत बखानि [२-५-४३]

जुगुनू :

कह्यो ज्योतिरिंगण बहुरि जुगुनू अरु खद्योत। तीनि नाम ये जानियो भाषत कवि अद्योत [२-५-४४]

बगला :

बकावलि [52] रु विषकंठिका और बलाका जानि। तीनि नाम ए जानियो सुकविन कहे बखानि [२-५-४५]

पांखी :

पांखी शलभ पतंग त्रै नाम कहत बुधिधाम। गिरि ते पांखी जो कढति ताको टीडी नाम [२-५-४६]

भ्रमर :

मधुप मधुव्रत भ्रमर अलि मधुकर षटपद भृंग। मधुलिट द्विव नव नाम ए भाषत बुद्धि उतंग [२-५-४७]

मयूर :

बर्ही शिखंडी नीलकंठ मयूर केकी गानिए। बर्हिण शिखी अरु चंद्रकी अहिभुक शिखावल मानिए। ये मोर गेरह नाम सुकवि सुवंश भाषे जानिए। अरु नाम केका मोर की वानी विचारि बखानिए [२-५-४८]

मोरपुच्छ :

मोरपुच्छ के नाम त्रै बर्ह शिखंड प्रमान। तामे जो चंद्रक लसै मेचक नाम सुजान [२-५-४९]

पक्षीभेद :

तीतर हारिल सारिका प्लव चकोर धनवास। लवा लाल आदिक लसै औरौ बुद्धि विलास [२-५-५०]

पक्षी :

पक्षी पतत्रि पतग पतन खग विहग विहंगम। पित्सन पत्री शकुन पत्ररथ नभसंगम। वाजी विष्किर पतंग विहायस विकिर अंडज। नीडोद्भव द्विज शकुनि विहंग बखानत बुधि सज। गनि गरुत्मान पक्षी सहित औ नगौक अति मानि हित। ये नाम लहौ छत्तीस है कहे सुवंस विचारि चित [२-५-५१]

पखना :

पक्ष तनूरुह पक्ष छद गरुत पतत्र सिहारि। सात नाम पखना सहित कहे सुवंश विचारि [२-५-५२]

चोंच :

चंचु टोंट अरु त्रोटि जुग चोंच नाम बुधिधाम। पक्षमूल पक्षति कहे बाजू के त्रै नाम [२-५-५३]

उडव :

कहत प्रडीन विचारि कवि औरौ गनि उड्डीन। चारि उडै के नाम ए मित्र सु सहित संडीन [२-५-५४]

अंडा :

अंड नाम त्रै जानिए पेशी औरौ कोश। निलय रु [53] नीड कुलाय त्रै नाम कहत बुधि वेश [२-५-५५]

बच्चा :

शावक अर्भक डिंभ शिशु पृथुक पाक अरु पोत। बच्चा के वसु नाम ए भाषत बुद्धि उदोत [२-५-५६]

दुइ :

स्त्री पूरुष के कहे मिथुन द्वंद्व दुइ नाम। युग्म युगुल युग नाम युग दुइ के है बुधिधाम [२-५-५७]

समूह :

कदंबक रु समुदय निकर ओघ व्रात चय वार। निवह वृंद समुदाय व्रज संहति बुद्धि उदार [२-५-५८]
स्तोम विसर निकुरंब अरु है संदोह समूह। नाम कहे संघात जुत वाइस संचय व्यूह [२-५-५९]

वर्ग :

जीव अजीव समूह को वर्ग कहत बुधिधाम। प्राणी के चय को कहत संघ सार्थ द्वै नाम [२-५-६०]

कुल :

52 वकुली - नी०ग०।
53 वंधकर - नी०; षुधकर - ग०।

एक जाति चय को कहत कुल यह नाम प्रमान। तिर्यक योनि समूह को यूथ कहत बुधिवान [२-५-६१]

समाज :

नरसमूह के नाम द्वै भाषत सभा समाज। पशुसमूह को नाम है समज कहत कविराज [२-५-६२]

निकाय :

इकधर्मी को वृंद त्यहि जनियो नाम निकाय। अमरकोस को मानि मत भाषत कवि समुदाय [२-५-६३]

राशि :

पुंज राशि उत्कर बहुरि कूट नाम ए चारि। धान्यादिक के वृंद को कहे सुवंस विचारि [२-५-६४]

इति श्रीविश्वनाथ पुराखंड मंडल धराधीस चौधरी शिवसिंह वंशावतंस उमराउसिंह कारिते शुक्ल सुवंश विरचिते उमराउकोशे द्वितीय कांडे सिंह वर्ग [५]

मनुष्य वर्ग :

मर्त्य मनुज मानुष बहुरि नर औ मानव जानि। षट मनुष्य के नाम ए कहे सुवंस बखानि [२-६-१]

पुरुष :

पुंस पुरुष नृ पंचजन पूरुष जुत ए मित्र। पांच नाम ए जानियो भाषत बुद्धि विचित्र [२-६-२]

स्त्री :

स्त्री योषित अरु वधू कांता भीरु भामिनी। अबला अरु जोषिता वामलोचना कामिनी। प्रमदा महिला बहुरि सुंदरी रमणी रामा। वनिता योषा और अंगना ललना वामा। गनि सीमंतिनी नितंबिनी औ प्रतीपदर्शिनी लहि। ए चौविस नाम सुवंश कवि नारी के भाषे सु चहि [२-६-३]

उत्तमनारी :

मत्तकाशिनी औरऊ वरवर्णिनी सिहारि। नाम वरारोहा सहित वधू उत्तमा चारि [२-६-४]

महिषी :

कहत पट्टरानी विषै महिषी बुधि के धाम। औरै नारी नृपति की ताहि भोगिनी नाम [२-६-५]

व्याहीस्त्री :

सहधर्मिणी द्वितीया दारा। और भार्या कहत बुधिधारा। पाणिगृहीती जाया पत्नी। सात नाम व्याही के जत्नी [२-६-६]

कुटुंबिनी :

भाषत सुकवि कुटुंबिनी और पुरंध्री मित्र। तीनि नाम पुत्रादि जुत स्त्री बुद्धिविचित्र [२-६-७]

पतिव्रता :

सुचरित्रा साध्वी कह्यो और सती बुधिधाम। पतिव्रता के चारि ए कविवर भाषत नाम [२-६-८]

स्वयंबरा :

स्वयंबरा वर्या बहुरि पतिंवरा त्रै नाम। अपनी इच्छा जो वरै ताहि कहत बुधिधाम [२-६-९]

प्रथमभार्या :

भाष्यौ कृतसापत्निका अध्यूढा जिय जानि। प्रथम भार्या नाम जुग अधिविन्ना जुत मानि [२-६-१०]

कन्या :

कन्या गौरी नग्निका भाषत बुधि के धाम। सर जुत अनागतार्त्वा औ कुमारिका नाम [२-६-११]

तरुणी :

तरुण वयक्रम जासु की तासु नाम द्वै मित्र। तरुणी युवती जानियो भाषत बुद्धि विचित्र [२-६-१२]

अर्द्धवृद्ध स्त्री :

कात्यायनी कहत कवि अर्द्धवृद्ध तिय जौन। नारी पूरनवृद्ध जो कहत पलिक्नी तौन [२-६-१३]

चिरंटी :

पितुघर जो तरूणी टिकी ताको बुद्धि विचित्र। कहत चिरंटी नाम द्वै औ सुवासिनी मित्र [२-६-१४]

पुत्रवती :

वधू जनी स्नुषा कह्यो पुत्रवधू जुग नाम। नाम अशिश्वी पुत्र बिन नारी है बुधिधाम [२-६-१५]

प्रसूता :

जातापत्या औरऊ कह्यौ प्रजाता जानि। चारि प्रसूता नाम ए जुत प्रसूतिका मानि [२-६-१६]

पतिपुत्रादिक नष्ट जो कहत अवीरा नाम। जा नारी को मर्यो पति विधवा सो बुधिधाम [२-६-१७]

बांझ :

जाके सिसु उपजै नही वंध्या बांझ प्रमान। पुष्य आर्तव नाम त्रै रज के कहत सुजान [२-६-१८]

रजोवती :

स्त्रीधर्मिणी पुष्यवती गनि। और उदक्या आत्रेयी भनि। अवि मलिनी ऋतुमती बुद्धि रसु। रजोवती के नाम कहे वसु [२-६-१९]

जो बिन रज तरूनी लसै सो द्वै नाम प्रमान। जानि लेउ विगतार्तवा औ निष्फला सुजान [२-६-२०]

गर्भिणी :

आपन्नसत्वा गुर्विणी औ गर्भिणी सिहारि। अंतर्वत्नी चारि ए भाषे नाम विचारि [२-६-२१]

श्रद्धालु है [54] जु गर्भिणी दोहदवती सुजान। कुटनी को है शंभली नाम कहत परिमान [२-६-२२]

दूती :

दूती को संचारिका सुकविन कह्यो विचारि। आली सखी अली कह्यो नाम वयस्या चारि [२-६-२३]

कुलटा :

पुंश्चली धर्षिणी बंधकी। असती कुलटा कहत छंद की। कवि स्वैरिणी पांशुला को लहि। आठ नाम इत्वरी कहत चहि [२-६-२४]

वेश्या :

नगरनारि अरु वेश्या वारस्त्री बुधिवान। सो रूपाजीवा सहित गणिका पांच प्रमान [२-६-२५]

सैरिंध्री :

परघर की रचना करै सैरिंध्री बुधिधाम। अंतःपुर मे जाइ जो कहत असिक्नी नाम [२-६-२६]

पुनर्भू :

जा नारी के व्याह द्वै जुगुल नाम है तासु। कहत पुनर्भू औरऊ दिधिषू बुद्धि प्रकासु [२-६-२७]

कहि [55] सौभागिनेय मन मानि। सुभगासुत को कहत बखानि। औ पारस्त्रैणेय सिहारि। परनारीसुत कह्यो विचारि [२-६-२८]

औरस कहत उरस्य द्वै निजसुत नाम प्रवीन। होत कुवारी पुत्र जो ताहि कहत कानीन [२-६-२९]

पुत्र :

पुत्र आत्मज नंद अरु सूनु तनय मन मानि। ए षट सुत के नाम है कहे सुवंस बखानि [२-६-३०]

कन्या :

कन्या दुहिता आत्मजा औ पुत्रिका सिहारि। पांच नाम ए सुता के कहे सुवंस विचारि [२-६-३१]

गनि अपत्य अरु तोक जुत भाषत परम सुजान। पुत्र पुत्रिका दुहुन के ए है नाम प्रमान [२-६-३२]

मातापिता :

जननी जनयित्री प्रसू माता के जुग नाम। तात जनक अरु पिता जुग बाप नाम बुधिधाम [२-६-३३]

नाम पिता के पिता को कह्यो पितामह जानि। पिता पितामह को कह्यो प्रपितामह मन मानि [२-६-३४]

नाना को मातामह कवि बनि। ताको पिता प्रमातामह भनि। वृद्ध प्रमातामह ता तात। भाषत जे वर बुद्धि उदात [२-६-३५]

---

54 श्रद्धावती - नी०ग०।

55 कह्नि? - नी०ग०।

नाम पिता के बंधु को कह्यो पितृव्य प्रमान। पितृष्वसृ [56] यह कहत है फूफू को बुधिवान [२-६-३६]
गनि पैतृष्वसेय अरु है पैतृष्वस्रीय। फूफूसुत के नाम द्वै भाषत बुद्धि अतीय [२-६-३७]
मामा को मातुल है नाम। मामी तीनि नाम बुधिधाम। कह्यो मातुलानी यह जानि। सहित मातुली कह्यो बखानि [२-६-३८]

सहोदर :

सहज समानोदर्य गनि सोदर कवि अभिराम। षट सगर्भ्य सोदर्य जुत कहे सहोदर नाम [२-६-३९]

बहिनि :

स्वसा बहुरि भगिनी कहे तीनि बहिनि के नाम। छोटे भाई को कहत अनुज नाम बुधिधाम [२-६-४०]
पुत्रपुत्र के है द्वै नाम। नप्ता [57] और पौत्र बुधिधाम। तासु सुता के नात्यी जानि। औ पौत्री द्वै नाम बखानि [२-६-४१]

ननांद :

स्वामी की भगिनी विषै कहत ननांदा नाम। देवर को यह जानियो देवृ नाम बुधिधाम [२-६-४२]
दंपति के माता पिता श्वश्रू श्वशुर प्रमान। होत परस्पर तिनहि के भाषत सुकवि सुजान [२-६-४३]
भागिनेय यह कहत है है भैने को नाम। भाषत नाम दमाद को जामाता बुधिधाम [२-६-४४]

स्वजन :

बांधव स्वजन स्वगोत्र स्व बंधु ज्ञाति षट नाम। स्वामी भर्ता कंत पति धव प्रिय षट बुधिधाम [२-६-४५]

कंत :

कंत पराई नारि को तासु नाम द्वै मित्र। जार और उपपति कहै जे वर बुद्धि विचित्र [२-६-४६]
जीवत पति जारज सुत होइ। कुंड नाम भाषै सब कोइ। विधवा मे जारज सुत जौन। गोलक नाम कहत बुधि भौन [२-६-४७]

भ्रातृज :

भ्रातृज औ भ्रात्रीय ए त्रै भतीज के नाम। अमरकोस को मानि मत भाषत कवि अभिराम [२-६-४८]

दंपति :

जायापती और दंपती ए त्रै नाम सहित जंपती। उल्ब कलल द्वै नाम सिहारि। बीज रूधिर द्वै नाम विचारि [२-६-४९]
गर्भाशय जरायु द्वै नाम। गर्भ लपेटन के बुधिधाम। भ्रूण गर्भ को नाम प्रमान। मानि कोसमत कहत सुजान [२-६-५०]

दोहरा :

सूतिमास अरु वैजनन ए द्वै नाम सिहारि। नवए दसए मास के कविवर कहत विचारि [२-६-५१]

नपुंसक :

संड तृतीयप्रकृति बहुरि क्लीव पंड मन मानि। पांच नपुंसक नाम ए कविवर कहत बखानि [२-६-५२]

बालभाव :

शैशव बाल्य शिशुत्व जुग बालभाव के नाम। जोवन अरु तारुण्य त्रै तरुनभाव बुधिधाम [२-६-५३]
वार्द्धक अरु वृद्धत्व त्रै वृद्धभाव बुधिवान। जरा अवस्था को कहत कवि विस्रसा प्रमान [२-६-५४]

लघुबाल :

स्तनपा डिंभ उत्तानशय नाम बाललघु चारि। नाम बाल माणवक द्वै सोरह वर्ष विचारि [२-६-५५]
षोडस के ऊपर कह्यो युवा तरूण मन मानि। नाम वयस्थ समेत त्रै कविवर कहत बखानि [२-६-५६]

वृद्ध :

---

56 पितृव्यसा - नी०; पितृष्वसा - ग०।
57 नपा - नी०ग०।

स्थविर जरण जीर्ण बहुरि गनि प्रवयस [58] अरु जीन। कहत वृद्ध के नाम षट जे कवि परम प्रवीन [२-६-५७]

अतिवृद्ध :

दशमी वर्ष जान सुजान। जुग अति वृद्ध नाम ज्ययान। केश जरा ते उज्जल होत। पलित नाम सो बुद्धि उदोत [२-६-५८]

जेठा :

अग्रज औ अग्रिय कहे और पूर्वज मानि। जेठे के जुग नाम ए कविवर कहत बखानि [२-६-५९]

कनिष्ठ :

यवीयान अवरज अनुज और जघन्यज मित्र। सर कनिष्ठ के नाम ए भाषत बुद्धि विचित्र [२-६-६०]

दुर्बल :

कृशित छात दुर्बल कह्यो औ अमांस जुग नाम। पुद्गिम [59] अल्पतनु को कहत नाम गिरा के धाम [२-६-६१]
स्थूल मांसल औरऊ अंसल पुनि बलवान। मोटे के सर नाम ए भाषत सुकवि सुजान [२-६-६२]

तुंदारा :

तुंदिल तुंदिभ तुंदी जानि। औरौ बृहत्कुक्षि मन मानि। बहुरि पिचिंडिल कवि अभिराम। कहत तुंदारा के षट नाम [२-६-६३]

नकवैठा :

अवभ्रट पुनि नतनासिका अवटीट अवनाट। नकवैठा के नाम सर भाषत बुधि के ठाट [२-६-६४]
नाम युगल खरणस खरणा खर कैसी जे नाक। विग्र नाम नकटा विषै भाषत सुकवि निसाक [२-६-६५]

अंगहीन :

अंगहीन विकलांग त्रै नाम सहित पोगंड। खर्व ह्रस्व वामन त्रई नाम बुद्धि उद्दंड [२-६-६६]

सुंदरकेशी :

केशव केशिक औरऊ केशी बुधि के धाम। सुंदर जाके केस है ताके ए त्रै नाम [२-६-६७]
वलिभ वलिन द्वै नाम ए भाषत बुद्धि विचित्र। वृद्ध जु ढीली खाल को ताहि जानियो मित्र [२-६-६८]

कुबरा :

कुब्ज गडुल गंडुल कहे कुबरे के जुग नाम। एड बधिर को कहत है भाषत कवि अभिराम [२-६-६९]

मुडिया :

मुंडित बिन कच मुंड जुग मुडिया नाम प्रमान। श्रोण पंगु त्रै नाम ए लूला के बुधिधाम [२-६-७०]
ऊर्ध्वजानु ऊर्ध्वज्ञु द्वै ऊर्ध्व गांठि जो होइ। संहतजानुक संज्ञु द्वै मिली गांठि है सोइ [२-६-७१]
नाम जुगल कुणि कुकर ए रोगजुक्त जो हाथ। अकर नाम बिन हाथ को भाषत गुनगन गाथ [२-६-७२]

त्यौंधा :

वलिर और केकर कहे त्रै त्यौंधा के नाम। खोड खंज को नाम है भाषत कवि अभिराम [२-६-७३]

लहसुनहा :

पिप्लु जटुल कालक त्रै नाम। लहसुनहा के है बुधिधाम। तिलकालक औ तिलक प्रमान। तिलहा के त्रै नाम सुजान [२-६-७४]

औषध :

जायु अगद भैषज्य गनि भेषज और इलाज। औषध के षट नाम ए भाषत है कविराज [२-६-७५]

अरोगी :

कहत अनामय नाम यह बिना रोग बुधिधाम। रोगी पर औषध करब ताहि चिकित्सा नाम [२-६-७६]

रोग :

आमय अगद रुक व्याधि अरु रुजा बहुरि उपताप। सात नाम है रोग के भाषत बुद्धि अमाप [२-६-७७]

---

58 प्रवया - नी०; प्रवेश - ग०।
59 पद्गिम - ग०।

राजरोग :

क्षय यक्ष्मा औ शोष पुनि राजरोग जुग नाम। प्रतिश्याय सो कहत है पीनस को बुधिधाम [२-६-७८]

खांसी :

खांसी के त्रै नाम कवि भाषत क्षवथु रु कास। तीनि नाम है छीक के क्षव क्षुत बुद्धि प्रकास [२-६-७९]

ब्यवाई :

गनि विपादका औरऊ पादस्फोट सिहारि। नाम ब्यवाई के कहे सुकविन तीनि विचारि [२-६-८०]

रसवत :

कच्छ्र पाम विचर्चिका पामा। रसवत पांच नाम बुधिधामा। स्यहुवां सिध्म किलास प्रमान। तीनि नाम भाषत बुधिवान [२-६-८१]

खजुरी :

कंडूया खर्जू बहुरि कंडू मन मे मानि। खजुरी के जुग नाम ए कविवर कहत बखानि [२-६-८२]

फुरिया :

पिटक और विस्फोट त्रै है फुरिया के नाम। अरुः ईर्म व्रण घाउ के चारि नाम बुधिधाम [२-६-८३]

नाडीव्रण यह नाम है बहो करै जो घाउ। अमरकोस को मानि मत भाषत है कविराउ [२-६-८४]

कोढ :

कोठ और मंडलक द्वै जा तन मंडल होत। श्वेतकुष्ठ [60] को श्वित्र यह भाषत बुद्धि उदोत [२-६-८५]

नाम कहत आनाह अरु है विबंध द्वै मित्र। बंद होत मलमूत्र जो ताके बुद्धि विचित्र [२-६-८६]

दुर्नामक अरु अर्श त्रै कहे बवेसी नाम। जासु बवेसी होत है अर्शस सो बुधिधाम [२-६-८७]

वैद्य :

भिषक रोगहारी बहुरि गनिए अगदंकार। वैद्य चिकित्सक नाम सब भाषत बुद्धि उदार [२-६-८८]

निरोगी :

कल्प वार्त उल्लाघ जुग नाम निरामय मित्र। दूरि भयो रुज जासु त्यहि भाषत बुद्धि विचित्र [२-६-८९]

रोगी :

विकृत आमयावी अरु आतुर। व्याधित अभ्यमित कह चातुर। अपटु बहुरि अभ्यांत सुजान। रोगी के वसु नाम प्रमान [२-६-९०]

कृशित भयो जो रोग ते ग्लान ग्लास्नु द्वै नाम। न्यंच [61] रोग ते टेढ भो ताहि कहत बुधिधाम [२-६-९१]

ढरकाहा :

पिल्ल चिल्ल क्लिन्नाक्ष अरु [62] चुल्ल समेत सिहारि। जाकी आखिन जल बहै तासु नाम ए चारि [२-६-९२]

वृद्धनाभि वाके है नाम। द्वै तुंदिल तुंदिभ बुधिधाम। नाम किलासी सिध्मल जनिए। द्वै स्यहुवां वाले के मनिए [२-६-९३]

इंद्रिय औरौ शुक्र गनि तेज बीज पुनि रेत। वीर्य नाम षट कहत है जे वर बुद्धिनिकेत [२-६-९४]

मूर्छित :

मूर्छाल अरु मूर्त पुनि गनि मूर्छित बुधिवान। होत मूर्छा जासुके सो त्रै नाम प्रमान [२-६-९५]

मांस :

पलल क्रव्य आमिष तरस पिशित मांस षट नाम। अग्रमांस अरु बुक्क द्वै हृदयमांस बुधिधाम [२-६-९६]

शुष्कमांस उतप्त त्रै नाम सहित वल्लूर। असृग्धरा त्वक खाल त्वच [63] चारि नाम बुधिपूर [२-६-९७]

रूधिर :

---

60 कुष्ट नाम - ग०।

61 न्यव्ज - नी०; निंज - ग०।

62 क्लिन्न पिल्ल अरु चिल्ल - नी०ग०।

63 रक्तघरात्व षालत्व - नी०; रक्तधरात्व षाल त्वच - ग०।

अस्र असृक शोणित रुधिर लोहित क्षतज सिहारि। रक्त नाम ए सात है भाषत सुकवि विचारि [२-६-९८]

सोथ :

शोफ स्वयथु अरु शोथ ए चारि सोथ [64] के नाम। वपा वसा ए मेद के तीनि नाम बुधिधाम [२-६-९९]

नाडी :

धमनि शिरा नाडी त्रई नाम कहत बुधिवान। ग्रीवा ऊपर शिरा जो मन्या नाम प्रमान [२-६-१००]

उदरजलस्थान :

तिलक क्लोम मन मानिकै भाषत बुद्धिविचित्र। उदरमध्य जल जह टिकै ताके ए द्वै मित्र [२-६-१०१]

गूद :

वाम कुक्षि जो मांस को खंड नाम द्वै तासु। गुल्म और प्लीहा कहत जे है बुद्धि विलासु [२-६-१०२]

करेजा :

कुक्ष दाहिनी मांस को खंड ताहि बुधिधाम। कालखंड अरु यकृत त्रै कहे करेजा नाम [२-६-१०३]

नस :

स्नायु वस्नसा नाम त्रै नस के बुद्धि उदांत। नाम तीनि कवि कहत है अंत्र पुरीतत आंत [२-६-१०४]

लार :

सृणिका लाला स्यंदिनी [65] चारि नाम जुत लार। कीच नैन [66] को द्रूषिका भाषत बुद्धि उदार [२-६-१०५]

मूत्र :

मूत्र और प्रस्राव त्रै मूत्र नाम बुधिधाम। अस्थि कुल्य कीकस कहे चारि हाड के नाम [२-६-१०६]

विष्टा :

विष्टा स मल पुरीष विट शकृत गूथ उच्चार। सहित अवस्कर नाम नव जुत वर्चस्क उदार [२-६-१०७]

खपरी :

खपरी कर्पर और कपाल। तीनि नाम ए बुद्धि विसाल। ल्योडीहाड करोटि प्रमान। औ कषेरुका रीढ सुजान [२-६-१०८]

पसुरी :

पसुरी को है पर्शुका पांजर को कंकाल। नाम जानियो मित्र ए भाषत बुद्धि विसाल [२-६-१०९]

अंग :

अवयव अपघन औरऊ जुत प्रतीक मन मानि। चारि नाम ए अंग के कहे सुवंस बखानि [२-६-११०]

देह :

गात्र कलेवर काय शरीर। मूर्ति संहनन तनु कहि धीर। वर्ष्म तनू विग्रह वपु देह। द्वादस नाम कहत गुनगेह [२-६-१११]

पाइ :

अंह्रि पाद पद चरण अरु पत रु [67] नाम सर मित्र। प्रपद कहत पादाग्र को जे वर बुद्धि विचित्र [२-६-११२]

घूट :

घुटिका गुल्फ अरु घूट त्रै नाम कहे मन मानि। पार्ष्णि नाम एडी विषै कविवर कहत बखानि [२-६-११३]

पिडुरी :

जंघा तीनि नाम है प्रसृता। पिडुरी सहित बुद्धि द्रसृता। जानु ऊरूपर्वा अष्ठीवत। चारि नाम गांठी के गीवत [२-६-११४]

गुद :

---

64 स्वाउ - नी०; स्वोउ - ग०।
65 श्यादिनी - नी०ग०।
66 कीचरही - नी०ग०।
67 पारं - नी०ग०।

भाष्यौ पायु अपान त्रै ए है गुद के नाम। नाभि तरे को कहत है वस्ति नाम बुधिधाम [२-६-११५]

जंघा :

सक्थि ऊरु अरु जांघ त्रै नाम जानियो मित्र।-वंक्षण तटिनी [68] को कहत जे वर बुद्धि विचित्र [२-६-११६]

कटि :

कट कटि श्रोणि ककुद्मती श्रोणिफलक करि हाउ। परिकर जुत ए सात हैं मित्र जानियो नाउ [२-६-११७]

तिय कटि पीछे भाग को नाम नितंब प्रमान। पुरो भाग को अग्र जो भाषत जघन सुजान [२-६-११८]

गढवा होत नितंब मे ताहि ककुंदर नाम। भग उपस्थ त्रै योनि के नाम कहत बुधिधाम [२-६-११९]

लिंग :

शेफ स मेढ़ उपस्थ अरु मेहन शिश्न सिहारि। लिंग नाम षट जानियो भाषै सुकवि विचारि [२-६-१२०]

अंडकोश :

अंडकोश अरु मुष्क त्रै कहे वृषण के नाम। नाम तरे की रीर को त्रिक भाषत बुधिधाम [२-६-१२१]

उदर :

कुक्षि पिचिंड उदर जठर और तुंद मन मानि। पेट नाम षट जानिए कहे सुवंस बखानि [२-६-१२२]

पीठि :

पृष्ठ और तनचरम त्रै पीठि नाम बुधिधाम। भुजशिर अंस स्कंध जुग है कांधे के नाम [२-६-१२३]

हसिया हाड जत्रुणी कहै औ कखरी को कक्ष। कखरी तरे को पार्श्व गनि भाषत है कवि दक्ष [२-६-१२४]

मध्यम औ अवलग्न त्रै मध्यसरीर कै नाम। भुज प्रवेष्ठ अरु दोः जुग बाहु नाम बुधिधाम [२-६-१२५]

बाहुगांठि पीछे बुधिधाम। है कफोणि कूर्पर द्वै नाम। बाहुगांठि आगे मन मानि। कहत प्रगंड नाम बुधिखानि [२-६-१२६]

पहुंचा के भाषत हरषि नाम प्रकोष्ठ सिहारि। नाम कलाई को कहत कवि मणिबंध विचारि [२-६-१२७]

छिगुनी ते मणिबंध लौ करभ नाम बुधिधाम। पंचशाख अरु पाणि शय कर के है जुग नाम [२-६-१२८]

कर अंगुली नाम करशाखा। औ अंगुष्ठ अंगूठा भाषा। प्रथम अंगुली को बुधिधनी। कहत तर्जनी औ प्रदेशिनी [२-६-१२९]

तरे मध्यमा के अंगुरी लहि। त्यहि अनामिका भाषत कवि चहि। कहत छीगुनी को मन मानि। नाम कनिष्ठिका सुकवि बखानि [२-६-१३०]

नख :

गनि कररुह औ पुनर्भव नख औ नखर सिहारि। नह के ए षट नाम है कहे सुवंस विचारि [२-६-१३१]

विस्तृत अंगुठा अगुरिन छोर। क्रम ते है प्रमान बुधि जोर। गनि प्रादेश ताल गोकर्ण। सहित वितस्ति लहौ बुधिधर्ण [२-६-१३२]

मूठी जुत जो हस्त है ताको कहत सरत्नि। सोइ कनिष्ठिका छूट जो ताको कहत अरत्नि [२-६-१३३]

प्रतल संहतल नाम द्वै द्वै कर जुरे प्रमान। प्रतल प्रहस्त चपेट जुग थापर नाम सुजान [२-६-१३४]

चुरुवा को प्रसृत मन मान्यौ। द्वौ चुरुवा संग अंजुलि जान्यौ। विस्तृत कर पहुचा को हस्त। नाम कहत है सुकवि समस्त [२-६-१३५]

गर :

कंठ और गल गरे के तीनि नाम बुधिधाम। घाटा अवटु घांटी सहित जुग क्रिकाटिका नाम [२-६-१३६]

ब्यावा को सब कहत है व्याम नाम बुधिधाम। विस्तृत ऊरुध हस्त नर ठाढो पौरुष नाम [२-६-१३७]

घींच :

घींच नाम युग कंधरा ग्रीवा और शिरोधि। सो त्रैरेखा युत कह्यौ कंबुग्रीवा सोधि [२-६-१३८]

मुख :

---

68 गाली - नी०ग०।

आस्य वदन आनन लपन वक्र तुंड मन मानि। ये मुख के षट नाम है कहे सुवंस बखानि [२-६-१३९]

नाक :

घोणा नासा नासिका गंधवहा अरु घ्राण। कहत नाक के नाम षट पंडित सुकवि सुजान [२-६-१४०]

ओष्ठ :

दशनवास रदनच्छद अधर ओष्ठ नाम ए चारि। दाढी को भाष्यौ चिबुक सुकवि सुवंस विचारि [२-६-१४१]

रदन :

रदन दशन रद दंत सर दांत नाम बुधिमंड। कह्यो चहू को नाम हनु औ कपोल को गंड [२-६-१४२]

तरुवा :

काकुद तरुवा तालु त्रै नाम कहत बुधिधाम। जिह्वा रसना जीभ जुग सहित रसज्ञा नाम [२-६-१४३]

गलफर :

कहत नाम यह सृक्किणी गलफर को बुधिवान। त्रै कनीनिका तारका पुतरी नाम प्रमान [२-६-१४४]

नेत्र :

लोचन ईक्षण चक्षु दृक अक्षि दृष्टि अरु नैन। अंबक आंखी नेत्र दस नाम कहत बुधि ऐन [२-६-१४५]

आंसू :

अश्रु अस्र नेत्रांबु सर रोदन अंसुवा नाम। नाम नेत्र की कोर को है अपांग बुधिधाम [२-६-१४६]

चितवनि :

ईक्षण अवलोकन लखवु दृष्टि कटाक्ष सिहारि। चितवनि के सर नाम ए भाषत सुकवि विचारि [२-६-१४७]

भौह :

भ्रकुटी औ भ्रू भौह के तीनि नाम है मित्र। भ्रकुटिमध्य को कूर्च यह भाषत बुद्धि विचित्र [२-६-१४८]

कपार :

गोधि भाल अरु अलिक गनि पुनि ललाट मन मानि। जुत कपार ए नाम सर कहे सुवंस बखानि [२-६-१४९]

श्रवण :

श्रोत्र और श्रव शब्दग्रह कर्ण श्रवण गनि कान। श्रुति युत ए षट नाम है भाषत सुकवि सुजान [२-६-१५०]

सिर :

उत्तमांग शिर मूर्द्धा शीर्ष मूड मन मानि। मस्तक जुत ए नाम षट कहे सुवंस बखानि [२-६-१५१]

केश :

चिहुर चिकुर कुंतल बहुरि बाल और कच केस। बार शिरोरुह नाम वसु भाषत है बुधिवेस [२-६-१५२]

कैशिक औरौ कैश्य गनि ए द्वै नाम सिहारि। भाषत केससमूह को पंडित सुकवि विचारि [२-६-१५३]

लटकै वार लिलाट पै तासु नाम द्वै मित्र। अलक चूर्णकुंतला कहत जे वर बुद्धि विचित्र [२-६-१५४]

काकपक्ष अरु सहित शिखंडक। जुलुफ नाम ए त्रै बुधि मंडक। शिखा केशपाशी चूडा चहि। कवि जुग नाम कहत झुटई लहि [२-६-१५५]

केशवेष[69] कवरी सहित वेणी के त्रै नाम। कहत नाम धम्मिल्ल यह जूरा के बुधिधाम [२-६-१५६]

नाम तीनि है व्रतिन के[70] जटा सटा कोटीर। लपटे केश के नाम द्वै वेणि प्रवेणि गभीर [२-६-१५७]

नाम कहत श्मश्रु वह दाढी के जे केश। लोम तनूरुह रोम के नाम तीनि बुधिवेस [२-६-१५८]

वेष :

देश प्रसाधन औरऊ गनि प्रतिकर्म सुजान। पांच नाम नेपथ्य जुत है आकल्प प्रमान [२-६-१५९]

कहत अलंकर्ता बहुरि अलंकरिष्णु सुजान। भूषणकर्ता[71] नाम त्रै मंडन सहित प्रमान [२-६-१६०]

भूषित मंडित परिष्कृत और अलंकृत मानि। कह्यो प्रसाधित नाम षट भूषन जुत के जानि [२-६-१६१]

---

69 केशवास - नी०ग०।

70 प्रतिन अरु - नी०ग०।

71 भूषणकृत के - नी०ग०।

तीनि नाम विभ्राट अरु सहित कह्यो भ्राजिष्णु। भूषन जुत सुंदर लसै ताके जुत रोचिष्णु [२-६-१६२]

भूषण :

भूषण मंडन आभरन अलंकार बुधिधाम। कह्यो विभूषण औरऊ परिष्कार षट नाम [२-६-१६३]

मुकुट :

नाम तीनि आपीड अरु मुकुट किरीट प्रमान। चूडामणि को कहत है शिरोरत्न बुधिवान [२-६-१६४]

केशनि मै मुकुतालि जो तासु नाम द्वै मानि। कहे पारितथ्या बहुरि बालपाश्या जानि [२-६-१६५]

भालभूषन :

पत्रपाश्या औरऊ गनि ललाटिका मित्र। नाम भालभूषन त्रई भाषत बुद्धि विचित्र [२-६-१६६]

ढार :

ढार तर्योना कर्णिका तालपत्र जुग नाम। कर्णवेष्ठन कहत है कुंडल को बुधिधाम [२-६-१६७]

कंठी :

कह्यो कंठभूषा गैवेय। कंठी तीनि नाम बुधिसेय। लंवन औ ललंतिका नाम। त्रै लंवी कंठी बुधिधाम [२-६-१६८]

सोने की कंठी है जौन। प्रालंबिका कहत बुधिभौन। मोतिन की कंठी को जानि। उरःसूत्रिका कहत बखानि [२-६-१६९]

माला :

माला के जुग नाम है माल्य और सृकदाम। मुक्तावलि को हार त्यहि मध्यग तरल सुनाम [२-६-१७०]

प्रकोष्ठ भूषण :

आवापक परिहार्य अरु कटक वलय बुधिधाम। ए प्रकोष्ठ भूषण विषै भाषत है जुग नाम [२-६-१७१]

बजुल्ला :

नाम बजुल्ला तीनि है अंगद औ केयूर। प्रतिसर करभूषण कहत कंकण त्रै बुधिपूर [२-६-१७२]

मुंदरी :

कह्यो अंगुलीयक बहुरि सहित ऊर्मिका मानि। तीनि नाम है मूदरी मित्र लीजिए जानि [२-६-१७३]

अंगुलिमुद्रा साक्षरा मुद्रा सहित प्रमान। स्वामी नाम लिखो जुगल तासु नाम बुधिवान [२-६-१७४]

कंधनी :

सारसन रसना मेखला सिंजिनी कांची मानिए। अरु शृंखला सप्तकी वसु कंधनी नाम बखानिए। मंजीर नूपुर पादकटक विचारि हंसक चित चह्यो। ऋषि नाम बिछिया तुलाकोटि सुवंश पादांगद कह्यो [२-६-१७५]

घुंघुरू :

क्षुद्रघंटिका किंकिनी घुंघुरू के त्रै नाम। अमरकोस को मानि मत भाषत कवि अभिराम [२-६-१७६]

वस्त्रयोनि :

त्वक फल रोम और कृमि चारि। वस्त्रयोनि के कहे विचारि। क्षौम और भंगरादिक जानि। रांकव वस्त्र कहत कवि मानि [२-६-१७७]

कार्पास वादर दुवो फाल [72] वस्त्र प्रमान। गनि दुकूल कौशेय ते जे कृमिवस्त्र सुजान [२-६-१७८]

रांकव कंबरादि मन मानि। रोमवस्त्र ए कहे बखानि। निष्प्रवाणि तंत्रक अनाहत। कोरवस्त्र जुग नाम छंद कृत [२-६-१७९]

भाषत उद्गमनीय है धोती कौ बुधिवान। धौत रेशमी वस्त्र जो सो पत्रोर्ण प्रमान [२-६-१८०]

बडे मोल को वस्त्र त्यहि कहत महाधन नाम। वसनछोर को कहत है दशा नाम बुधिधाम [२-६-१८१]

प्रावृत और निवीत द्वै ओढै वाले वास। जीरन कपरा पटच्चर भाषत बुद्धिप्रकास [२-६-१८२]

लंबाई :

दैर्घ्य और आयाम गनि पुनि आरोह सिहारि। चारि लमाई के कहे नाम सुवंस विचारि [२-६-१८३]

---

[72] दवो ए फल - नी०ग०।

चौडाई :

पनहा औ परिणाह गनि औरौ कह्यो विशाल [73]। चकलाई के नाम जुग भाषत बुद्धि रसाल [२-६-१८४]

अंगौछा :

कर्पट नक्तक कहत सुजान। तीनि अंगौछा नाम प्रमान। स्थूलशाटक वराशि सिहारि। मोटे कपरा तीनि विचारि [२-६-१८५]

वस्त्र :

आच्छादन अंशुक वसन वस्त्र चैल औ वास। सात नाम कपरा सहित भाषत बुद्धिप्रकास [२-६-१८६]
गनि निचोल औरौ कह्यो प्रच्छदपट बुधिधाम। अंगिया बहुरि उहार के मित्र लहो द्वै नाम [२-६-१८७]

अधोवस्त्र :

अंतरीय परिधान पुनि औरौ उपसंव्यान। अधोवस्त्र के नाम जुग भाषत सुकवि सुजान [२-६-१८८]

चोली :

चोली के त्रै नाम है कूर्पासक औ चोल। लहगा को चंडातक भाषत बुद्धि अमोल [२-६-१८९]

ऊर्द्धवस्त्र :

उत्तरीय औ वृहतिका ऊर्द्धवस्त्र संव्यान। नाम उत्तरासंग षट जुत प्रावार सुजान [२-६-१९०]
सीतनिवारन वस्त्र को कहत नाम नीशार। वसनसदन को दूष्या भाषत बुद्धि उदार [२-६-१९१]

बनातघर :

गनि तिरस्करिणी औ जवनिका प्रतिसीरा जानिए। ए चारि नाम बनातघर के हरषि मित्र बखानिए। उल्लोच और वितान जुग चंदवा चंदोवा नाम है। परिकर्म यह अंग संसकारक है जे बुधि के धाम है [२-६-१९२]

देहअगौछन :

मार्ष्टि मार्जना मृजा ए तीनि नाम मन मानि। देहअगौछन के कहत पंडित सुकवि बखानि [२-६-१९३]

उबटन :

उद्वर्तन भाषत बुधिधाम। उत्सादन उबटन त्रै नाम। आप्लाव आप्लव अरु स्नान। मज्जन जुत जुग नाम बखान [२-६-१९४]

अंगरचना :

स्थासक औ चार्चिक्य गनि चर्चा सहित सिहारि। चंदन अंगरचना कहे ए जुग नाम विचारि [२-६-१९५]

तिलक :

तिलक तमालपत्र चित्रक लहि। चारि विशेषक नाम कहे चहि। तीनि पत्रलेखा पत्रांगुलि। कहे मकरिकापत्र सुकवि कुलि [२-६-१९६]

केसरि :

वर कुंकुम पीतन काश्मीर। अरु लोहितचंदन रक्त धीर। संकोच अग्निशिख वाल्हीक। रवि नाम पिशुन केसर सु ठीक [२-६-१९७]

लाख :

जतु अलक्तक लाक्षा बहुरि द्रुमामय याव। लाख राक्षा सात ए नाम कहत कविराव [२-६-१९८]

लौंग :

देवकुसुम श्रीसंज्ञ ए लवंग नाम त्रै मानि। कहत सुवंस विचारिकै मित्र लीजिए जानि [२-६-१९९]

अगुरु :

कृमिज लोह जोंगक [74] वंशिक औ राजार्ह प्रमान्यो। साधारन ए अगुरु नाम षट कोस मतो लहि गान्यो। कालीयक कालानुसार्य गनि औ जायक जी जान्यौ। कृष्णअगुरु के चारि नाम ए सुकविन हर्षि बखान्यौ [२-६-२००]

राल :

---

73 शुद्ध रूप 'विशालता' है, 'पार्श्वविस्तारः' **हलायुध०**।
74 जोअंगक - नी०ग०।

यक्षधूप औ सर्जरस गनि अराल बहु रूप। सहित सर्वरस राल षट नाम कहत कविभूप [२-६-२०१]

कृत्रिमधूप :

कृत्रिमधूपक सुकवि मानि। नाम कहत वृकधूप बखानि। पिंडक सिल्ह तुरुष्क सुजान। यावन पांच नाम लोबान [२-६-२०२]

कहरुवाकपूर :

पायस औ श्रीवास सरलद्रव। पुनि श्रिवेष्ट विचार्यौ करि लव। जुत वृकधूप कहत बुधिधरु वा। ए षट नाम कपूर कहरुवा [२-६-२०३]

कस्तूरी :

मृगमद औ मृगनाभि त्रै कस्तूरी के नाम। वर्णक गात्रविलेप को भाषत मेधाधाम [२-६-२०४]

कपूर :

हिमवालुका सिताभ्र घनसार। बहुरि कह्यो कर्पूर उदार। और चंद के ज्यतने नाम। ते कपूर के है बुधिधाम [२-६-२०५]

चंदन :

गंधसार गनि भद्रश्री मलयज औ श्रीखंड। चंदन के सर नाम है भाषत बुद्धिउदंड [२-६-२०६]

रक्तचंदन :

तैलपर्णिक पत्रांग अरु रंजन जे कवि सांच। नाम रक्तचंदन कहै सहित कुचंदन पांच [२-६-२०७]

जैफर जातीकोश अरु जातीफल त्रै नाम। वस्तु सुगंधित कीनि जो सो भाषत बुधिधाम [२-६-२०८]

यक्षकर्दम :

मिलि मृगमद कर्पूर अरु अगरु सहित कंकोल। नाम यक्षकर्दम कहत जाको बुद्धि अमोल [२-६-२०९]

मालाभेद :

माल केस मधि गनि गर्भक। शिखालंवि माला सु प्रभ्रष्टक। सिर ऊपर आगे जो माला। ताहि ललामक नाम विशाला [२-६-२१०]

सूधो माला गल मे जान्यो। ताहि नाम प्रालंब बखान्यो। तिरछो माला पहिरौ जाई। सो सृक वैकक्षिक सुखदाई [२-६-२११]

ककई :

गनि प्रसाधनी औरऊ कंकतिका मन मानि। ककई के त्रै नाम है कविवर कहत बखानि [२-६-२१२]

पलंग :

पलंग मंच पल्यंक अरु खट्वा सर पर्यंक। त्रै शैया शयनीय अरु शयन कह्यो निरसंक [२-६-२१३]

परिस्पंद रचना विषै भाषत कवि अभिराम। पटवासक पिष्टात द्वै द्रव्य सुगंधित नाम [२-६-२१४]

तकिया :

तकिया उपबर्हण उपधान। तीनि नाम ए कहत सुजान। प्रतिग्राह प्रतिग्रह त्रै नाम पीकदान के है बुधिधाम [२-६-२१५]

गेंद :

कंदुक गेंडुक गेंद पतंग। चारि नाम ए बुद्धि उतंग। पानदान संपुटक सुजान। तीनि समुद्गक नाम प्रमान [२-६-२१६]

ऐना :

दर्पण औ आदर्श गनि मुकुर आरसी मानि। ऐना के सर नाम ए कहत सुवंस बखानि [२-६-२१७]

पंखा :

व्यजन तालवृंतक त्रई पंखा नाम सिहारि। अमरकोस को मानि मत कहे सुवंश विचारि [२-६-२१८]

इति श्रीविश्वनाथ पुराखंड मंडल धराधीस चौधरी शिवसिंह वंशावतंस उमराउसिंह कारिते शुक्ल सुवंश विरचिते उमराउकोशे द्वितीय कांडे नृवर्ग [६]

वंश :

अभिजन कुल संतान अरु अन्वय संतति वंश। जनन गोत्र के नाम वसु भाषे सुकवि सुवंश [२-७-१]

ब्राह्मणादि कविवर कहै वर्ण नाम उर धारि। भाष्यौ चार्‌यौ वर्ण को चातुर्वर्ण्य सिहारि [२-७-२]

उपजै राजा वंस मे ताके है द्वै नाम। कहै राजवीजी बहुरि राजवंश्य बुधिधाम [२-७-३]

कुलीन :

आर्य महाकुल सभ्य पुनि सज्जन औरौ साधु। ए कुलीन के नाम षट भाषत बुद्धि अगाधु [२-७-४]

पंडित :

कह्यो कृष्टि बुध सूरि बहुरि कोविद और विचक्षण। अरु विदग्ध धीमान धीर पंडित समेत सण। सुधी औरऊ प्राज्ञ दीर्घदर्शी कवि नागर। लब्धवर्ण विद्वान मनीषी ज्ञा बुधिआगर। दोषज्ञ विपश्चित नाम ए जुत चौवीस कुबुद्धिहर। कहि कवि सुवंश उमराउ नृप है सर्वज्ञ अनंदकर [२-७-५]

आश्रम :

ब्रह्मचर्य अरु गृही पुनि वानप्रस्थ सिहारि। कहे सहित संन्यास के आश्रम चारि विचारि [२-७-६]

ब्राह्मण :

द्विज द्विजाति भूदेव अरु वाडव विप्र सुजान। सात अग्रजन्मा सहित ब्राह्मण नाम प्रमान [२-७-७]

षटकर्मा :

करै करावै विप्र जो यज्ञ दान अध्ययन। षटकर्मा ताको कहत नाम बुद्धि के अयन [२-७-८]

पूरन शाखा जो पठै जुगुल नाम है तासु। कहत छांदस श्रोत्रिय जे है बुद्धि प्रकासु [२-७-९]

उपाध्याय अध्यापक नाम। जुगम वेद पाठक बुधिधाम। वेद पठै जो अंग समेत। अनूचान सो बुद्धि निकेत [२-७-१०]

जजमान :

यज्वा यष्टा औ व्रती बहुरि कह्यो यजमान। याज्ञिक के सर नाम ए भाषत सुकवि सुजान [२-७-११]

बार बार यज्ञी करै भाषत बुद्धि निकेत। यायजूक द्वै नाम है इज्याशील समेत [२-७-१२]

यज्ञ विश्वजित नाम वह जामे सर्वसु दान। नाम सर्ववेदा कहत ता कृत को बुधिवान [२-७-१३]

संचै पावक यज्ञ मे ताको बुद्धिविचित्र। नाम अग्निचित कहत है जानि लीजिए मित्र [२-७-१४]

शिष्य :

अंतेवासी छात्र शिष्य लहि। तीनि नाम ए कहत सुकवि चहि। पठि गुरु शासन लै घर आयो। नाम समावृत तासु बतायो [२-७-१५]

एक गुरू ते पढत है विद्यार्थी जु अनेक। ताको नाम सतीर्थ्या भाषत बुधि विवेक [२-७-१६]

प्राथमकल्पिका शैक्ष तिनि गनि। प्रथम पढैया नाम लहौ भनि। पढै परस्पर सम बुधि भौन। है सब्रह्मचारिन वह तौन [२-७-१७]

इतिहास :

परंपरा उपदेस जो तासु नाम द्वै मित्र। इतिहा औ एतिह्य ए भाषत बुद्धिविचित्र [२-७-१८]

कहत उपज्ञा नाम यह आद्यज्ञान कौ जानि। नाम कहत आरंभ को सुकवि उपक्रम मानि [२-७-१९]

यज्ञ :

क्रतु मख अध्वर याग सव सप्ततंतु अरु यज्ञ। आठ नाम इज्या सहित भाषत है सर्वज्ञ [२-७-२०] [75]

महायज्ञ :

अतिथि सपर्या होम बलि तर्पण पाठ सिहारि। महायज्ञ ए पांच है पंडित कहत विचारि [२-७-२१]

सभा :

75 दूसरा चरण लुप्त - नी०।

सभा समज्या परिषत संसद। गोष्ठी अरु आस्थान समिति सद। जुत आस्थानी बुधि अभिराम। ए समाज के है वसु नाम [२-७-२२]

प्राग्वंश :

जा घर मे साकल्य [76] है ताते पूरव गेह। प्राग्वंश ताको कहत नाम सुकवि करि नेह [२-७-२३]

सभासद :

सभ्य सामाजिक औरऊ सभास्तार बुधिवान। नाम सभासद पांच ए सहित सदस्य प्रमान [२-७-२४]

वेद समाज जुरिकै पठत ताहि कहत बुधिधाम। उद्गाता अध्वर्य अरु होता क्रमते नाम [२-७-२५]

ऋत्विक :

ऋत्विक औ आग्नीध्र गनि याजक सहित सिहारि। वर्णीब्राह्मण यज्ञ हित तासु नाम ए चारि [२-७-२६]

भूमि यज्ञशाला बुधिधाम। स्थंडिल चत्वर ए द्वै नाम। कछ्रु उन्नत भूकृत चौकोर। वेदि कहत त्यहि कवि सिरमोर [२-७-२७]

चखाल :

यूथखंभ ऊपर लसै काठ कडा बुधिधाम। गनि चखाल औरौ कह्यो यूपकटक द्वै नाम [२-७-२८]

परदा दीन्हो यज्ञ मे कुंबा सो बुधिभौन। यज्ञखंभ की शिरा जो नाम तर्म है तौन [२-७-२९]

अरणि :

काठ घसे पावक कढै भाषत बुद्धि विचित्र। तासु काठ को नाम है अरणि जानियो मित्र [२-७-३०]

यज्ञअग्नि :

दक्षिणाग्नि गनि औरऊ गार्हपत्य बुधिधाम। आहवनीय त्रई कहे यज्ञअग्नि के नाम [२-७-३१]

अग्निप्रिया :

स्वाहा पावककामिनी अग्निप्रिया मन मानि। नाम अग्नायी कहत चारि सुबुद्धि बखानि [२-७-३२]

यज्ञ माह पावक के बारत। पंडित जे कांडी उच्चारत। वाक [77] सामधेनी धाय्या लहि। युगुल नाम कवि तासु कहे चहि [२-७-३३]

छंद :

गायत्री उष्णिक मन मानि। और अनुष्टुप वृहती जानि। पंक्ति त्रिष्टुभ जगती करि लव। अतिजगती शंकर ई छंद नव [२-७-३४]

खीर :

पायस अरु परमान्न त्रै खीर नाम बुधिधाम। तप्त दूध मे दधि परै आमिक्षा त्यहि नाम [२-७-३५]

पंखा है मृगचर्म को ताको नाम धवित्र। नाम कहत पृषदाज्य यह दधिघृत मिश्रित मित्र [२-७-३६]

देवअन्न को हव्य यह कह्यो नाम मन मानि। कव्य पितर को अन्न है कह्यौ सुवंस बखानि [२-७-३७]

श्रुवा :

ध्रुवा उपभृत अरु जुहू स्रुव स्रुक सहित प्रमानु। कहत श्रुवा के नाम षट भेद जुक्त बुधिवान [२-७-३८]

सांकल्प :

सान्नाय्य अरु हव्य त्रै है सांकल्प कै नाम। जो होमी ताको कहत वषटकृत बुधिधाम [२-७-३९]

पशुमारन :

शमन प्रोक्षण औरऊ परंपराक सुजान। पशुमारन के यज्ञहित ए त्रै नाम प्रमान [२-७-४०]

पूजित मंत्रित यज्ञपसु ताको कवि अभिराम। हतो बिन हतो दुहुन को कहै उपाकृत नाम [२-७-४१]

बलिपशु :

[76] साकल्प - नी०ग०।
[77] क्राक - नी०ग०।

मारेगे पसु यज्ञ मे ते त्रै नाम प्रमान। प्रमीत ह्वै [78] अरु प्रोक्षित उपसंपन्न [79] सुजान [२-७-४२]
इष्ट यज्ञ के कर्म को नाम जानियो मित्र। भाषत दीक्षाअंत को अवभृथ बुद्धि विचित्र [२-७-४३]
यज्ञशेष को अमृत गनायो। भोजन शेषहि विघस बतायो। वापी कूप और खातादि। पूर्त नाम भाषत कवि आदि [२-७-४४]

दान :

प्रतिपादन उत्सर्जन अंहति त्याग विहापित जान्यौ। गनि निर्वपण औ स्पर्शन सहित विसर्जन मान्यौ। विश्राणन वितरण प्रादेशन अपवर्जन उर आन्यौ। दान त्रयोदस नाम जानिकै सुकवि सुवंस बखान्यौ [२-७-४५]
मृत के अर्थ प्रेत को दान। नाम और्ध्वदेहिक बुधिवान। पितृदान को कहत निवाप। भाष्यौ कुतप मध्यदिन थाप [२-७-४६]
पितृ अर्थ जो तप मे कीन जात है दान। ताको फल अक्षय रहत भाषत सुकवि सुजान [२-७-४७]
मासिक अन्वाहार्य ए कहत सुकवि अभिराम। श्राद्ध अमावस विषै जो ताके ए द्वै नाम [२-७-४८]

ढूंढै :

पर्येषणा गवेषणा अन्वेषणा बुधिधाम। ढूंढै के सर नाम ए सहित परीष्टि प्रमान [२-७-४९]

भिक्षा :

यांचा याचना अर्थना अरु अभिशस्ति सिहारि। भिक्षा के सर नाम ए पंडित कहत विचारि [२-७-५०]

गुरुसेवा :

सनि अध्येषणा गुरु सेवा के द्वै नाम। उपस्पर्श आचमन को नाम कहत बुधिधाम [२-७-५१]

अतिथि :

आवेशिक गनि औरऊ अभ्यागत आगंतु। चारि नाम ए अतिथि के भाषत है कवि संतु [२-७-५२]
करै सपर्या अतिथि की तासु नाम है दोइ। आतिथेय अतिथ्य ए कहे अमर मत जोइ [२-७-५३]
अर्घ पादजल जोग जो अर्घ पाद्य बुधिवान। उठिकै आदर करव द्वै गौरव अभ्युत्थान [२-७-५४]

पूजा :

अपचिति पूजा नमस्या अर्हणा पूजन जानि। सहित सपर्या नाम सर कहे सुवंस बखानि [२-७-५५]

सेवा :

परिचर्या सेवा बहुरि वरिवस्या बुधिधाम। कह्यो उपासन जानियो शुश्रूषा सर नाम [२-७-५६]

अटन :

व्रज्या बहुरि अटा अट्या [80] औरौ फिरबु सिहारि। चारि नाम पर्यटन के कहे सुवंस विचारि [२-७-५७]

क्रम :

आनुपूर्वी अनुक्रम परिपाटी पर्याय। आवृत क्रम के नाम षट कहत सुकवि समुदाय [२-७-५८]

अक्रम :

पर्यय पुनि अतिपात गनि और उपात्यय मित्र। अक्रम के जुग नाम है भाषत बुद्धि विचित्र [२-७-५९]

उपास :

उपवस्त उपवास द्वै अशनविरह के नाम। नियम नाम व्रत को कहत पंडित कवि अभिराम [२-७-६०]

विवेक :

पृथगात्मता विवेक को भाषत वाणीसिद्ध। नाम ब्रह्मवर्चस कहत जो व्रतादि ते रिद्ध [२-७-६१]
ध्यानयोग मे आसन जौन। ब्रह्मासन भाषत कवि तौन। वेद पढत अंजलि बुधिधाम। ब्रह्मांजलि ताको है नाम [२-७-६२]
वेद पठत मुखते झरै जल के कणुका जानि। ब्रह्मविंदु वह नाम है कविवर कहत बखानि [२-७-६३]

---

78 प्रमीतोय - नी०ग०।
79 जुत संपन्न - नी०ग०।
80 श्मा - नी०ग०।

विधि :

तीनि नाम मन मानिए विधि के क्रम अरु कल्प। मुख्य प्रथम विधि को कहत जिन कै नहि बुधि अल्प [२-७-६४]

कहत नाम अनुकल्प यह पीछे की विधि जौन। वेदाध्ययन विसेष विधि उपाकरण है तौन [२-७-६५]

नमस्कार :

अभिवादन औरौ कहत पादग्रहन बुधिवान। नमस्कार के नाम जुग सहित समादर मान [81] [२-७-६६]

दंडी :

परिव्राट पाराशरी भिक्षु मस्करी जानि। दंडी के सर नाम है कहे सुवंस बखानि [२-७-६७]

तपस्वी :

पारिकांक्षी तपस्वी तापस ए त्रै नाम। तप के सहै कलेश त्यहि दांत नाम बुधिधाम [२-७-६८]

मौनव्रती :

वाचंयम मुनि नाम त्रै मौनव्रती के मित्र। नाम ब्रह्मचारी विषै वर्णी बुद्धि विचित्र [२-७-६९]

स्नातक अरु आप्लुतव्रती ये है बुधि के धाम। ज्यहि समाप्त भो वेदव्रत ताके ए द्वै नाम [२-७-७०]

यती :

सर्वैंद्रियजित यती यति ए त्रै नाम प्रमान। भाषत रिषि को नाम यह सत्य वचन बुधिवान [२-७-७१]

सात्विक :

सात्विक और द्व्यातिग नाम। त्रै विरजस्तमस है बुधिधाम। प्रयत पूत शुचि पुण्य पवित्र। पावन के षट नाम सु मित्र [२-७-७२]

दंड :

जो पलाश को दंड व्रती को। तासु नाम आषाढ सु नीको। बांस दंड जो व्रती गहत है। रांभ नाम त्यहि सुकवि कहत है [२-७-७३]

नाम कमंडल को कहत कुंडी करि चित चाउ। आसन को भाषत वृषी कवि कोविद उमराउ [२-७-७४]

सोमलता को कूटिबो सुत्या नाम सुजान। ता स्नान अरु पान द्वै अभिषव सवन प्रमान [२-७-७५]

मंत्र पाप पूरन हरन त्यहि अघमर्षण नाम। सांतपनादिक को कहत नाम कृच्छ्र बुधिधाम [२-७-७६]

जनेऊ :

गनि यज्ञसूत्र उपवीत जानि। अरु वृह्मसूत्र उर मध्य आनि। जुत जनेऊ बहुरि यज्ञोपवीत। है पांच नाम ए बुद्धि मीत [२-७-७७]

कह्यौ नाम प्राचीन को है प्राचीनावीत। जनेऊ जु मालाकार है ताको नाम निवीत [२-७-७८]

नाम अंगुलिअग्र को देवतीर्थ बुधिधाम। कहत कनिष्ठामूल को वेधा तीरथ नाम [२-७-७९]

अंगुठा तर्जनि मध्य जु लह्यो। नाम पैतृतीर्थ त्यहि कह्यो। अंगुठामूल ताहि बुधिधाम। भाषत ब्राह्मतीर्थ यह नाम [२-७-८०]

ब्रह्मालय :

सहित ब्रह्मसायुज्य अरु ब्रह्मभूय उर आनि। कह्यो ब्रह्मलय नाम जुग जुत ब्रह्मत्व बखानि [२-७-८१]

कुहना ताको नाम जो धरत दंभ ते ध्यान। संस्कार ते हीन जो व्रात्य नाम बुधिवान [२-७-८२]

पाखंडी :

लिंगवृत्ति धर्मध्वजी धर्मध्वज गनि मित्र। पाखंडी के नाम जुग भाषत बुद्धि विचित्र [२-७-८३]

खंडितव्रत :

अवकीर्णी क्षतव्रत नाम। खंडितव्रत के द्वै बुधिधाम। वेदपाठ ते जो जन हीन। ताहि निराकृति कहत प्रवीन [२-७-८४]

---

[81] समाद प्रमान - नि०ग०।

सोवत भानु उदै ह्वै आयो। तासु अभ्युदित नाम बतायो। सूर अस्त मे सोवबु जाको। अभिनिर्मुक्त नाम है ताको [२-७-८५]

नियमयम :

जो जरूर ते करबु है कर्म नियम त्यहि नाम। तनु साधे नित कर्म जो यम भाषत बुधिधाम [२-७-८६]

विवाह :

परिणय उपयम करग्रह दारकर्म उद्वाह। नाम पाणिपीडन सहित वसु उपयाम विवाह [२-७-८७]

जेठे बिना कनिष्ठ को व्याह होत बुधिधाम। जेठे को परिवित्ति लघु परिवेत्ता है नाम [२-७-८८]

वर के स्नेही विषै जे जन्य नाम जिय जानि। अमरकोश को मानि मत कह्यौ सुवंस बखानि [२-७-८९]

मैथुन :

ग्राम्यधर्म धर्षण सुरत निधुवन रमण व्यवाय। रति रत मैथुन नाम दस संवेशन सुखदाय [२-७-९०]

चतुर्वर्ग :

अर्थ धर्म अरु काम गनि मोक्ष चारि ए नाम। चतुर्वर्ग चार्‌यू मिले नाम कहत बुधिधाम [२-७-९१]

चतुर्भद्र :

बल धन सुख अरु धर्म ए भाषत बुद्धि विचित्र। चार्‌यू मिलिकै नाम है चतुर्भद्र यह मित्र [२-७-९२]

इति श्रीविश्वनाथ पुराखंड मंडल धराधीस चौधरी शिवसिंह वंशावतंस उमराउसिंह कारिते शुक्ल सुवंश विरचिते उमराउकोसे द्वितीय कांडे ब्रह्मवर्ग [७]

क्षत्रिय :

राजन्य गन्यो औरौ विराट। मूर्धाभिषिक्त कहि बुद्धि ठाट। बाहुज क्षत्रिय पांच नाम। भाषत विचारि कवि गिराधाम [२-८-१]

राजा :

राट भूप नृप पार्थिव भूभृत और नरेश। नाम महीक्षित आठ ए राजा के बुधिवेस [२-८-२]

नवै जाहि सामंत सब ताहि अधीश्वर नाम। नाम चक्रवर्ती विषै सार्वभौम बुधिधाम [२-८-३]

नाम मंडलेश्वर कहत एक देश जो राट। अश्वमेध कृत भूप जो तासु नाम सम्राट [२-८-४]

क्षत्रिय के गण को कहत राजन्यक यह नाम। राजक नृपति समूह को नाम कहत बुधिधाम [२-८-५]

मंत्री :

गनि धीसचिव अमात्य पुनि औरौ सचिव सिहारि। मंत्री के ए नाम जुग कहे सुवंस विचारि [२-८-६]

बहुधन :

महामात्र अरु कह्यो प्रधान। बहुधन तीनि नाम बुधिवान। न्याय अक्षदर्शक द्वै नाम। प्राड्विवाक सहित बुधिधाम [२-८-७]

चोपदार :

द्वारपाल द्वास्थित बहुरि दर्शक द्वास्थ प्रमान। प्रतीहार जुत नाम षट चोपदार बुधिवान [२-८-८]

चमूनायक :

अनीकस्थ गनि औरऊ रक्षिवर्ग जिय जानि। नाम चमूनायक त्रई कविवर कहत बखानि [२-८-९]

उपरोहित :

कह्यो पुरोधा और पुरोहित। उपरोहित के तीनि नाम हित। अधिकृत औ अध्यक्ष जानिए। अधिकारी त्रै नाम मानिए [२-८-१०]

अधिकारी यक ग्राम को स्थायुक है त्यहि नाम। अधिकारी बहुग्राम को गोप नाम बुधिधाम [२-८-११]

भौरिक कनकाध्यक्ष ए भाषत बुद्धि विचित्र। मुहर वनावै ताहि के नाम जुगुल ए मित्र [२-८-१२]

नैष्किक रूपाध्यक्ष ए नाम जुगुल जिय जानि। रचत रुपैया तासु के कहे सुवंस बखानि [२-८-१३]

अंतःपुर अधिकारी जौन। अंतर्वंशिक भाष्यौ तौन। शंढ वर्षवर खोजा खंड। चारि नाम ए बुद्धि उदंड [२-८-१४]

रनिवासे के दरवानी :

सौविदल्ल कंचुकी विचारि। सौविद स्थापत्या सिहारि। चौकीदार जनाने द्वार। तासु नाम जुग बुद्धि उदार [२-८-१५]

सेवक :

अनुचर अर्थी भृत्य गनि सेवक किंकर जानि। अनुजीवी ये नाम षट कविवर कहत बखानि [२-८-१६]

शत्रु :

अभिघाती पुनि अहित शत्रु परिपंथी रिपु पर। द्वेषण द्विषत अराति दस्यु द्विट कहि कविवर। शात्रव और सपत्न बहुरि द्विव प्रत्यर्थी अरि। सहित अमित्र विपक्ष गनत बुधिवर धीरज धरि। वैरी समेत उनईस ए नाम सुवंस सुकवि कहत। है वैर बिना जौ जगत मे पूरन सुख जन सो लहत [२-८-१७]

आप्त और प्रत्ययित ए भाषत बुधि के धाम। जापै है विस्वास दृढ ताके है द्वैं नाम [२-८-१८]

मित्र :

सुहृत सखा त्रै मित्र के भाषत नाम विचारि। अनुवर्तन अनुरोध ए तीनि नाम मनहारि [२-८-१९]

हलकारा :

प्रणिधि यथार्हवर्ण मन मानि। औरौ गूढपुरुष जिय जानि। चार स्पश अपसर्प कह्यो चर। आठ नाम हलकारा [82] बुधिवर [२-८-२०]

स्निग्ध वयस्य सबै बुधिधाम। तुल्य वयक्रम [83] के जुग नाम। गृहपति सत्री तीनि नाम लहि। कह्यो सदावर्ती के चित चहि [२-८-२१]

ज्योतिषी :

सांवत्सर ज्यौतिषिक गणक गनि। कार्तांतिक मौहूर्तिक कवि भनि। औ मौहूर्त ज्योतिषी ज्ञानी। नव दैवज्ञ नाम वसि वानी [२-८-२२]

लेखक :

अक्षरचण अरु लिपिकार अक्षरचंचु सिहारि। लेखक के जुग नाम ए कहे सुवंस विचारि [२-८-२३]

नाम लिखित के तीनि है लिवि लिपि कह्यो बखानि। भाषत कवि संदेशहर नाम दूत के जानि [२-८-२४]

राही :

अध्वनीन अध्वन्य अरु अध्वग पांथ प्रमान। नाम पथिक राही सहित ए षट कहत सुजान [२-८-२५]

राज्यश्री के सात अंग :

स्वामी मंत्री सेना देश। कोश दुर्ग हितकारी वेस। कहे सुवंस सात ए जानि। राज्यश्री के अंग बखानि [२-८-२६]

राज्य के षट गुण :

द्वैध संधि विग्रह बहुरि आसन आश्रय यान। ए षट गुण है राज्य के कहे सुवंस बखान [२-८-२७]

राज्यशक्ति :

मंत्रज औ उत्साह गनि बहुरि प्रभाव सिहारि। ए त्रै सक्ती राज्य की कह्यौ सुवंस विचारि [२-८-२८]

भाष्यौ वृद्धि स्थान क्षय इन्है त्रिवर्ग सिहारि। होत नीति वालेन के भाषत सुकवि विचारि [२-८-२९]

प्रताप :

कोश दंड ते होत है तेज तासु द्वै नाम। गनि प्रताप औरौ कहत औ प्रभाव बुधिधाम [२-८-३०]

उपाय :

साम दान अरु भेद जुत दंड नाम ए चारि। इनको भाषत सुकवि सब नाम उपाय सिहारि [२-८-३१]

सांत्व साम को नाम गनायो। भेद नाम उपजाय बतायो। दंड दमन औरौ है साहस कह्यो सुवंस जानि कै बुधिवस [२-८-३२]

धर्म सहित भृत्यादि ते पारिषि लीन्ही जाइ। ताको उपधा नाम है भाषत कवि समुदाइ [२-८-३३]

---

82 हरकारा - नी०ग०।
83 वहिक्रम - नी०ग०।

नाम मंत्र द्वै जनेते ताको अषडक्षीण। कहत नाम विश्वास को है विश्रंभ प्रवीन [२-८-३४]

एकांत :

निःशलाक रह विजन अरु रहस विविक्त सुजान। छत्र उपांशु एकांत के ए वसु नाम प्रमान [२-८-३५]

जो कछु होत एकांत मो सो रहस्य बुधिधाम। यथाउचित स्थान ते छुट्यो भ्रेष त्यहि नाम [२-८-३६]

उचित :

देशरूप अभ्रेष अरु कल्प समंजस न्याय। उचित नाम ए षट कहे कवि सुवंस सुखदाय [२-८-३७]

योग्यायोग्य विचार :

कह्यो समर्थन औरऊ संप्रधारणा जानि। योग्य अयोग्य विचार के ए द्वै नाम बखानि [२-८-३८]

युक्त :

लभ्य न्याय्य अभिनीति गनि औपयिक औ भजमान। युक्त धनादिक नीति ते ए षट नाम सुजान [२-८-३९]

आज्ञा :

शासन औ अपवाद गनि युत निर्देश निदेश। शिष्टि आज्ञा नाम षट भाषत पंडितवेस [२-८-४०]

मर्यादा :

स्थिति औरौ धारणा संस्था बुधि के धाम। मर्यादा जुत चार ए न्यायमार्ग स्थित नाम [२-८-४१]

अपराध :

आग और मंतु अपराध। तीनि नाम ए बुद्धि अगाध। मानि कोशमत परम सुजान। बंधन नाम कहत उद्दान [२-८-४२]

दीन जात अपराध ते दंड द्वगुनो जानि। ताको नाम उपाद्य हैं कहत सुवंस बखानि [२-८-४३]

कर :

भागधेय बलि नाम त्रै कर के बुद्धि विचित्र। दान दिव्य अस्थान मे शुल्क नाम सो मित्र [२-८-४४]

कहत प्रदेशन औरऊ प्राभृत कवि अभिराम। पितरदेव के अर्थ जो दान तासु द्वै नाम [२-८-४५]

भेंट :

उपदा और उपायनं उपग्राह्य उपहार। पांच नाम ए भेंट के भाषत सुकवि उदार [२-८-४६]

कन्यादान समै दियो यौतकादि [84] बुधिधाम। हरण सदाय कह्यो त्रई दाइज के त्रै नाम [२-८-४७]

नाम अवैया समय की आयति बुद्धि विचित्र। तत्कालिक फल को कहत सांदृष्टिक यह मित्र [२-८-४८]

नाम उदर्क भविष्यफल भाषत सुकवि सुजान। अग्नि जलादिक तेजु भय नाम अदृष्ट प्रमान [२-८-४९]

अपने परनृप तेजु भय दृष्ट नाम बुधिधाम। भै उपजै निज पक्ष ते अहिभय ताको नाम [२-८-५०]

धारण जो छत्रादि को कहत प्रक्रिया ताहि। औरौ है अधिकार यह मित्र जानियो चाहि [२-८-५१]

चमर :

चामर औ प्रकीर्णक मन मानि। चमर नाम त्रै कहत बखानि [२-८-५२]

सिंहासन :

भद्रासन औ कह्यो नृपासन। नाम तीनि जुत है सिंहासन [२-८-५३]

नाम छत्र को कहत है आतपत्र बुधिधाम। उहै जु नृप के सिर लसै नृपलक्ष्म त्यहि नाम [२-८-५४]

भरो तीर्थजल कनकघट कारन नृप अभिषेक। भद्रकुंभ ताको कहत कवि करि अमित विवेक [२-८-५५]

कनकपात्र :

कनकपात्र जल पियन को भाषत बुद्धि उदार। नाम जुगुल कनकालुका बहुरि कह्यो भृंगार [२-८-५६]

गनिए डेरा शिविर निवेश। तीनि नाम भाषत बुधिवेस। सज्जन उपरक्षण बुधिधाम। पहरा देत तासु द्वै नाम [२-८-५७]

सेनांग :

---

84 सोतरात्व - नी०ग०।

रथ पदाति गज अश्व गनि भाषत बुद्धि उतंग। इन चारौ को जानिए है सेना के अंग [२-८-५८]

गज :

दंती द्विरद द्विप नाग कुंजर करी कुंभी जानिए। सिंधुर अनेकपः मतंगज नगज [85] वारण मानिए। अरु इभ स्तंबेरम बहुरि सामज [86] पद्मी आनिए। ए नाम दंतावल सहित हस्ती अठारह मानिए [२-८-५९]

हथिनी :

करिणी औरौ धेनुका वशा सहित मन मानि। हथिनी के जुग नाम ए कहे सुवंस बखानि [२-८-६०]
करिशावक को कहत है कलभ नाम बुधिभौन। कह्यो नाम उद्बांत यह निर्मद दंती जौन [२-८-६१]
मदकल और मदोत्कट ए द्वै नाम सिहारि। अंतरमदवर्ती करी ताके कहे विचारि [२-८-६२]
गर्जित मत्त प्रभिन्न जुग करी मदगलित नाम। दंती जो है यूथपति यूथनाथ बुधिधाम [२-८-६३]
सिर के कुब्जा को कहत कुंभ नाम मन मानि। कुंभमध्य को नाम विद्रु कविवर कहत बखानि [२-८-६४]
गजकांधे को नाम है आसन कहत सुजान। गंडस्थल को कट कहत मद को भाषत दान [२-८-६५]
कर्णमूल को चूलिका नाम कहत बुधिधाम। करशीकर अरु वमथु द्वै सुंड वारिकन नाम [२-८-६६]
नाम अक्षगोलक विषै गन्यौ ईषिका जानि। और अक्षकूटक सहित कविवर कहत बखानि [२-८-६७]
दंती की दृगकोर को नाम कह्यो निर्याण। नाम अवग्रह भाल को भाषत सुकवि सुजान [२-८-६८]
अधोभाग जो कुंभ को सो वाहित्थ प्रमान। अधोभाग वाहित्थ को तासु नाम प्रतिमान [२-८-६९]
स्वेतविंद्रु गजतन लसै ताहि सुकवि अभिराम। कहै विंदुजालक बहुरि पद्मक ए द्वै नाम [२-८-७०]
पार्श्वभाग औ पक्षभाग गनि। अग्र भाग को दंतभाग भनि। आगे जंघा गात्र जानिए। पाछे जंघा अवर मानिए [२-८-७१]

आंदू :

अंदुक शृंखल निगड जुग आंदू नाम सुजान। गजबंधन को कहत कवि जानि नाम आलान [२-८-७२]

अंकुश :

है अंकुश को नाम सृणि भाषत कवि अभिराम। अंकुस जो है बांस की तोत्त्र तासु को नाम [२-८-७३]

गजमध्यबंधन :

चूषा कक्ष्या वरत्रा ए त्रै नाम सिहारि। बंधना गज के मध्य को ताके कहे विचारि [२-८-७४]

झूल :

परिस्तोम कुथ आस्तरण वर्ण प्रवेणी जानि। झूल नाम ए षट कहे सुकवि सुवंस बखानि [२-८-७५]
गज है बूढ वीत त्यहि नाम। वारी गजशाला बुधिधाम। गजबंधनी सहित सुखकारि। नाम पीलखाना के चारि [२-८-७६]

तुरंग :

वीति तुरंगम घोट तुरंग। तुरग अश्व है घोर सुसंग। वाजी घोटक सैंधव अर्व। पंद्रह वाह सप्ति गंधर्व [२-८-७७]
आजानेय कुलीन जो अश्व तासु को नाम। अश्वमेध को अश्व त्यहि ययु भाषत बुधिधाम [२-८-७८]
सिखए घोडा को कहत नाम जुगुल बुधिमीत। लहौ साधुवाही हरषि औरौ गनौ विनीत [२-८-७९]
वडे चलैया अश्व को जवन नाम है मित्र। श्वेत वाजि को कर्क यह भाषत बुद्धि विचित्र [२-८-८०]
स्थौरी है पृष्ठ्य द्वै भारवाह कै नाम। जो है रथ को लै चलै रथ्य कहत बुधिधाम [२-८-८१]

घोरी :

वामी अरु वडवा सहित अश्वा मन मे मानि। घोरी के जुग नाम ए कहे सुवंस बखानि [२-८-८२]
अश्वमध्य को कश्य यह भाषत बुद्धि विसाल। कह्यो तुरंगम कंठ को नाम विचारि निगाल [२-८-८३]

अश्वशब्द :

हेषा ह्रेषा नाम त्रै वाजिशब्द बुधिधाम। आश्व और आश्वीय त्रै है समूह के नाम [२-८-८४]

---

85 सिहारि - नी०ग०।
86 सामजै - नी०ग०।

धारा :

वल्गित औ धौरितक प्लुत रेचित कवि अभिराम। पांच आस्कंदित सहित धारा इनको नाम [२-८-८५]
घोणा औरौ प्रोथ त्रै थूथन नाम प्रमान। भाषत नाम सुमाति को शफ यह सुकवि सुजान [२-८-८६]

पूछ :

बालहस्त लांगूल गनि बालधिः औ लूम। पांच नाम ए पूछ के भाषत बुद्धि असूम [87] [२-८-८७]
उपावृत्त औ लुठित त्रै है लोटै के नाम। कविका और खलीन त्रै भाषे नाम लगाम [२-८-८८]

रथ :

स्यंदन और शतांग रथ जुद्ध अर्थ त्रै नाम। सहज चढै को पुष्परथ भाषत कवि अभिराम [२-८-८९]

गाडी :

अनः शकट गाडी बहल नाम कहत ए चारि। गंत्री कंबलबद्ध [88] को रहलू तीनि सिहारि [२-८-९०]

झुलुवा :

दोला औरौ प्रेंखा बहुरि हिंडोला जानि। झुलुवा के ए नाम जुग कहे सुवंस बखानि [२-८-९१]

चौडोला :

कर्णीरथ प्रवहण हयन चारि चौडोला नाम। याम्ययान औ पालकी शिविका त्रै बुधिधाम [२-८-९२]

रथसमूह :

रथकट्या औ रथव्रज रथ्या लहियो मित्र। रथसमूह के नाम जुग भाषत बुद्धि विचित्र [२-८-९३]
व्याघ्रचर्म सो वेष्टित राजत है रथ जौन। द्वैप औ वैयाघ्र द्वै नाम कहत बुधिभौन [२-८-९४]
रथ सब अंग समूह को कह्यो अपस्कर नाम। पहिया चक्र रथांग त्रै नाम कहत धीधाम [२-८-९५]
नेमि और प्रधि नाम त्रै सहित चक्र को अंत। नाम तीनि धुर यानमुख जुवा कहत बुधिवंत [२-८-९६]
उटरा कूवर युगंधर ए त्रै नाम प्रमान। नाभि पिंडिका नाह को तीनि नाम बुधिवान [२-८-९७]
धुरी रहति ज्यहि काठ मे तासु नाम अनुकर्ष। आरा को अणि नाम है कहत सुकवि करि हर्ष [२-८-९८]

छतुरी :

गनि वरूथ रथगुप्ति ए छतुरी के त्रै नाम। धुर द्रूजो प्रासंग यह नाम कहत बुधिधाम [२-८-९९]

वाहन :

पत्र बहुरि धोरण सहित युग्य औरऊ यान। वाहन के सर नाम ए भाषत सुकवि सुजान [२-८-१००]

कोतल :

छूछै वाहन चलत जो ताको कवि अभिराम। कहत मित्र मन मानियो वैनीतक है नाम [२-८-१०१]

महाउत :

आधोरण अरु हस्तिपक और निषादी जानि। चारि महाउत नाम ए कविवर कहत बखानि [२-८-१०२]

सारथी :

यंता क्षत्ता प्राजिता सूत नियंता सव्येष्ट। आठ सारथी नाम जुत दक्षिणस्थ सच्चेष्ट [89] [२-८-१०३]
है रथ के असवार को रथी नाम बुधिवान। वाजी के असवार को सादी नाम प्रमान [२-८-१०४]

सुभट :

योधा भट अरु योद्धा सुभट नाम ए चारि। सेनानी को चमूपति भाष्यौ नाम विचारि [२-८-१०५]
परिचर औ परिधिस्थ प्रमान। सैनि निकट वासी बुधिवान। सेना के भीतर जो रहै। सैनिक और सैन्य सब कहै [२-८-१०६]
जा नरपति की चमू मे जोधा [90] होत हजारु। तासु सहस्रिण नाम है औ साहस्र विचारु [२-८-१०७]

---

87 ऊल तुकांत -- नी०ग०।
88 कंबलवाघृ – नी०ग०।
89 सव्येष्ट - नी०ग०।
90 हाथी - नी०ग०।

पाइ लगे सन्नाह है ताको कवि अभिराम। भाषत कंचुक औरऊ वारवाण द्वै नाम [२-८-१०८]

पेटी :

पेटी औ अधिकांग गनि सहित सारसन जानि। तीनि नाम लै अमरमत सुकविन कहे बखानि [२-८-१०९]

टोप :

शिरस्त्राण औ शीर्षक शीर्षण्य ए मित्र। लोह टोप के नाम जुग भाषत बुद्धि विचित्र [२-८-११०]

कवच :

वर्म तनुत्रं जगर सन्नाह। गनि कंकटक सहित उछाह। दंशन कवच उरश्छद बखतर। ए नव नाम कहत है बुधिवर [२-८-१११]

बखतरी :

वर्मित दंशित औ सन्नद्ध। सज्ज व्यूढकंकट अपिनद्ध। औ पिनद्ध आमुक्त सुजान। ए नव कवची नाम प्रमान [२-८-११२]

पियादे :

पदिक पियादे पद्ग अरु पदगः पत्ति पदाति। पादाकित ए नाम रिषि भाषत गिरा सुहाति [२-८-११३]

कवची को जो जूह है सो कावचिक सुजान। नाम पदाति समूह को है पादात प्रमान [२-८-११४]

शस्त्रजीवी :

कांडस्पृष्ट अरु शस्त्राजीव। आयुधीय भाषत बुधिसीव। जो जीविका शस्त्र ते राखै। तीनि नाम ताके कवि भाखै [२-८-११५]

धनुर्विद्याप्रवीन :

सुप्रयोगविशिख मानियो। कृतपुंख और कृतहस्त जानियो। निपुण धनुर्विद्या मे जौन। तीनि नाम ताके बुधिभौन [२-८-११६] [91]

लगै निसाना मे नही जाको गोली बान। त्यहि अपराद्धपृषत्क यह नाम कहत बुधिवान [२-८-११७]

धनुषधारी :

धनुष्मान धानुष्क अरु धन्वी अस्त्री जानि। और निषंगी धनुर्धर ए षट नाम बखानि [२-८-११८]

कांडवान कांडीर त्रै बानवान के नाम। शक्ति लिए शाक्तिक त्यहि नाम कहत बुधिधाम [२-८-११९]

तासु नाम ए जुगुल है जाके कर मे ढाल। फलकपाणि चर्मी कहत जे वर बुद्धि विसाल [२-८-१२०]

रहत पताका जासु कर ताको कवि अभिराम। कहत वैजयंतिक जुगुल सहित पताकी नाम [२-८-१२१]

सहाई :

अनुचर अभिचर अनुप्लव औ सहाय मन मानि। पांच सहाई नाम ए कहे सुवंस बखानि [२-८-१२२]

अग्रगामी :

प्रष्ठ पुरोगमः बहुरि पुरःसर। और पुरोगामी अग्रेसर। सहित पुरोगः अग्रतसर लहि। कहे नाम वसु अगुवा के चहि [२-८-१२३]

शीघ्रगति :

नाम शीघ्रगति के त्रई अतिजव औ जंघाल। मंदचलैया को कहत मंथर बुद्धिविसाल [२-८-१२४]

कासिद :

जंघारिक अरु जांघिक भाषत बुद्धि विचित्र। कासिद के ए नाम त्रै जानि लीजिए मित्र [२-८-१२५]

वेगवान :

त्वरित तरस्वी जवन जव औ प्रजवी मन मानि। वेगी के ए नाम षट कहे सुवंस बखानि [२-८-१२६]

विन श्रम जीतो जाइ जो ताहि जय्य है नाम। जीतो जाइ उपाइ ते जेय नाम बुधिधाम [२-८-१२७]

बल ते जीतै सत्रु को भाषत बुद्धि विलास। जेता औरौ जैत्र द्वै नाम जानियो तासु [२-८-१२८]

---

[91] सुप्रयोग कृतपुंख मानियो। विशिख और कृतहस्त जानियो। निपुण धनुर्विद्या मे जौन। चारि नाम ताके बुधिभौन - नी०ग०।

उरस्वान उरसिल दुवो भाषत बुद्धि विचित्र। जाको उर भारी लसै तासु नाम ए मित्र [२-८-१२९]
कहत अभ्यमित्रीय अरु अभ्यमित्र बुधिधाम। सन्मुख बल ते सत्रु के चलै तासु द्वै नाम [२-८-१३०]
कहत ऊर्जस्वल बहुरि ऊर्जस्वी बुधिवान। जुक्त बडे बलते जुई त्यहि द्वै नाम प्रमान [२-८-१३१]

रथस्वामी :

रथिर रथिक औरौ रथी पंडित सुकवि सिहारि। ये रथस्वामी के कहत नाम जानिए चारि [२-८-१३२]
इच्छागामी को कहत कविवर अनुकामीन। अति इच्छागामी विषै भाष्यौ अत्यंतीन [२-८-१३३]

शूर :

शूर वीर विक्रांत त्रै नाम कहत बुधिधाम। जित्वर जेता जिष्णु जुग कहे जितैया नाम [२-८-१३४]

रणकुशल :

निपुन युद्ध मे राजै सुकवि सिहारि। सांयुगीन त्यहि भाष्यौ नाम विचारि [२-८-१३५]

फौज :

सेना अनीक चक्र ध्वजिनी वाहिनी मन मानिए। भाष्यौ सुवंस वरूथिनी बल सैन्य पृतना जानिए। जुत फौज चमू अनीकिनी ए नाम द्वादस गानिए। जो गोल सेना मे बंध्यौ त्यहि नाम व्यूह बखानिए [२-८-१३६]
पाछे चमू जु चमू के निकट तासु को मित्र। नाम प्रतिग्रह कहत है जे वर बुद्धि विचित्र [२-८-१३७]
पाछे चमू जु चमू के द्वैसै धनुष प्रमान। व्यूहपार्ष्णि द्वै नाम जुत प्रत्यासार सुजान [२-८-१३८]

महाधन :

श्री संपत संपत्ति ए चारि महाधन नाम। आपत विपत विपत्ति के तीनि नाम बुधिधाम [२-८-१३९]

हथियार :

आयुध औरौ अस्त्र गनि प्रहरण औ हथियार। अस्त्र सहित हथियार सर भाषत बुद्धि उदार [२-८-१४०]

धनुष :

धनुः शरासन कार्मुक धन्वा चाप सुजान। आठ नाम इष्वास युत औ कोदंड प्रमान [२-८-१४१]
कह्यो कर्ण के धनुष को कालपृष्ठ यह नाम। जिष्णु धनुष को कहत है गांडीव बुधिधाम [२-८-१४२]
रोदा जामे रहत है अटनि जानियो मित्र। लस्तक धन्वा मूठि को भाषत बुद्धि विचित्र [२-८-१४३]
रोदा वारन चर्म को पट्ट जु पहुचा माहि। गोधा ताको कहत है कविवर नाम उमाहि [२-८-१४४]

रोदा :

प्रत्यंचा गुण शिंजिनी ज्या मौर्वी सिहारि। रोदा के षट नाम ए कहे सुवंस विचारि [२-८-१४५]
मंडल औ वैशाष गनि समपद प्रत्यालीढ। पांचौ चाप स्थान ए कहे सहित आलीढ [२-८-१४६]

निशाना :

वेध्य शरव्य विचारियो बहुरि लक्ष्य अरु लक्ष। पंच निशाना नाम ए भाषत है बुधि दक्ष [२-८-१४७]

खाकतूदा :

शराभ्यास गनि औरऊ सहित उपासन जानि। नाम खाकतूदा त्रई कहै सुवंस बखानि [२-८-१४८]

शर :

विशिख बाण आशुग खग रोप। इषु पृषत्क पत्री बुधि चोप। शर मार्गण कलंब मन मान्यो। नाम अजिह्मग नामु [92] बखान्यौ [२-८-१४९]
संपूरण सालोह के ताके है द्वै नाम। प्रक्ष्वेडन नाराच ए भाषत कवि अभिराम [२-८-१५०]
पक्ष वाज द्वै बान के पखना नाम सुजान। बान चलावा तासु को नाम निरस्त प्रमान [२-८-१५१]
विष के बूडे बान जे ताके है द्वै नाम। दिग्ध और लिप्तक कहत जे कवि बुधि के धाम [२-८-१५२]

तरकस :

---

[92] भानु - नी०ग०।

तूणी तूण इषुधि तूणीर। उपासंग जुत गनिए धीर। औ निषंग तरकस मन मानि। सात नाम कवि कहत बखानि [२-८-१५३]

तरवारि :

चंद्रहास करवाल कृपाण। खंग रिष्टि निस्त्रिंश प्रमान। मंडलाग्र कौक्षेयक बुधिबस। असि समेत तरवारि नाम दस [२-८-१५४]

करवालादिक मूठि को त्सरु भाषत बुधिधाम। कवि पंडित परतला को कहत मेखला नाम [२-८-१५५]

ढाल :

फलक और फल चर्म ए ढाल नाम है चारि। नाम हथकरा को कहै कवि संग्राह विचारि [२-८-१५६]

मुगरा :

मुग्दर घन अरु द्रूघण जुग मुगरा नाम प्रमान। त्रई ईली करपालिका गुप्ती नाम सुजान [२-८-१५७]

परिघ :

परिघातन अरु परिघ ए भाषत बुद्धि विचित्र। बांधी लाठी लोह की तासु नाम द्वै मित्र [२-८-१५८]

गोफना :

भिंदिपाल अरु सृग त्रई गोफना के है नाम। तोमर को है सर्वला भाषत कवि अभिराम [२-८-१५९]

फरसा :

परशु परश्वध जानिए और स्वधिति कुठार। फरसा के सर नाम है भाषत बुद्धि उदार [२-८-१६०]

छूरी :

असिपुत्री असिधेनुका छूरिका शस्त्री जानि। छूरी के सर नाम ए कहे सुवंस बखानि [२-८-१६१]

शल्य शंकु द्वै नाम ए जे विसेष है वान। प्रास कुंत ए नाम त्रै भाला के बुधिवान [२-८-१६२]

अश्रि कोटि अरु पालि जुग नाम कोण जुत जानि। शस्त्रादिक के अग्र जो ताके कहे बखानि [२-८-१६३]

नृप आरति विधि के बुधिवदार। लहि नाम कहत लोहाभिसार। नृप चलै सत्रु पै बल समेत। अभिषेणन भाषत बुधिनिकेत [२-८-१६४]

यात्रा :

यात्रा गमन प्रयाण गम व्रज्या अरु प्रस्थान। सात नाम अभियान जुत भाषत सुकवि सुजान [२-८-१६५]

इत उत गज जन चमू ते फैलि रहत बुधिधाम। ताहि कहत आसार अरु प्रसरण ए द्वै नाम [२-८-१६६]

विन भै अरि के सन्मुख जात। कहत अभिक्रम बुद्धि उदात। चाक्रिक घांटिक अर्थिक नाम। त्रै घरियारी के बुधिधाम [२-८-१६७]

मागध :

जे वै जानि बखानई परंपरा को वंस। ते वै मागध मगध द्वै भाषे नाम सुवंस [२-८-१६८]

प्रात जगावै भूप को करिकै विनै विचित्र। ते वैतालिक बोधकर नाम जुगुल है मित्र [२-८-१६९]

स्तुतिपाठक को कहत है वंदीजन बुधिधाम। सपथ समर ते ना फिरै संशप्तक त्यहि नाम [२-८-१७०]

धूरि :

पांच नाम ए धूलि के रेणु पांशु रज धूरि। क्षोद चूर्ण ए नाम द्वै सहित शर्कराधूरि [२-८-१७१]

पिंजल समुत्पिंज द्वै नाम। व्याकुल चमू के है बुधिधाम। ध्वज रु पताका केतन गान्यौ। वैजयंती जुग नाम बखान्यौ [२-८-१७२]

पहिले हमही होव मानिए। अहंपूर्विका ताहि जानिए। दर्प परस्पर त्यहि बुधिधाम। अहमहमिका कहत है नाम [२-८-१७३]

बल :

द्रविणं तर अरु पराक्रम सह पुनि शक्ति स्थाम। शुष्म प्राण जुत शौर्य दस भाषे बल के नाम [२-८-१७४]

रणश्रमहरन मद्य जो पान। वीरपाण सो नाम सुजान। भयकारी रण की भू जौन। वीराशंसन भाष्यौ तौन [२-८-१७५]

संग्राम :

विग्रह संयुग कलह आस्कंदन प्रविदारण। आजि युद्ध समाघात समिति संयत आयोधन। कलि संप्रहार समुदाय समित संग्राम संख्य रण। आहव प्रधन समीक जन्य मृद्ध समर बुद्धिगण। युत अभ्यागम संस्फोट युद्ध अभ्यामर्द अनीक चहि। गनि तीस सांपरायिक सहित भाषे नाम सुवंस लहि [२-८-१७६]

बाहुयुद्ध को जानिए नाम नियुद्ध प्रमान। सघनसमर को कहत है तुमुल नाम बुधिवान [२-८-१७७]

सिंहनाद क्ष्वेडा द्वुवौ वीरहांक के नाम। गजसमूह घटना घटा तीनि नाम बुधिधाम [२-८-१७८]

सत्रु वुलावै सत्रु को लरन हेत कवि जानि। कहत योद्ध [93] संराव अरु क्रंदन नाम बखानि [२-८-१७९]

धनुषशब्द विस्फार त्रै नाम सहित टंकोर। वृंहित गजगर्जन विषै भाषत कवि सिरमोर [२-८-१८०]

आडंबर अरु पटह ए भाषत बुद्धि विचित्र। लसै नगारा युद्ध मे तासु नाम द्वै मित्र [२-८-१८१]

हठ :

प्रसभ बलात्कार हठ जानि। तीनि नाम ए कहत बखानि। मोह मूर्छा कश्मल नाम। तीनि कहत मेधा के धाम [२-८-१८२]

उत्पात :

है अजन्य उपसर्ग त्रै नाम सहित उत्पात। छल को नाम स्खलित है भाषत बुद्धि उदात [२-८-१८३]

पीडन को अवमर्द यह भाष्यौ नाम सिहारि। नाम तिरोहित नष्ट को कविवर कहत विचारि [२-८-१८४]

अभ्यासादन को मन मानि। और अभ्यवस्कंदन जानि। मारि विहाल करव के नाम। द्वै भाषत पंडित अभिराम [२-८-१८५]

जय अरु विजय फतूह जुत जीत नाम ए चारि। नाम पराजय हारि को कहत सुवंस विचारि [२-८-१८६]

प्रतीकार गनि वैरशुद्धि चहि। और वैरनिर्यातन को लहि। अरि को लूटि निकारवु जौन। तीनि नाम भाषत बुधिभौन [२-८-१८७]

भागै :

द्रव संद्राव और प्रद्राव। गनि अपयान बहुरि उद्राव। कहे अपक्रम विद्रव करि लव। नाम पलायन भागै के नव [२-८-१८८]

निर्जित :

पराभूत अभिभूत अरु परिभूत रु बुधिधाम। सहित पराजित पांच ए हारे के [94] ये नाम [२-८-१८९]

मारन :

निहनन प्रमापण और निकारण। पिंजः निबर्हण बहुरि विशारण। प्रतिघातन आलंभ प्रवासन। निस्तर्हण पुनि प्रमथन परासन [२-८-१९०]

क्षणन संज्ञपन घात अपासन। क्रथन निषूदन वध निर्वासन। कदन निहिंसन गनि उद्वासन। विशसन निर्वापण [95] उज्जासन [२-८-१९१]

विशर निशुंभन औ उन्मंथ। व्यापाद रु भाषत गुन गंथ। परिवर्जन निर्ग्रंथन नाम। तेतिस मारण के बुधिधाम [२-८-१९२]

मरण :

निधन [96] मरण अत्यय प्रलय अंत मृत्यु अरु नाश। कालधर्म पंचत्व सह दिष्टांत रु बुधिवाश [२-८-१९३]

मुरदा :

कुणप [97] परेत प्रमीत मृत और संस्थित प्रेत। ए परासु जुत मरा [98] नव मुरदा के बुधिकेत [२-८-१९४]

---

93 जोध - नी०ग०।
94 तिरस्कार - नी०ग०।
95 विन ओपन - नी०ग०।
96 विनधन - नी०।
97 कुलप - नी०ग०।
98 नाम - नी०ग०।

चिता :

चिता नाम त्रै चिति चित्या गनि। ता भू पितृवन औ श्मशान भनि। करै क्रिया जो सिर ते हीन। ताहि कबंध कहत परवीन [२-८-१९५]

बंदीखाना को कह्यो कारा नाम प्रमान। प्रग्रह भाषत बंदी को नाम सुकवि बुधिवान [२-८-१९६]

प्राण और असव [99] द्वै पंचपवन के जानि। नाम जीव को कहत है असुधारण गुणखानि [२-८-१९७]

आवरदा :

आयु आवरदा औरऊ जीवितकाल सिहारि। तीनि नाम ए जानिए कहत सुवंस विचारि [२-८-१९८]

होत जीवरक्षा विषै जे उपाय बुधिधाम। ताहि जीवातु औरऊ जीवनौषधं नाम [२-८-१९९]

इति श्रीविश्वनाथ पुराखंड मंडल धराधीस चौधरी शिवसिंह वंशावतंस उमराउसिंह कारिते शुक्ल सुवंश विरचिते उमराउकोसे द्वितीय कांडे क्षत्रिय वर्ग [८]

अथ वैश्य वर्ग, वैश्य :

भूमिस्पृश ऊरव्य विट ऊरुज वैश्य प्रमान। अर्य सात ये नाम है बनिया के बुधिवान [२-९-१]

जीविका :

वर्तन जीवन वार्ता अरु आजीव सिहारि। वृत्ति जीविका नाम षट कहे सुवंस विचारि [२-९-२]

कृषि औरौ वाणिज्य जुत पाशुपाल्य मन मानि। वैश्यवृत्ति ए तीनि है कविवर कहत बखानि [२-९-३]

सेवा को श्ववृत्ति है नाम। कृषि को अनृत कहत बुधिधाम। ऋत शिल उंछ विदग्ध सिहारि। कहत नाम शिलोंछन [100] चारि [२-९-४]

मिलै अयाचित जो कछू ताहि अमृत है नाम। जाचे मिलै सु मृत कहै भाषत कवि अभिराम [२-९-५]

बनियई :

वणिकभाव वाणिज्य अरु सत्यानृत मन मानि। चारि बनियई के कहे कविवर नाम बखानि [२-९-६]

ऋण :

कह्यो पर्युदंचन बहुरि ऋण और उद्धार। रिन के ए जुग नाम है जानौ मित्र उदार [२-९-७]

व्याजवृत्ति :

अर्थप्रयोग कुसीद अरु वृद्धिजीविका जानि। व्याजवृत्ति के नाम जुग कहे सुवंस बखानि [२-९-८]

व्यौहार :

उत्तमर्ण व्यौहार को भाषत बुद्धि विचित्र। रिनिया को अधमर्ण यह नाम जानियो मित्र [२-९-९]

वृध्याजीव कुसीदक जानि। वाधुषिक वार्धुषि मन मानि। जियै व्याज ते जग मे जौन। चारि नाम ताके बुधिभौन [२-९-१०]

नाम आपमित्यक कह्यो मिलै नेम ते जौन। मागे ते जो मिलत है नाम याचितक तौन [२-९-११]

किसान :

कर्षक क्षेत्राजीव अरु कृषक कृषीबल जानि। ए सर नाम किसान के कहे सुवंस बखानि [२-९-१२]

धानखेत शालेय यह नाम कहत परवीण। उर्दखेत के नाम द्वै माष्य और माषीण [२-९-१३]

यव्य और षष्टिक्य गनि पुनि यवक्य मन मानि। तीन नाम जवखेत के सुकविन कहे बखानि [२-९-१४]

दोय नाम तिलखेत के तिल और तैलीन। है द्वै सांवाखेत के नाम डंप औ मीन [२-९-१५]

आणवीन अणव्य द्वै नाम। चिनुवा [101] खेत कहे बुधिधाम। भाषत भंग्य और भांगीन। भांगखेत द्वै नाम प्रवीन [२-९-१६]

है कोदए के खेत को कौद्रवीण यह नाम। या विधि औरौ जानिए खेत नाम धीधाम [२-९-१७]

वयकै जोता खेत जो ताको बुद्धि विचित्र। उप्तकृष्ट ए नाम द्वै युत बीजाकृत मित्र [२-९-१८]

---

99 अनुमान - नी०; असुनाम - ग०।

100 सीला के - नी०ग०।

101 चनवा - ग०।

सीत्य कृष्ट अरु हल्य त्रै भाषत कवि अभिराम। खेत जु जोता एकदा ताके ए है नाम [२-९-१९]

द्विगुणाकृत द्विहल्य मन मानि। औरौ कह्यो द्विसीत्य बखानि। दोइ वेर को जोता खेत। तासु नाम त्रै बुद्धिनिकेत [२-९-२०]

गनि त्रिहल्य त्रिगुणाकृत अरु त्रिसीत्य बुधिधाम। तीनि वार जोता जु है खेत तासु त्रै नाम [२-९-२१]

खेत :

नाम वप्र केदार अरु क्षेत्र खेत के चारि। लोष्ट लेष्ट द्वै ढेल के भाषे नाम विचारि [२-९-२२]

नाम लोष्टभेदन त्रई कोटिश मुगरी मित्र। प्राजन तोदन तोत्र जुग औगी नाम विचित्र [२-९-२३]

हसिया :

हसिया के त्रै नाम है दात्र लवित्र [102] रु मित्र। भाष्यौ अवदारण त्रई खंता सहित खनित्र [२-९-२४]

जोत :

योत्र योक्र आबंध जुग जोत नाम बुधिधाम। भाष्यो कूटक निरीष गनि ए कुड के त्रै नाम [२-९-२५]

फार :

चारि नाम है फार के निरीष कृषक औ फाल। ईषा भाषत हरिस को जे वर बुद्धि विसाल [२-९-२६]

हल :

हल औरौ लांगल सहित गोदारण गनि सीर। पांच नाम हर के कहत जे कवि गुन गंभीर [२-९-२७]

कूंड नाम सीता बुधिधाम। मणनीखंभ मेधि है नाम। शम्या युगकीलक मन मान्यौ। सइला के त्रै नाम बखान्यौ [२-९-२८]

धान्य :

जव मूग माष मसूरि अरहरि चना गोहूं जानिए। तिल धान कोदौ मटर चिनवा व्रीहि मौठ बखानिए। सन और काकुनि सहित कुरथी नाम सत्रह मानिए। द्वै नाम आशुव्रीहि पाटल सत्रहौ के गानिए [२-९-२९]

जव :

कह्यो नाम सितशूक यव जव को ह्वै प्रमान। हरियर जव को कहत है नाम तोक्म सुजान [२-९-३०]

मटर :

खंडिक और कलाय गनि बहुरि सतीलक मानि। सर हरेणु यत मटर के भाषे नाम बखानि [२-९-३१]

कोदौ :

कोरदूष कोद्रव बुधिधाम। भाषत कोदव के त्रै नाम। गनि मंगल्यक मसूर प्रमान। मसुरी के त्रै नाम सुजान [२-९-३२]

मोथी :

गनि वनमुद्ग मपुष्ठक और मकुष्ठक मानि। मोथी के जुग नाम ए कहे सुवंश बखानि [२-९-३३]

सरसों :

तंतुभ और कदंबक जानि। सर्षप सरसों चारि बखानि। एकै स्वेतसरसों को नाम। है सिद्धार्थ कहत बुधिधाम [२-९-३४]

गोहू :

सुमन और गोधूम्र त्रै गोहू नाम प्रमान। हरिमंथक औ चणक त्रै रहिला नाम सुजान [२-९-३५]

लइया :

राजमाष कुल्माष अरु यावक मन मे मानि। लइया के जुग नाम ए कहे सुवंस बखानि [२-९-३६]

राई :

क्षुधाभिजनन राजिका जानि। क्षव कृष्णिका आसुरी मानि। ए राई के है षट नाम। भाषत है पंडित अभिराम [२-९-३७]

---

102 समेतल - नी०ग०।

अरसी :

क्षुमा उमा अतसी बुधिधाम। कहत चारि अरसी के नाम। बरनत कंगु प्रियंगु सुजान। कांकुनि के त्रै नाम प्रमान [२-९-३८]

पसही :

जानि लेउ तृणधान्य गनि औरौ है नीवार। पसही के त्रै नाम है भाषत बुद्धि उदार [२-९-३९]

अणु चिनवा को नाम है भाषत कवि अभिराम। भांग मातुलानी सहित भंगा ए त्रै नाम [२-९-४०]

शस्यमंजरी कणिश त्रै बाली नाम प्रमान। नाम कहत किंशारु यह सीकुर को बुधिवान [२-९-४१]

स्तंबकरि अरु धान्य गनि शस्य व्रीहि मन मानि। अद्य स अन्न के [103] नाम षट कहे सुवंस बखानि [२-९-४२]

नरई गुच्छ को कहत है नाम स्तंब सुजान। नाम तीनि है नाल के नाडी कांड प्रमान [२-९-४३]

तुष भूसी को नाम है पैरा नाम पलाल। नाम कडंगर कहत है बुस को बुद्धि विसाल [२-९-४४]

छीमी :

शमी शिंबा शिंबिका [104] फली [105] नाम ए चारि। कंटादिक को शंकु यह बरनत नाम सिहारि [२-९-४५]

शस्यरासि बुस जुत लसै ताहि आवसित नाम। अन्नरासि निर्मल लसै पूत कहत बुधिधाम [२-९-४६]

पंचधान्य :

शमीधान्य माषादि है शाल्यधान्य धानादि। शूकधान्य जव आदि है छुद्रधान्य कंगु आदि [२-९-४७]

षष्टिक आदि को जानियो व्रीहिधान्य है नाम। पांच धान्य ए जगत मे बरनत कवि अभिराम [२-९-४८]

मुनिअन्न :

कहत गवेड़ु गवेधुका जे वर बुद्धि विचित्र। जुगुल नाम मुनिअन्न के जानि लीजिए मित्र [२-९-४९]

उखरी :

नाम उद्रूखल कंडिनी सहित उलूखल चारि। उखरी के ए जानिए बरनत सुकवि विचारि [२-९-५०]

मूसर :

मुसल अयोग्र बखानिए त्रै मूसर के नाम। प्रस्फोटन अरु शूर्प त्रै सूप नाम बुधिधाम [२-९-५१]

चल्ली :

तितउ चालनी चल्ली जानि। तीनि नाम कवि कहत बखानि। स्यूत प्रसेव स्योन [106] त्रै नाम। बरनत है जे बुधि अभिराम [२-९-५२]

बांसभांड :

पिट त्रै नाम पिंडक औ डोल। बांसभांड के बुद्धि अमोल। कट किलिंजक नाम द्वै मानि। सींकभांड के कहे बखानि [२-९-५३]

रसोई :

गनौ महानस रसवती औरौ पाकस्थान। चारि रसोई नाम ए बरनत सुकवि सुजान [२-९-५४]

रसोईदार :

औदनिक सूद गुण सूपकार। आरालिक बल्लव बुधि उदार। आंधसिक पाककरी विचित्र। नव नाम रसोईदार मित्र [२-९-५५]

मालिक जो रसवती को भाषत कवि अभिराम। पौरोगव यह जानियो बरनत कवि अभिराम [२-९-५६]

लड्डूकारी :

आपूपिक अरु कांदविक भक्ष्यकार बुधिवान। कर्ता जो लड्डुकादि को ताके त्रै अभिधान [२-९-५७]

चूल्ह :

---

103 अन्नक्य - नी०ग०।
104 सिंवर - नी०ग०।
105 क्षिया - नी०, छिया - ग०।
106 सियनि - नी०ग०।

चुल्लि अधिश्रयणी बहुरि अश्मंत और उद्धान। सहित अंतिका चूल्ह के ए षट नाम प्रमान [२-९-५८]

कसहणी :

कुंड स्थाली उखा गनि औरौ पिठर सिहारि। पांच कसहणी नाम ए कहे सुवंस विचारि [२-९-५९]

व्यरौसी :

गनि अंगारशकटी मन मान्यौ। औ अंगारधानिका जान्यौ। हसनी [107] और हसंती गान्यौ। पांच व्यरौसी नाम बखान्यौ [२-९-६०]

अंगार :

उल्मुक और अलात है तीनि नाम अंगार। अंबरीष अरु भ्राष्ट जुत तीनि नाम है भार [२-९-६१]

जानि कंदु स्वेदनी दुवौ कहे कराही नाम। मणिक अलिंजर नाम त्रै मटुका के बुधिधाम [२-९-६२]

करवा :

कर्करीका [108] कर्करी जानि गलंतिका मित्र। आलु करवा नाम सर भाषत बुद्धि विचित्र [२-९-६३]

गगरी :

घट कुट निप अरु कलश ए गगरी के सर नाम। पानपात्र को नाम है कंस कहत बुधिधाम [२-९-६४]

तवा :

पिष्टपचन ऋजीष मन मान्यौ। तवा नाम ए तीनि बखान्यौ। सहित सराव वर्धमानक चहि। करवा के त्रै नाम कहे लहि [२-९-६५]

कुप्पा :

कुप्पा को भाष्यौ कुतू नाम जानियो मित्र। नाम कुतुप कुपिया विषै भाषत बुद्धि विचित्र [२-९-६६]

बासन :

भाजन भांड अमत्र अरु पात्र आवपन जानि। बासन के षट नाम ए कहत सुवंस बखानि [२-९-६७]

करछुलि :

दर्वि खजाका कंबि जुग कर्छुलि नाम प्रमान। दारुहस्त तर्द्दू त्रई डौआ नाम सुजान [२-९-६८]

चूक :

तिंतिडीक अरु चुक्र गनि पुनि वृक्षाम्ल सिहारि। भाषे सुकवि सुवंस ए चूक नाम है चारि [२-९-६९]

मिर्च :

कृष्ण धर्मपत्तन मरिच वेल्लज बुद्धि उदात। ऊषण कोलक मिर्च के नाम जानियो सात [२-९-७०]

आद :

शृंगवेर आर्द्रक त्रई आद नाम बुधिधाम। सर जीरण जरण [109] कणा जीर अजाजी नाम [२-९-७१]

कृष्णजीरा :

उपकुंचिका कारवी काला। सुषवी पृथु गनि बुद्धि विसाला। कृष्णजीर पृथ्वी जुत जानि। सात नाम ए कहे बखानि [२-९-७२]

धनिया सोठि :

धान्याक छत्रा [110] कुस्तुंबुरु और वितुन्नक लहिए। पांच नाम धनिया के भाषे मित्र चाउ करि कहिए। नागर शुंठी विश्व महौषध विश्वभेषज जान्यौ। सोठि नाम षट अमरमतो लै सुकवि सुवंस बखान्यौ [२-९-७३]

छौंकन को हिंग्वादि जो ताको कवि अभिराम। कहत उपस्कर औरऊ वेसवार द्वै नाम [२-९-७४]

कांजिक :

107 सहनी - नी०ग०।
108 कर्क - नी०ग०।
109 जेरण जरक - नी०ग०।
110 कक्षा - नी०ग०।

अवंतिसोम धान्याम्ल सौवीर। और आरनालक है वीर। कुंजल अभिषुत कांजिक बुधिवस। जुत कुल्माष कांजिक के दस [२-९-७५] [111]

हींग :

जतुक बाह्लीक हिंगु अरु रामठ कहत सुजान। सहस्रवेधि जुत हींग के ए षट नाम प्रमान [२-९-७६]

हींगपत्र :

करवी पृथ्वी वाष्पिका पृथु कारवी सिहारि। हींगपत्र के नाम सर कहे सुवंस विचारि [२-९-७७]

हरदी :

पीता वरवर्णिनी कांचनी। सहित हरिद्रा जुग बुधिधनी। और निशाह्वा जेतने नाम। तै हरदी के हैं बुधिधाम [२-९-७८]

लोनु :

जो समुद्र को लोनु है ताको सुकवि सुजान। कहत वसिर अक्षीव ए द्वै ताके अभिधान [२-९-७९]

सेंधौ :

सैंधव सिंधुज शीतशिव माणिमंथ मन मानि। सेंधौ के सर नाम है कहे सुवंस बखानि [२-९-८०]
रौमक वसूक तीनि ए सांभर नाम सुजान। पाक्य और विड तीनि ए खारी नाम प्रमान [२-९-८१]

स्वाचरु :

सोंचर सौवर्चल सहित अक्ष रुचक जुग नाम। लोनु स्यामसौवर्चल परखि तिलक नाम बुधिधाम [२-९-८२]

राव :

मत्स्यंडी फाणित बहुरि गनियो खंडविकार। राव नाम ए चारि है भाषत सुकवि उदार [२-९-८३]

खांड :

सिता शर्करा खंड ए भाषत बुद्धि विचित्र। चारि खांड के नाम हैं जानि लीजिए मित्र [२-९-८४]

मूरनि :

कह्यो रसाला मार्जिता मूरनि के त्रै नाम। भाषत बिलखे दूध को कूर्चिका बुधिधाम [२-९-८५]

व्यंजन :

व्यंजन के त्रै नाम है तेमन औ निष्ठान। तीनि नाम है दारि के पैठर उख्य सुजान [२-९-८६]
शूल्य भटित्र समेत गनि शूलाकृत बुधिधाम। भूजा लोहसलाक सों मास तासु त्रै नाम [२-९-८७]
जो चुरए ते अन्न मे और रंग ह्वै जाइ। उपसंपन्न प्रणीत द्वै नाम कहत कविराइ [२-९-८८]
अन्न घृतादिक ते पक्यो ताको बुद्धि विचित्र। कहत प्रयस्त सुसंस्कृत जुगुल नाम ए मित्र [२-९-८९]
तीनि गुलत्थी [112] नाम है पिच्छिल विजिल प्रमान। कह्यो नाम संमृष्ट यह शोधित अन्न सुजान [२-९-९०]
चिक्कण अवर स्निग्ध गनि मसृण मन मो मानि। भिजए व्यंजन नाम जुग कहे सुवंस बखानि [२-९-९१]
वासित भावित ए दुवौ छौंके व्यंजन नाम। लाजा लाई को कहत जे हैं मति अभिराम [२-९-९२]

होरा :

पौलि बहुरि आपक्व गनि अरु अभ्यूष सिहारि। होरा के ए नाम जुग कहे सुवंस विचारि [२-९-९३]
चिपिटक औरौ पृथुक त्रै च्यूरा नाम प्रमान। भूजे जव को कहत है धाना नाम सुजान [२-९-९४]

पुवा :

पिष्टक पूव अपूप जुग पुवा नाम बुधिधाम। दधि स्यतुवा मिश्रित भए है करंभ यह नाम [२-९-९५]

भात :

दीदिवि भिस्सा ओदन अंध स सुकवि वदात। अन्न भक्त अरु भात के नाम जानियो सात [२-९-९६]

माड :

111 सोमधान्य अवंति सौवीर। अम्ल आरनालक है धीर। कुंजल अभिषुत कांजिक बुधिवस। जुत कुल्माष करायल के दस॥ - नी०ग०।
112 हुलहथी - नी०ग०।

आचाम निस्राव गनि मासर बुद्धिविचित्र। माडभात को तासु के तीनि नाम ए मित्र [२-९-९७]
जराभात को भिस्सटा भाषत कवि अभिराम। दधि अन्नादिक को जु रस मंड जानियो नाम [२-९-९८]

हलुवा :

तरला श्राणा उष्णिका और यवागू जानि। सहित विलेपी नाम षट हलुवा कह्यो बखानि [२-९-९९]

गव्य :

पय दधि घृत गोमय सहित। मूत्र जानियो नाम। गाई के ए पांच है गव्य मित्र अभिराम [२-९-१००]

गोबर :

गोविट गोमय तीनि ए गोबर नाम प्रमान। सूखे गोबर को कहत नाम करीष सुजान [२-९-१०१]

दूध :

दुग्ध क्षीर पय दुग्ध के चारि नाम बुधिधाम। पय ते उपजै तासु को है पयस्य यह नाम [२-९-१०२]

घिउ :

सर्पि आज्य हवि सहित घृत घिउ सर आख्या मीत। द्रशठील (?) दधि नाम है नयनू को नवनीत [२-९-१०३]

बरवै :

तर ताजो हवि ताको सुकवि सिहारि। हैयंगवीन भाष्यौ नाम विचारि [२-९-१०४]

तक्र :

कालशेय गोरस मथित दंडाहत कविसिष्ट। तक्र उदश्वित नाम वसु माठा सहित अरिष्ट [२-९-१०५]

क्षुधा :

क्षुधा अशनाया क्षुत सहित और बुभुक्षा जानि। पांच नाम ए भूख के कहे सुवंस बखानि [२-९-१०६]
एक पात्र मो करत है बहुत जने जो पान। तुल्यपान सो नाम द्वै सहित सपीति सुजान [२-९-१०७]
एकसंग भोजन करै बहुत जने बुधिधाम। ताको भाषत सग्धि औ सहभोजन द्वै नाम [२-९-१०८]

सोरठा :

भाष्यौ नूतन क्षीर ताको कहि पीयूष है। नाम कहत है धीर कवल ग्रास त्रै कौर को [२-९-१०९]

पियास :

तृषा पिपासा तर्ष तृट और उदन्या जानि। ए षट नाम पियास के कहे सुवंस बखानि [२-९-११०]

भोजन :

न्याद निघस जेमन अशन जग्धि लेप आहार। भोजन के वसु नाम ए बरनत बुद्धि उदार [२-९-१११]
अशन चैवु (?) के वचत जो फेला ताको नाम। तर्पण औ सौहित्य त्रै तृप्ति नाम बुधिधाम [२-९-११२]

वांछितकृत :

काम और पर्याप्त गनि इष्ट निकाम प्रकाम। सहित यथेष्टित सात ए वांछितकृत के नाम [२-९-११३]
गाई चरि आई जहां त्यहि को परम प्रवीन। भाषत है ए दै नाम ते आशितंगवीन [113] [२-९-११४]

बैल :

अनड्वान वृष सौरभेय चहि। ऋषभ भद्र गौ बलीवर्द लहि। उक्षा वृषभ बैल दस नाम। बरनत है जे कवि अभिराम [२-९-११५]
नाम औक्षक कहत कवि वृषसमूह को जानि। भाष्यौ वत्ससमूह को वात्सक नाम बखानि [२-९-११६]
गव्या गोत्रा नाम द्वै जानि लीजिए मित्र। बरनत गऊसमूह को जे वर बुद्धि विचित्र [२-९-११७]
गाई के सुत संग भो तर्णक सो बुधिधाम। पै पिय विष्टा करै द्वै वत्स शकृत्करि नाम [२-९-११८]
नाटा को जातोक्ष कहि भारी वृषभ महीक्ष। नाम जरद्गव वूढ वृष औरौ है वृद्धोक्ष [२-९-११९]
चारि नाम है सांड के गोपति इटचर षंड। बधिया लायक वृषभ जो आर्षभ्य बुधिमंड [२-९-१२०]
सास्ना गलकंबल दुवो तरे जु गो गल खाल। कांधे को वहः नाम है बरनत बुद्धिविसाल [२-९-१२१]

[113] द्वै नाम ए आशित और गवीन - नी०ग०।

नस्तित औ नस्योत सुजान। नाथे के त्रै नाम प्रमान। पृष्ठवाड औ युगपाश्वर्ग। नवानिका शितवृषभ नाम जुग [२-९-१२२]

हलवाहै वृष नाम द्वै हालिक सैरिक मित्र। सकट लै चलै नाम त्यहि साकट बुद्धि विचित्र [२-९-१२३]

धुर्य धुरंधर धूर्वह औ धौरेय धुरीण। हलरथ्यादि वहै वृषभ जो त्यहि सर नाम प्रवीण [२-९-१२४]

एकै भार जु लैचलै ताको कहत प्रवीण। नाम जुगुल है एकधुर औरौ एकधुरीण [२-९-१२५]

बरवै :

सर्व भार जो वाहै वृषभ प्रवीण। ताको नाम बखान्यौ सर्वधुरीण [२-९-१२६]

गाइ :

शृंगिणी उस्रा सौरभेयी अर्जुनी मन मानिए। औ रोहिणी गो और अघ्न्या कह्यो माता जानिए। दस नाम माहेयी समेत सुवंस भाषे गाइकै। ए चाउ करिकै कंठ कीजै मित्र अति सुखदाइकै [२-९-१२७]

गर्भ गिरि परै गाइ को अवतोका बुधिभौन। हरवर गाभिनि भई जो नाम संधिनी तौन [२-९-१२८]

सोरठा :

जो है उत्तम गाइ ताहि नैचिकी नाम है। वशा नाम कविराइ भाषत वंध्या गाइ को [२-९-१२९]

गर्भ गिरै कीन्हे वृष भोग। त्यहि कवि कहत बुद्धि के जोग। वृषभ उपगमन वेहद मान्यौ। गर्भोपघातिनी सहित द्वै जान्यौ [114] [२-९-१३०]

प्रजन धरैया गर्भ को लायक जो है गाइ [115] । उपसर्या ताको कहत नाम सुकवि समुदाइ [२-९-१३१]

प्रथम गर्भ को धरै जो गाइ तासु द्वै नाम। बालगर्भिणी औरऊ प्रष्ठौही बुधिधाम [२-९-१३२]

सुकरा और अचंडी जान्यौ। सूधि गाइ कै नाम बखान्यौ। वर्नभेद ते कहत सुजान। धवलादिक है नाम प्रमान [२-९-१३३]

एक वर्ष की गाइ गानिए। एकहाइनी गाइ जानिए। वर्ष जुगुल की गाइ जनायो। त्यहि द्विहायनी नाम बतायो [२-९-१३४]

तीनि वर्ष की गाइ जो त्यहि त्रिहायिनी नाम। औरौ ऐसे जानियो नाम कहत बुधिधाम [२-९-१३५]

वहुत प्रसूता गाइ जो बरनत बुद्धि विचित्र। है द्वै नाम परेष्टुका बहुसूतिः पुनि मित्र [२-९-१३६]

एकै दाइ विआइ जो गृष्टि नाम बुधिधाम। जो वियाय बहु दिनन मो बष्कयिणी है नाम [२-९-१३७]

नाम सुशीला गाइ के तीनि सुव्रता जानि। औरौ सुखसंदोह्या बरनत सुकवि बखानि [२-९-१३८]

वडे ऐन की गाइ जो बरनत कवि अभिराम। लहौ पीवरस्तनी अरु पीनोध्नी द्वै नाम [२-९-१३९]

जा गाई को होत है क्षीर द्रोण परिमान। नाम द्रोणक्षीरा कहत द्रोणदुधा बुधिवान [२-९-१४०]

राखै व्यौहर रिनवरो रिनिया कै जो गाइ। धेनुष्या त्यहि गाइ को नाम कहत कविराइ [२-९-१४१]

जो वरसायन गो बुधिधाम। ताहि समांसमीन है नाम। ऊधस औरौ है आपीन। एन नाम त्रै कहत प्रवीन [२-९-१४२]

खूंटा :

कीलक औरौ शिवक त्रै खूंटा नाम सुजान। न्वैरा (?) के त्रै नाम है दाम और संदान [२-९-१४३]

पसुबंधना के नाम द्वै बरनत सुकवि सुजान। गनौ मित्र पशुरज्जु है औ दामनी प्रमान [२-९-१४४]

मथानी :

मंथा औ वैशाख सिहारि। मंथ सहित मंथान विचारि। बहुरि मंथदंडक बुधिधाम। कहत मथानी के षट नाम [२-९-१४५]

कुठर दंडविष्कंभ ए बरनत बुद्धि विचित्र। मंथा बंधन काष्ठ के नाम जुगुल है मित्र [२-९-१४६]

नाम मह्यडवा के कहत पंडित सुकवि सुजान। तीनि गर्गरी औरऊ है मंथनी प्रमान [२-९-१४७]

ऊंट :

114 नाम वृहद्गर्भा मन मान्यौ। उपघातिनी सहित द्वै जान्यौ - नी०ग०।

115 प्रथम धैया गर्भ जो लायक है वह गाइ - नी०ग०।

मय क्रमेलक महांग अरु उष्ट्र ऊंट सर नाम। करभ ऊंट बच्चा विषै बरनत कवि अभिराम [२-९-१४८]
रच्यौ काठबंधन विषै करभ जु बांध्यौ जाइ। ताहि शृंखलक [116] कहत है नाम सुकवि समुदाइ [२-९-१४९]

बोकरा :

अज शुभ वस्त छाग बुधिधाम। छगलक बोकरा के षट नाम। छागी अजा जानियो मित्र। छेरी नाम त्रै बुद्धि विचित्र [२-९-१५०]

भेडा :

एडक उरण उरभ्र गनि मेढ्र वृष्णि अरु मेष। आठ नाम ऊर्णायु जुत भेडा बुद्धि विसेष [२-९-१५१]

गदहा :

रासभ औ वालेय खर गर्दभ चक्रीवान। गदहा के षट नाम ए बरनत सुकवि सुजान [२-९-१५२]

दुकानदार :

क्रयविक्रयिक आपणिक नैगम सार्थवाह मन मान्यौ। पण्याजीव वणिक वैदेहक औरौ वाणिज गान्यौ। ए नव नाम दुकानदार के सुकवि सुवंस बखान्यौ। विक्रेता विक्रयिक बेचैया नाम तीनि यै जान्यौ [२-९-१५३]

खरीददार :

क्रायक क्रयक कहत बुधिधाम। तीनि खरीददार के नाम। है वणिज्या वाणिज्य सुजान। तीनि बनियई नाम प्रमान [२-९-१५४]

मोल :

मूल्य अवक्रय वस्न जुग मोल नाम बुधिधाम। परिपण नीवी मूलधन चारि मूल के नाम [२-९-१५५]

थाती :

उपनिधि औ निक्षेप सिहारि। नाम न्यास थाती के चारि। लाभ अधिक फल कवि अभिराम। कहत नफा के ए जुग नाम [२-९-१५६]

अदलाबदली :

निमय और नैमेय गनि परीवर्त प्रतिदान। अदलाबदली [117] के कहत ए सर नाम सुजान [२-९-१५७]
जो दुकान मे लेन की वस्तु धरी है मित्र। क्रय्य नाम ताको कहत जे वर बुद्धि विचित्र [२-९-१५८]
जो दुकान ते वाघृ (?) है वस्तु लेन की जानि। क्रेय नाम ताको कहत पंडित सुकवि बखानि [२-९-१५९]
पण्य और विक्रेय गनि पणितव्य बुधिधाम। वेचैवाली वस्तु जो ताके है त्रै नाम [२-९-१६०]

बयाना :

सत्याकृति सत्यंकार औ सत्यापन मन मानि। चारि बयाना नाम ए कहे सुवंश बखानि [२-९-१६१]
प्रथम अंक मै विंदु दै एक दस। दस मे सुन्नु कहत सत बुधिवस। दस सत नाम सहस्र सुजान। दस सहस्र को अयुत प्रमान [२-९-१६२]
अयुत दस गुनो लक्ष मानिए। लक्ष दस गुनो नियुत आनिए। दस गुनु नियुत कोटि कवि गनै। कोटि दस गुनो अर्बुद भनै [२-९-१६३]
अर्बुद दस को कह्यो खर्व चहि। खर्व दस गुनो महाखर्व लहि। महाखर्व दस गुन है पद्म। ते दस महापद्म बुधिसद्म [२-९-१६४]
तासु दहाई शंख सुजान। दस गुन संख समुद्र प्रमान। दस समुद्र को अंत्य जनायो। अंत्य दस गुनो मध्य बतायो [२-९-१६५]
दस गुन मध्य पराद्ध जानियो। दस पराद्ध को अमृत मानियो। अमृत दस गुनो संख्य प्रमान। संख्य दस गुनो है संस्थान [२-९-१६६]

प्रमाण :

यौतव औरौ पाय्य गनि द्रुवय समेत सिहारि। ए प्रमाण के नाम जुग कहे सुवंस विचारि [२-९-१६७]

116 शृंषला - नी०ग०।
117 सन्नी भरना - नी०ग०।

पंचगुंज को मास अरु जो है सोरह मास। कर्ष अक्ष द्वै नाम है ताके बुद्धि प्रकास [२-९-१६८]

हेमकर्ष के जानिकै बरनत बुद्धि विचित्र। विस्त सुवर्ण समेत जुग मुहर नाम ए मित्र [२-९-१६९]

चारि विस्त को नाम है यह कुरुविस्त प्रमान। कोशग्रंथ को मानि मत बरनत सुकवि सुजान [२-९-१७०]

चारि कर्ष को है पल नाम। शतपल तुला कहत बुधिधाम। वीस तुला को भार बखान्यौ। भार दसै को आचित गान्यौ [२-९-१७१]

रुपैया :

कार्षापण कार्षिक बुधिधाम। तीनि रुपैया के है नाम। पण पैसा को नाम सिहारि। बरनत पंडित सुकवि विचारि [२-९-१७२]

द्रोण निकुंचक कुडव अरु खारी आढक वाह। प्रस्थ परिमाणार्थक कहे सातौ सहित उछाह [२-९-१७३]

हाटक को अरु रूप को बरनत बुद्धि विचित्र। कहि हिरण्य अरु कोश द्वै नाम जानियो मित्र [२-९-१७४]

आकृति को कूटो कनक रजत रूप्य त्यहि नाम। ताम्रादिक को नाम है कुप्य कहत बुधिधाम [२-९-१७५]

हरिन्मणि :

गारूत्मत मरकत सहित अश्मगर्भ मन मानि। चारि हरिन्मणि नाम ए कहे सुवंस बखानि [२-९-१७६]

नवरत्न :

पुष्पराग गोमेद प्रवाल। पद्मराग नील बुधिजाल। हीरा मुक्ता भाषे करि लव। मरकत औ वैदूर्य रत्न नव [२-९-१७७]

मुक्ता :

मुक्ता मौक्तिक जलज जुग मोती नाम सुजान। विद्रुम और प्रवाल त्रै मूगा नाम प्रमान [२-९-१७८]

बरनत पाथर जाति को जे वर बुद्धि विचित्र। रत्न और मणि नाम द्वै जानि लीजिए मित्र [२-९-१७९]

सुवर्ण :

हाटक हेम हिरण्य कनक कांचन कार्तस्वर। जातरूप गांगेय रुक्म गैरिक चामीकर। शातकुंभ कलधौत भर्म अर्जुन अष्टापद। भूरि चंद्र कल्याण स्वर्ण कर्बुर जांबूनद। वसु महारजत तपनीय हलिपुरट (?) जुक्त ए मित्र वर। गनि छवीस नाम सुवर्न के कहे सुवंस अनंदकर [२-९-१८०]

अलंकार को हेम जो ताको कवि अभिराम। बरनत शृंगीकनक यह मित्र जानियो नाम [२-९-१८१]

पीतरि :

आरकूट अरु रीति गनि सहित जानियो आर। पीतरि के ए नाम जुग बरनत बुद्धि उदार [२-९-१८२]

रूप :

श्वेत रूप्य खर्जूर अरु रजत दुर्वर्ण जानि। रूपे के षट नाम ए कहे सुवंस बखानि [२-९-१८३]

ताम्र :

ताम्र म्लेच्छमुख शुल्व जानिए। रक्तधातु अरु द्व्याष्ट मानिए। सहित वरिष्ठ उदुंवर नाम। आठ तांव के बुधि अभिराम [२-९-१८४]

लोह :

अश्मसार तीक्ष्ण अयः शस्त्रक पिंड सुजान। कालायस जुत लोह के ए वसु नाम प्रमान [२-९-१८५]

लोहमैल मंडूर त्रै नाम सहित सिंहान। भाष्यौ लौहविकार को कुशी [118] नाम मनमान [२-९-१८६]

पारा :

चपल सूत पारद सहित रस पारा सर नाम। क्षार काच त्रै कांच के कहत नाम धीधाम [२-९-१८७]

अभ्रक :

गिरिज अमल त्रै नाम ए अभ्रक बुद्धि विचित्र। ताक्ष्र्यशैल रसगर्भ त्रै नाम रसांजन मित्र [२-९-१८८]

सुरमा :

[118] कुसि - नी०; कुसी - ग०।

कापोतांजन औरऊ यामुन गनि सौवीर। स्रोतोंजन नाम सर सुरमा के है धीर [२-९-१८९]

लीलाथोथा :

शिखीग्रीव तुत्थांजन चहि। औ कर्परी मयूरक को लहि। कहत वितुन्नक बुधि के धाम। लीलाथोथा के षट नाम [२-९-१९०]

होत दार्विका क्वाथ ते जो त्यहि को मन मानि। तुत्थ नाम यह कहत है पंडित सुकवि बखानि [२-९-१९१]

गंधक :

सौगंधिक गंधाश्मा गनि गंधक बुद्धि विचित्र। गंधक के जुग नाम ए जानि लीजिए मित्र [२-९-१९२]

सुरमा :

चक्षुष्या गनि कुलाली औ कुलत्थिका जानि। सुरमा [119] के जुग नाम ए कहे सुवंस बखानि [२-९-१९३]

पीतरिकीट :

रीतिपुष्प कुसुमांजन पुष्पकेतु बुधिवान। पौष्पक पीतरिकीट के ए सर नाम प्रमान [२-९-१९४]

हरतार :

पिंजर पीतक ताल गनि आल और हरताल। कहत नाम हरितालक ए षट बुद्धि विसाल [२-९-१९५]

शिलाजितु :

अर्थ्य गिरिज गैरेय गनि औ अश्मज मन मानि। पांच शिलाजतु नाम ए कहे सुवंस बखानि [२-९-१९६]

गुग्गुल :

प्राण पिंड गनि गोप रस गंधरस कहि अरु वोल। वोल नाम षट जानिए बरनत बुद्धि अमोल [२-९-१९७]

समुद्रफेन :

फेन जानियो अब्धिकफ औरौ सहित हिंडीर। समुद्रफेन के नाम जुग बरनत है कवि धीर [२-९-१९८]

सेंदुर :

गनौ नागसंभव बहुरि बंदन औ सिंदूर। सेंदुर के जुग नाम ए बरनत है बुधिपूर [२-९-१९९]

सीसा :

वप्र नाग योगेष्ट जुग सीसा के बुधिधाम। त्रपु पिच्चट अरु रंग गनि वंग रांग सर नाम [२-९-२००]

कुसुंभ :

कमलोत्तर अरु वह्निशिख महारजन मन मानि। चारि नाम ए कुसुंभ के कंहे सुवंस बखानि [२-९-२०१]

रूई :

नाम तीनि है रूई के पिचुल औरऊ तूल। मित्र लीजिए जानि ए बरनत बुद्धि अतूल [२-९-२०२]

मधुमाखी :

क्षौद्र और मधु माक्षिक मधुमाखी सर नाम। मधूच्छिष्ट सिक्थक त्रई मोम नाम बुधिधाम [२-९-२०३]

मैनसिल :

गोल मनोह्वा मनःशिला चहि। नागजिह्विका नैपाली लहि। कुनटी और मनोगुप्ता गनि। नाम मैनसिल आठ सुकवि भनि [२-९-२०४]

जवाखार :

पाक्य यवाग्रज औरऊ यवक्षार मन मानि। जवाखार के नाम जुग कहे सुवंस बखानि [२-९-२०५]

सज्जीखार :

सौवर्चल कापोत अरु रुचक सर्जिकाक्षार। सुखवर्चक षट नाम ए साजी बुद्धि उदार [२-९-२०६]

वंशलोचन :

वंशलोचन औरऊ त्वकक्षीरा बुधिवान। कहत वंशरोचना सहित ए त्रै नाम प्रमान [२-९-२०७]

सहिजनबीज :

[119] पुरथी - नी०ग०।

श्वेतमरिच शिग्रुज त्रै नाम। सहिजन बीज के है बुधिधाम। ऊष मूल को सुकवि सिहारि। बरनत मोरट नाम विचारि [२-९-२०८]

पिपरामूरि :

ग्रंथिक चटिकाशिर बहुरि गनौ पिप्पलीमूल। जुग ए पिपरामूरि के नाम कहत बुधिमूल [२-९-२०९]

पतंग :

गनि पत्रांग रक्तचंदन लहि। त्रै पतंग के नाम कहे चहि। गोलोमी को कहत सुजान। भूतकेश यह नाम प्रमान [२-९-२१०]

त्रिकटु :

सोठि मिरिच पीपरि मिले बरनत कवि अभिराम। त्र्यूषण औरौ त्रिकटु गनि व्योष सहित त्रै नाम [२-९-२११]

त्रिफला :

औरा हर्र बहेर त्रै मिले जानियो मित्र। फलत्रिक त्रिफला नाम द्वै बरनत बुद्धि विचित्र [२-९-२१२]

इति श्रीविश्वनाथ पुराखंड मंडल धराधीस चौधरी शिवसिंह वंशावतंस उमराउसिंह कारिते शुक्ल सुवंश विरचिते उमराउकोसे द्वितीय कांडे वैश्य वर्ग [९]

अथ शूद्र वर्ग, शूद्र :

वृषल जघन्यज औरऊ अवरवर्ण मन मानि। चारि नाम ए शूद्र के कहे सुवंस बखानि [२-१०-१]

वर्णसंकर :

विप्र क्षत्रिया बुधिधाम। त्यहि मूर्द्धावसिक्त है नाम। ब्राह्मण वैश्या ते सुत जौन। त्यहि अंबष्ठ कहत बुधिभौन [२-१०-२]

विप्र शूद्रा ते सुत जानि। त्यहि निषाद कवि कहत बखानि। छत्री वैश्या ते सुत होइ। त्यहि माहिष्य कहै सब कोइ [२-१०-३]

क्षत्री शूद्र ते सुत होत। उग्रा नाम है बुद्धि उदोत। वैश्य शूद्रा को सुत करण। ए अनुलोम कहे षट वरण [२-१०-४]

छत्री विप्रा ते सुत लह्यो। सूत नाम ताको कवि कह्यो। वैश्य ब्राह्मणी ते सुत मित्र। वैदेहक सो बुद्धि विचित्र [२-१०-५]

वैश्य क्षत्रिया ते सुत जानि। मागध यह कवि कहत बखानि। शूद्र ब्राह्मणी ते सुत होइ। चांडाल जग मे है सोइ [२-१०-६]

शूद्र वैश्या [120] ते सुत जान्यो। आयोगव तेहि नाम बखान्यो। शूद्र क्षत्रिय [121] ते क्षतृ सुत। ए प्रतिलोम कहे षट बुधिजुत [२-१०-७]

कारीगर के नाम त्रै शिल्पी औरौ कारु। एक कारु की भीर को श्रेणि कहत बुधि चारु [२-१०-८]

श्रेणि मध्य जो मुख्य है ताके है द्वै नाम। कुलश्रेष्ठी अरु कुलक ए बरनत कवि अभिराम [२-१०-९]

माली :

मालिक औरौ मालाकार। माली के त्रै नाम उदार। कुंभकार औ सहित कुलाल। त्रै कुम्हार के नाम विसाल [२-१०-१०]

सिकिली :

शस्त्रमार्ज है अरु असिधावक। सिकिली तीनि नाम बुधि भावक। चर्मकार पादूकृत जान्यौ। त्रै चमार के नाम बखान्यौ [२-१०-११]

लुहार :

व्योकार अरु लोहकारक लहि। त्रै लुहार के नाम कहे चहि। कांबविक रु शांखिक बुधिवान। नाम तीनि चुरिहार प्रमान [२-१०-१२]

---

120 छत्रिया - नी०ग०।
121 वैश्या - नी०ग०।

ठठेर :

शौल्विक और ताम्रकुट्टक गनि। नाम ठठेर लहे ए त्रै भनि। रजक और निर्णेजक जान्यो। धोबी के त्रै नाम बखान्यो [२-१०-१३]

राज :

तीनि नाम है राज के लेपक औ पलगंड। तुन्नवाय सौचिक त्रई दरजी बुद्धि उदंड [२-१०-१४]

रंगरेज :

रंगाजीव रंगकार रु [122] जान्यो। रंगरेज त्रै नाम बखान्यो। तंतुवाय गनि कवि अभिराम। सहित कुविंद जुलहा त्रै नाम [२-१०-१५]

बढई :

तक्षा वर्धकि काष्ठतट त्वष्टा औ रथकार। बढई के षट नाम ए बरनत बुद्धि उदार [२-१०-१६]

नाऊ :

अंतावसायी क्षुरी मुंडी और नापित मानिए। गनि दिवाकीर्ति समेत षट ए नाऊ नाम बखानिए। शांबरी माया कुहक कुसृति इंद्रजाल सिहारिए। गनि नाम कुह के [123] सहित षट ए मित्र चित्त विचारिए [२-१०-१७]

कलवार :

शौंडिक और मंडहारक [illegible] लह्यियो भनि। अजाजीव जाबाल सुजान। तीनि गडरिया नाम प्रमान [२-१०-१८]

मायाकार प्रातिहारिक
[२-१०-१९]

शैलाली शैलूष अरु भ

चारण औरौ कुशीलव कीर्ति

जीवांतक गनि वागुरिक औ

कौटिक औरौ मांसिक ग

भृतक वैतनिक कर्मकर

पामर जाल्म पृथक
नाम [२-१०-२५]

भृत्य भुजिष्य
दास नाम दस
परिस्कंद
तासु भनि

मंद तुंदपरिमृज अरु शीतक अलस सिहारि।ए षट नाम आलसी के कहे सुवंस विचारि [२-१०-२८]

चतुर :

उष्ण पेशल चतुर पटु दक्ष और सूत्थान।ए प्रवीन के नाम है सात कहत बुधिवान [२-१०-२९]

चांडाल :

चंडाल मातंग जनंगम और निषाद सिहार्यौ। दिवाकीर्ति गनि अंतेवासी श्वपच समेत विचार्यौ। पुक्कस प्लव चांडाल नाम दस कोसमते ए जान्यौ। शवर म्लेक्ष किरात आदि दै ताको भेद बखान्यौ [२-१०-३०]

बह्यलिया :

व्याध मृगवधाजीव अरु लुब्धक मृगयु सिहारि। पांच बह्यलिया के कहत पंडित सुकवि विचारि [२-१०-३१]

कुत्ता :

सारमेय कौलेयक कुक्कुर शुनक सहित मन मान्यौ। मृगदंशक श्वा भषक आठ ए कुत्ता नाम बखान्यौ। जो श्वा पालि उच्च अति कीन्हो नाम अलर्क कहायो। शुनक सिकारि विश्वकद्रु यह ताको नाम बतायो [२-१०-३२]

कुकुरी :

शुनी और सरमा कह्यो कुकुरी के त्रै नाम। विट्चर शूकर को कहत ग्राम्य नाम बुधिधाम [२-१०-३३]

सिकार :

आक्षोदन आखेट अरु मृगया कहत सुजान। सहित मृगव्य सिकार के ए सर नाम प्रमान [२-१०-३४]

चोर :

दस्यु परास्कंदी पाटच्चर। ऐकागारिक मोषक तस्कर। चौर स्तेन मलिम्लुच जानि। चोर नाम दस कहे बखानि [२-१०-३५]

चोरी :

स्तेय स्तैन्य अरु चौरिका चौर्य कहत बुधिधाम। जानि लीजिए मित्र ए चोरी के सर नाम [२-१०-३६]

चोरधन :

लोप्त्र चोरधन को कहत जे कवि जगत प्रसंस। फांसी जालादिकन को नाम कह्यो वीतंस [२-१०-३७]

मृग फांसे को जाल जो पसरो है गुनगाथ। ताके ए द्वै नाम है कूटयंत्र उन्माथ [२-१०-३८]

नाम जुगुल मृगबंधनी औ वागुरा सिहारि। ए है जाल विसेष के बरनत सुकवि विचारि [२-१०-३९]

ज्यौरी :

शुल्व वराटक गुण वटी रज्जु सहित मन मानि। ज्यौरी के षट नाम ए कहे सुवंस बखानि [२-१०-४०]

ढेकुली :

घटीयंत्र उद्घाटन लह्यो। तीनि नाम ढेकुली के कह्यो। वेमा वायदंड मन मान्यौ। काठखड्ग त्रै नाम बखान्यौ [२-१०-४१]

सूत्र :

सूत्र तंतु त्रै सूत के मित्र जानियो नाम। वाणि व्यूति त्रै बिनै के नाम कहत बुधिधाम [२-१०-४२]

पुतरी :

पांचालिका पुत्रिका पुतरी त्रै अभिधान। शिक्य काच सिकहर त्रई नाम कहत बुधिवान [२-१०-४३]

पेटरिया :

पेटा पेटक पिटक अरु मंजूषा मन मानि। पांच पेटरिया नाम ए कहे सुवंस बखानि [२-१०-४४]

बहंगी :

भनि विहंगिका औरऊ भारयष्टि बुधिधाम। जानि लीजिए मित्र त्रै बहंगी के ए नाम [२-१०-४५]

जूता :

कहत उपानत पादुका पादू जे बुधिधाम। पदत्राण समेत ए सर जूतनि के नाम [२-१०-४६]

मोजा :

गनौ अनुपदीना बहुरि पादत्राण है [125] नाम। त्रै मोजा के कहत है जे कविमति अभिराम [२-१०-४७]

चामरज्जु :

नर्ध्री वर्ध्री वरत्रा बरनत सुकवि विचारि। ज्यौरी जो है चाम की तासु नाम ए चारि [२-१०-४८]

किंगिरी :

चांडालबल्लकी अरु चांडालिका मानि। किंगिरी के त्रै नाम है कविवर कहत बखानि [२-१०-४९]

चबुका :

कशा नाम चबुका को लहिबो मित्र। जाते हय गति पावै विविध विचित्र [२-१०-५०]

कांटा :

ऐषणिका नाराची जान्यौ। कांटा के त्रै नाम बखान्यौ। शाण निकष कष कवि अभिराम। कहत कसौटी के त्रै नाम [२-१०-५१]

सलाखी :

पत्रपरशु व्रश्चन बुधिवान। तीनि सलाखी के अभिधान। मूषा औ तैजसावर्तनी। घरिया तीनि नाम बुधिधनी [२-१०-५२]

लौहशलाका :

तीनि ईषिका तूलिका लोहशलाका नाम। आस्फोटनी नाम यह वैधनिका बुधिधाम [२-१०-५३]

धौंक :

भस्त्रा चर्मप्रसेविका धौंक तीनि अभिधान। नाम कृपाणी कर्तरी कैंची तीनि प्रमान [२-१०-५४]

कुल्हारी :

वृक्षभेदी औरऊ वृक्षादन मन मानि। कुल्हारी ए त्रै नाम है कहे सुवंस बखानि [२-१०-५५]

टांकी :

टंक अश्मदारण बुधिधाम। बरनत टांकी के त्रै नाम। क्रकच और करपत्र सुजान। आरा के त्रै नाम प्रमान [२-१०-५६]

रांपी :

आरा चर्मप्रभेदिका रांपी त्रै अभिधान। नाम कलादिक कर्म को शिल्प कहत बुधिवान [२-१०-५७]

लोहप्रतिमा :

नाम स्थूणा सूर्मी ए त्रै बुद्धि विचित्र। लोहप्रतिमा के विषै जानि लीजिए मित्र [२-१०-५८]

प्रतिबिंब :

प्रतिकृति और प्रतिच्छाया लहि। प्रतिनिधि पुनि प्रतिबिंब चित्र चहि। प्रतियातना कह्यो प्रतिमान। अर्चा प्रतिमा वसु अभिधान [२-१०-५९]

समान :

सदृक सदृश सम तुल्य समान। निभ संकाश सदृक्ष सुजान। उपमा प्रतीकाश साधारण। जुत नीकाश नाम रवि बुधगण [२-१०-६०]

मोलु :

भर्म भरण्य मूल्य निर्वेश। भृति पण भरण विधा बुधिवेस। कर्मण्या भृत्या बुधिधाम। वेतन मोल के द्वादस नाम [२-१०-६१]

मदिरा :

हलिप्रिया कादंबरी परिस्रुत मधु जानि। मद्य कश्य हाला सुरा इरा प्रसन्ना मानि [२-१०-६२]
आसव अरु वरुणात्मजा गंधोत्तमा सिहारि। माध्वीक मैरेय गनि सीधु समेत विचारि [२-१०-६३]
नाम अठारह माधवक मदिरा के बुधिधाम। किण्व नग्नहू तीनि ए सुराबीज के नाम [२-१०-६४]

125 है पदाइता - नी०ग०।

सुरासंधान :

सुरासंधान [126] के नाम द्वै अभिषव अरु संधान। सुरामंड को कहत है कारोत्तर अभिधान [२-१०-६५]
नाम जुगुल आपान अरु पानगोष्ठिका जानि। सुरापान कारन सभा ताहि कहत गुनखानि [२-१०-६६]

प्याला :

पानपात्र अरु चषक त्रै प्याला नाम सुजान। अनुतर्षण अरु सरक त्रै मद्यपान अभिधान [२-१०-६७]
मधुवारा अरु मधुक्रम बरनत कवि अभिराम। वार वार मधुपान जो ताके ए द्वै नाम [२-१०-६८]

धूर्त :

कितव अक्षदेवी बहुरि अक्षधूर्त बुधिवान। सहित द्यूतकृत धूर्त के ए सर नाम प्रमान [२-१०-६९]

जामिन :

लग्नक प्रतिभू जामिन जानि। तीनि नाम ए कहे बखानि। सभिक द्यूतकारक बुधिधाम। सईदार के ए त्रै नाम [२-१०-७०]

जुवा :

द्यूत अक्षवती बहुरि पण कैतव बुधिवान। सहित दुरोदर जुवा के ए षट है अभिधान [२-१०-७१]
बाजी को ग्लह नाम है बरनत जे कवि दक्ष। पांसा के जुग नाम ए पाशक देवन अक्ष [२-१०-७२]
अष्टापद अरु कह्यो शारिफल। तीनि नाम चौपरि के बुधिबल। शारि चाल को चाउ चढाय। बरनत सुकवि नाम परिणाय [२-१०-७३]
मेषादिक को जुद्ध जो बाजी जुत बुधिधाम। प्राणिद्यूत द्वै कवि कहत और समाह्वै नाम [२-१०-७४]

कांड संख्या :

पृथ्वी पुर पर्वत करि हेत। और वनौषधि सिंह समेत। पुनि ब्रह्म क्षत्रिय को गानि। वैश्य शूद्र दस वर्ग बखानि [२-१०-७५]
औ वारह सै पंद्रह छंद। रचे सुवंस सहित आनंद। ए दूसरे कांड मै मित्र। जानि लीजिए परम विचित्र [२-१०-७६]

इति श्रीविश्वनाथ पुराखंड मंडल धराधीस चौधरी शिवसिंह वंशावतंस उमराउसिंह कारिते शुक्ल सुवंश विरचिते उमराउकोसे द्वितीय कांडे शूद्र वर्ग [१०]

भाग्यमान :

धन्य और सुकृती बहुरि पुण्यवान मन मानि। भाग्यवान के नाम जुग कहे सुवंस बखानि [३-१-१]

शुद्धपुरुष :

सुहृदय अरु हृदयालु सुजान। शुद्धपुरुष के त्रै अभिधान। कहे महेच्छ महाशय जानि। त्रै उदार के नाम बखानि [३-१-२]

उत्साही :

लसै महाउत्साह जुत त्यहि द्वै नाम प्रमान। कहत महोद्यम औरऊ महोत्साह बुधिवान [३-१-३]

प्रवीण :

कृती कुशल वैज्ञानिक जानि। कृतमुख विज्ञ अभिज्ञ कौ मानि। गनि निष्णात निपुण बुधिधाम। शिक्षित जुत प्रवीन दस नाम [३-१-४]

पूज्य :

नाम पूज्य को जानियो है प्रतीक्ष्य यह मित्र। संशयजुत को सांशयिक बरनत बुद्धि विचित्र [३-१-५]
दक्षिणार्ह दाक्षिण्य अरु दक्षिणीय बुधिधाम। होत दक्षिणा योग्य जो ताके ए त्रै नाम [३-१-६]

आयुष्मान :

आयुष्मान सहित कह्यो जैवातृक बुधिधाम। बडी आरदा जासु की ताके ए द्वै नाम [३-१-७]

दाता :

126 सुरापात्र - नी०ग०।

स्थूललक्ष्य अरु बहुप्रद दानशौंड बुधिवान। पांच वदान्य सहित कहे दाता नाम प्रमान [३-१-८]
नाम शास्त्रवित को कह्यौ अंतर्वाणि बखानि। वरदः ताको नाम कवि कहत समर्धक जानि [३-१-९]
गनि कारणिक परीक्षक कह्यो। दानाध्यक्ष नाम त्रै लह्यो। अंतर्मना दुर्मना नाम। त्रै विमना के है बुधिधाम [३-१-१०]

हर्ष :

विकुर्वाण प्रमना बहुरि हृष्टमानस रु जानि। हर्षमाण के नाम जुग कहे सुवंश बखानि [३-१-११]
दक्षिण और उदार जुत तीनि सरल के नाम। दाता भोक्ता को कहत सुकल नाम बुधिधाम [३-१-१२]
तीनि नाम आसक्त के तत्पर प्रसित सुजान। इष्ट अर्थ मे जुक्त जो उत्सुक नाम प्रमान [३-१-१३]

प्रसिद्ध :

प्रथित वित्त [127] विज्ञात गनि अरु प्रतीत जुत ख्यात। विश्रुत सहित प्रसिद्ध के नाम कहत कवि सात [३-१-१४]
आहतलक्षण औरऊ कृतलक्षण द्वै नाम। गुण ते भयो प्रसिद्ध जो ताहि कहत बुधिधाम [३-१-१५]

धनी :

इभ्य आढ्य औ धनी सिहारि। तीनि नाम कवि कहत विचारि। है अधिकर्धि समृद्ध सुजान। महाधनी के त्रै अभिधान [३-१-१६]

प्रभु :

स्वामी अधिभू नेता नायक। प्रभु ईश्वर पति गनि बुधिदायक। सहित ईशिता परिवृढ जानि। अधिप नाम दश कहे बखानि [३-१-१७]

कुटुंबपोषी :

अभ्यागारिक औरऊ है उपाधि बुधिधाम। ए कुटंबव्यापृत सहित मित्र लहौ त्रै नाम [३-१-१८]
अंगरूप वर जुक्त सुजान। सिंहसंहनन नाम प्रभान। धीर जुक्त मन करै जु काम। त्यहि निर्वार्य बरनत कवि नाम [३-१-१९]
कहत पितृसन्निभ बहुरि सहित मनोजव जानि। पितातुल्य जो तासु के जुगुल नाम बुधिखानि [३-१-२०]

लक्ष्मीवान :

लक्ष्मण लक्ष्मीवान जुग नाम श्रील श्रीमान। कूकुद साजि भूषन सहित देइ जु कन्यादान [३-१-२१]

वत्सल :

प्रेमी जो पुत्रादि को ताको बुद्धि विचित्र। वत्सल और स्निग्ध द्वै नाम कहत है मित्र [३-१-२२]

दयालु :

सूरत औरौ कारुणिक लहियो सहित कृपालु। ए जुग नाम दयालु के बरनत बुद्धि विसालु [३-१-२३]

स्वतंत्र :

निर्यंत्रण औ अपावृत स्वैरी जुत स्वच्छंद। सर स्वतंत्र के नाम ए बरनत कविकुलचंद [३-१-२४]

पराधीन :

नाथवान परतंत्र गनि और सहित परवान। पराधीन के नाम जुग बरनत सुकवि सुजान [३-१-२५]

अधीन :

निघ्न गृह्यक आयत्त गनि अस्वच्छंद सिहारि। भाषे नाम अधीन के पांच सुवंस विचारि [३-१-२६]
बहुकर खलपू [128] जानिकै बरनत बुद्धि विचित्र। बुहरै [129] जो खरिहान को तासु नाम द्वै मित्र [३-१-२७]

शिथिल :

दीर्घसूत्र अरु चिरक्रिय तीनि शिथिल के नाम। बिन विचार जो कछु करै जाल्म नाम बुधिधाम [३-१-२८]
कहत अलंकर्मीण अरु कर्मक्षम कवि जानि। जो समर्थ है कर्म मे त्यहि द्वै नाम बखानि [३-१-२९]

---

127 विज्ञ - नी०ग०।
128 बलपू - नी०ग०।
129 फारै - नी०ग०।

कुंठ क्रिया मो मंद मानिए। कर्मशील को कर्म जानिए। कर्मशूर को कर्मठ नाम। बरनत है जे कवि अभिराम [३-१-३०]

भरण्यभुक अरु कर्मकर बरनत बुद्धि विचित्र। करै मोल लै कर्म जो तासु नाम द्वै मित्र [३-१-३१]

कह्यो मृतस्नात रु बहुरि अपस्नात बुधिवान। बरनत शुद्धस्नात के ए द्वै है अभिधान [३-१-३२]

बरवै :

कर्म करत जो कोऊ विनही मोल। कर्मकार त्यहि बरनत बुद्धि अमोल [३-१-३३]

मांसभक्षी :

कहत आमिषाशी बहुरि शौष्कल कवि अभिराम। सहित मांसभक्षी त्रई जानि लीजिए नाम [३-१-३४]

भूखा :

क्षुधित बुभुक्षित औरऊ अशनायित बुधिवान। पांच जिघस्तु समेत ए भूखा के अभिधान [३-१-३५]

परपिंडाद परात्र ए बरनत बुद्धि विचित्र। जीवत है परअन्न ते तासु नाम द्वै मित्र [३-१-३६]

खवैया :

अद्मर घस्मर औरऊ भक्षक मन मे मानि। चारि खवैया नाम ए कहे सुवंस बखानि [३-१-३७]

जीति रहित खेलै जुवा जो जन उदर निमित्र। तासु नाम अद्यूत्य यह बरनत जे बुद्धिविचित्र [३-१-३८]

आत्मंभरि कुक्षिंभरि नाम। उदर भरै निज द्वै बुधिधाम। खाइ अन्न सबको जन जौन। सर्वान्नीन नाम है तौन [३-१-३९]

लोभी :

तृष्णक अभिलाषुक बहुरि गृध्नु लुब्ध मन मानि। गर्द्धन लोभी नाम षट कहे सुवंस बखानि [३-१-४०]

लोलुप लोलुभ बुधि के धाम। अतिलोभी के है त्रै नाम। सोन्माद उन्मदिष्णु प्रमान। मद सुभाउ जुत द्वै अभिधान [३-१-४१]

अनम्र :

गनि अविनीत समुद्धत नाम। है अनम्र के त्रै बुधिधाम। निभृत प्रश्रित औरौ विनीत लहि। नम्र नाम ए चारि कहे चहि [३-१-४२]

मतवारा :

मत्त शौंड उत्कट बहुरि क्षीवा बुद्धि विचित्र। मतवारा के नाम सर जानि लीजिए मित्र [३-१-४३]

कामी :

कामयिता कमितृ [130] अनुक कामन कमन अभीक। कामुक कामी कम्र अरु अभिक नाम दस ठीक [३-१-४४]

षिंग पल्लविक विट सहित बरनत बुद्धि विचित्र। कामकला परवीन अति तासु नाम त्रै मित्र [३-१-४५]

विनयग्राही आश्रव जानि। और विधेय लहौ मन मानि। कहे वचन को जो प्रतिपाल। तासु नाम त्रै बुद्धि विसाल [३-१-४६]

वेश्यापति :

वेश्यापति के नाम त्रै वैशिक और भुजंग। लहि प्रणेय यह वेश्य कौ बरनत बुद्धि उतंग [३-१-४७]

निर्लज्ज :

है निलज्ज वियात अरु धृष्णु नाम जुग धृष्ट। त्रै सलज्ज के नाम है जुत शालीन अधृष्ट [३-१-४८]

है प्रगल्भ को नाम यह प्रतिभान्वित बुधिवान। विस्मयजुत को कहत है नाम विलक्ष प्रमान [३-१-४९]

डराने :

भीरुक भीरु त्रस्नु बुधिधाम। भीलुक डरजुत के सर नाम। घातुक हिंस्र शरारु सुजान। हिंसावान पांच अभिधान [३-१-५०]

मित्र वंदनावान को लहै नाम वंदारु। कातर नाम अधीर को बरनत है कवि चारु [३-१-५१]

---

130 कामिता - नी०ग०।

वर्द्धन अरु वर्द्धिष्णु त्रै बढैवान के नाम। सघन सचिक्कण को कहत मेदुर कवि अभिराम [३-१-५२]
विंदु विदुर ज्ञाता सहित ज्ञानी जुग अभिधान। तीनि विकासी विकस्वर विकसित नाम प्रमान [३-१-५३]

फैलै :

विसृमर और विसृत्वर जानि। बहुरि प्रसार रु [131] मन मे मानि। सहित विशारी बुधि के धाम। फैलै वाले के सर नाम [३-१-५४]

क्षमी :

सहन सहिष्णु तितिक्षु अरु क्षंता क्षमिता जानि। क्षमावान के नाम षट कहे सुवंस बखानि [३-१-५५]

क्रोधी :

कोपी क्रोधन और अमर्षण। क्रोधी के जुग नाम बुद्धि गण। क्रोधी बडो ताहि को चंड। नाम कहत जे बुद्धि अखंड [३-१-५६]

जगैया :

जागरूक जागरिता जान्यौ। नाम जगैया के त्रै मान्यौ। तीनि घुमैया नाम बखान्यौ। घूर्णित औ प्रचलायित गान्यौ [३-१-५७]

सोवैया :

स्वप्नक और शयालु गनि पुनि निद्रालु सिहारि। बडे सोवैया के कहत कवि जुग नाम विचारि [३-१-५८]
शयित और निद्राण त्रै सोवत ताके नाम। देवपुजैया को कहत देवद्र्यंच त्यहि नाम [३-१-५९]
पराचीन औ परांमुख विमुख नाम त्रै मित्र। अधोमुखी अवाङ् यह बरनत बुद्धि विचित्र [३-१-६०]
चलै जोई सर्वत्र ते विष्वद्र्य [132] विष्वद्र्यङ् त्यहि नाम। साथ चलै ताको कहत सध्र्यङ् कवि अभिराम [३-१-६१]

वक्ता :

वद अरु सहित वदावद गनियो। तीनि नाम वक्ता के भनियो। प्रियभाषी त्रै नाम बखान्यो। शक्नु प्रियंवद मन मो मान्यो [३-१-६२]

पटुभाषी :

वावदूक पटु वाक्पति वाग्मी जुत वागीश। पटुभाषी के नाम षट बरनत है कवि ईश [३-१-६३]

कुभाषी :

जल्पाक दुर्मुख कद्वद जानि। मुखर और वाचाट रु मानि। औ वाचाल कहत बुधिधाम। सात कुभाषी के ए नाम [३-१-६४]

हकला :

लोहल अस्फुटवाक त्रै हकला नाम प्रमान। कुत्सित कथइत नाम द्वै कुचर कुवाद सुजान [३-१-६५]
शब्दन रवण कहत बुधिधाम। बोलै करै तासु द्वै नाम। कह्यो दिगंबर और अवासा। नग्न नाम त्रै बुद्धिप्रकासा [३-१-६६]
निष्कासित अवकृष्ट ए बरनत बुद्धि विचित्र। जे निकासि दीन्हे गयो तासु नाम द्वै मित्र [३-१-६७]
आत्तगर्व अभिभूत अरु अपध्वस्त मन मानि। धिकृत के जुग नाम ए कहे सुवंस बखानि [३-१-६८]
दापित साधित जानिए बरनत कवि अभिराम। लीन्हो जाते दंड गो ताके ए द्वै नाम [३-१-६९]

अनंगीकृत :

प्रत्यादिष्ट निरस्त सिहारि। औरौ प्रत्याख्यात विचारि। सहित निराकृत कहत सुजान। पांच अनंगीकृत अभिधान [३-१-७०]
जाको सर्वसु हरि गयो तासु नाम द्वै मित्र। निकृत औरऊ विप्रकृत बरनत बुद्धि विचित्र [३-१-७१]
विप्रलब्ध गनि औरऊ वंचित द्वै अभिधान। छलो जात जो तासु को बरनत ज्ञान निधान [३-१-७२]

मानभंगी :

131 प्रकासी - नी०ग०।
132 विष्वकद्रपु - नी०ग०।

प्रतिहत औ प्रतिबद्धहत सहित मनोहत मानि। चार मानभंगी सहित नाम कहत गुनखानि [३-१-७३]
अधिक्षिप्त औरौ कहत प्रतिक्षिप्त बुधिवान। है अनादरित तासु के ए द्वै नाम प्रमान [३-१-७४]
कीलित संयत बद्ध मानिए। बांधे के त्रै नाम जानिए। परै विपति तासु को नाम। है आपन्न कहत बुधिधाम [३-१-७५]
कांदिशीक अरु भयद्रुत बरनत कवि अभिराम। भय ते भागो तासु के जुगुल जानियो नाम [३-१-७६]

मिथ्याद्रूषित :

क्षारित औ अभिशस्त गनि आक्षारित अरु जानि। मिथ्याद्रूषित के त्रई भाषे नाम बखानि [३-१-७७]
चंचलचित्ती को कहत जानि संकसूक है नाम। विकल व्याकुल को कहत नाम बुद्धि के धाम [३-१-७८]
गनि व्यसनार्त विहस्त अरु जुत उपरक्त सिहारि। व्याकुल के ए नाम है कहत कवीश्वर चारि [३-१-७९]
जाकी बुद्धि अरिष्ट ते दुःषित आठौ जाम। बरनत ज्ञाननिधान सब तासु विवश है नाम [३-१-८०]

आततायी :

दाराहर अरु धनहर जानि। अग्निद और क्षेत्रहर मानि। गरद सहित सन्नद्ध छह नाम। कहत आततायी बुधिधाम [३-१-८१]
जोई वध के जोग्य है तासु नाम द्वै मित्र। शीर्षच्छेद्य अरु वध्य ए बरनत बुद्धि विचित्र [३-१-८२]
विष ते जोई वध्य है विष्य नाम बुधिधाम। मूसल ते जो वध्य है त्यहि मुसल्य है नाम [३-१-८३]

निर्मलकर्मी :

शिश्विदान गनि औरऊ अकृष्णकर्मा मानि। निर्मलकर्मी के कहत तीनि नाम गुनखानि [३-१-८४]

दोषदृष्टा :

दोषैकदृक मानि। औ पुरोभागी आनि। त्रै दोषदृष्टा नाम। भाषै गिरा के धाम [३-१-८५]

शठ :

कुटिल निकृत अरु अनृजु जुग शठ के नाम प्रमान। दुर्जन औरौ पिशुन जुत खल के है त्रै नाम [३-१-८६]
करन लागि परदोष को गनै जो बुद्धि विचित्र। कर्णेजप सूचक दुवौ नाम तासु ए मित्र [३-१-८७]

द्रोही :

घातुक औरौ क्रूर गनि पुनि नृशंस जुत पाप। द्रोही के सर नाम ए बरनत बुद्धि अमाप [३-१-८८]

मूर्ख :

यथाजात वैधेय अरु वालिश मूढ औ अज्ञ। पांच नाम ए मूर्ख के बरनत है सर्वज्ञ [३-१-८९]

कृपण :

किंपचान गनि मितंपच क्षुद्र कदर्य सिहारि। पांच कृपण के नाम ए कहे सुवंस विचारि [३-१-९०]

दीन :

दुर्विध दुर्गत निःस्व गनि सहित दरिद्र रु जानि। पांच दीन के नाम है सुकविन कहे बखानि [३-१-९१]

याचक :

कहत याचनक मार्गण औ अर्थी बुधिधाम। सहित वनीयक पांच ए याचक के अभिधान [३-१-९२]
नरपश्वादि जरायुज जानि। कृमि दंशादिक स्वेदज मानि। खग सर्पादिक अंडज गन्यौ। तरु गुल्मादिक उद्भिज भन्यौ [३-१-९३]

सुंदर :

मंजुल मनोरम साधु शोभन सौम्य सुभग सिहारिए। रमणीय रम्य रुचिर मनोहर मंजु भद्रक चारिए। अरु चारु रुच्य मनोज्ञ गनि सुंदर कांत रु जानिए। ए नाम सुंदर के सुवंस कहे अठारह गानिए [३-१-९४]

महासुंदर :

परमरम्य को नाम है असेचनक सुजान। सो नरेश उमराउ है बरनत ज्ञाननिधान [३-१-९५]

प्रिय :

वल्लभ हृद्य अभीप्सित दयित अभीष्ट सिहारि। ए प्रिय के षट नाम है कहे सुवंस विचारि [३-१-९६]

अधम :

अर्वा रेफ कुपूय प्रतिकृष्ट। कुत्सित याप्य अवम निकृष्ट। अणक अवद्य खेट रु बुधिधाम। कहत अधम के द्वादस नाम [३-१-९७]

मलिन :

मलद्रूषित औ मलीमस कच्चर जुत मन मानि। मलिन नाम ए चारि है बरनत गुनगनिखानि [३-१-९८]

पवित्र :

है द्वै नाम पवित्र के पूत मेध्य ए मित्र। विमलार्थक अरु वीध्र ए जो स्वाभावि पवित्र [३-१-९९]

अनवस्कर निःशोध्य मृष्ट लहि। अरु शोधित निर्णिक्त गनावहि। द्रूरि भयो मल जाको जानि। तासु नाम सर कहे बखानि [३-१-१००]

शून्य :

वशिक तुच्छ रिक्तक सहित शून्य नाम ए चारि। भाष्यौ फल्गु असार को सुकवि सुवंस विचारि [३-१-१०१]

मुख्य :

अग्रिय अरु अग्रीय प्रमुख गनि अग्र अनुत्तम। अनवरार्ध्य पुनि प्राग्रहर औरौ उत्तम। बहुरि वरेण्य प्रवेक परार्ध्य प्रवर्ह चित्त चहि। वर्य समेत प्रधान अग्र ए मुख्य नाम लहि। सत्रह सुवंस भाषे हरषि पठत सदा जे बुद्धिवर। है मुख्य धरा मे धरापति श्रीउमराउ अनंदकर [३-१-१०२]

श्रेष्ठ :

पुष्कल सत्तम सिंह वृषभ लहि। शार्द्रूल पुंगव कुंजर चहि। अतिशोभन श्रेयान सुजान। नाम श्रेष्ठ गेरह अविधान [३-१-१०३]

अप्रधान :

उपसर्जन अप्राग्र्य त्रै अप्रधान अभिधान। पीन पीवि रु स्थूल जुग पीवर नाम सुजान [३-१-१०४]

विस्तृत :

पृथुल विशंकट औ पृथु जानि। बृहत विशाल महत अरु मानि। विपुल सहित बरनत गुनधाम। विस्तृत के है ए नव नाम [३-१-१०५]

सूक्ष्म :

क्षुल्लक त्रुटि मात्रा लव जानि। अल्प स्तोक लेश कण मानि। तनु कृश दभ्र कहत बुधिधाम। अणु जुत सूक्ष्म त्रयोदस नाम [३-१-१०६]

बहुत :

प्रचुर प्रभूत पुरह भूय लहि। भूरि स्फार पुरु अदभ्र चहि। प्राज्य बहुल भूयिष्ठ सुजान। गेरह बहुतै के अभिधान [३-१-१०७]

संपूर्ण :

सम सर्व विश्व सकल अनूनक कृत्स्न अशेष सिहारिए। निःशेष निखिल समस्त बहुरि समग्र पूर्ण विचारिए। औरौ असंख्य अखंड जुत संपूर्ण मन मे मानिए। ए नाम पंद्रह मित्र हरषि सुवंस भाषे गानिए [३-१-१०८]

सघन :

सांद्र निरंतर और घन सघन नाम ए चारि। त्रै पेलव तनु विरल के भाषे नाम विचारि [३-१-१०९]

समीप :

समर्याद अभ्यग्र अरु अंतिक सविध सदेश। सन्निकृष्ट आसन्न गनि अभित निकट सवेश [३-१-११०]

गनि अभ्यर्ण सनीड पुनि अभ्यास रु बुधिधाम। पंद्रह ए उपकंठ जुत है समीप के नाम [३-१-१११]

अतिसमीप :

अंतिकतम नेदिष्ठ सुजान। अतिसमीप के त्रै अभिधान। विप्रकृष्टकम द्रूर सिहारि। द्रूरि नाम त्रै कहे विचारि [३-१-११२]

मिले :

अव्यवहित संसक्त अरु अपदांतर मन मानि। चारि मिले के नाम ए कहे सुवंस बखानि [३-१-११३]

दवीय दविष्ठ बुधिधाम। ए अतिदूरि कहे त्रै नाम। आयत दीर्घ को अभिधान। कोसमते सब कहत सुजान [३-१-११४]

वर्तुल :

वृत्त निस्तल औरऊ वर्तुल मन मो मानि। गोले के ए नाम जुग कहे सुवंस बखानि [३-१-११५]

बडा :

उन्नत उच्छ्रित तुंग अरु उच्च उदग्र सुजान। कहत प्रांशु जुत बडे के ए सातौ अभिधान [३-१-११६]

छोटा :

खर्व नीच न्यक ह्रस्व अरु वामन मन में मानि। छोटे के षट नाम ए कहे सुवंस बखानि [३-१-११७]

उन्नत जो नत होत है बरनत बुद्धि विचित्र। ताको बंधुर नाम है जानि लीजिए मित्र [३-१-११८]

अधोमुख :

अवनत गनि आनत बहुरि अवाग्र और समेत। चारि अधोमुख कहत है नाम बुद्धि के केत [३-१-११९]

टेढा :

वृजिन अराल जिह्म औ वेल्लित कुंचित मन मो मानिए। वक्र आविद्ध ऊर्मिमत भंगुर भुग्न कुटिल नत जानिए। कहे सुवंस नाम टेढा के मित्र त्रयोदस गानिए। ऋजु अजिह्म अरु प्रगुण चारि ए सूधा नाम बखानिए [३-१-१२०]

व्याकुल :

व्यस्त अप्रगुण औरऊ आकुल मन मो मानि। व्याकुल के ए नाम जुग बरनत गुनगनखानि [३-१-१२१]

नित्य :

शाश्वत ध्रुव गनि और सदातन। नित्य नाम सर सहित सनातन। स्थास्नु स्थिरतर अरु स्थेयान। ए जुग अत्यस्थिर के अभिधान [३-१-१२२]

चर :

चर त्रस इंग चरिष्णु ए सर जंगम के नाम। स्थावर जंगम ते इतर नाम कहत है बुधिधाम [३-१-१२३]

चंचल :

लोल चलं कंपन चल मानि। कंप्र तरल परिप्लव जुत जानि। सहित पारिल्पव चलाचल लहि। चंचल के दस नाम कहे चहि [३-१-१२४]

बांधा :

संहत औ दृढसंधि त्रै बांधे के है नाम। अधिकहि को अतिरिक्त लहि नाम कहत बुधिधाम [३-१-१२५]

कठोर :

कक्खट क्रूर कठिन दृढ मानि। निष्ठुर जठर मूर्तिमत जानि। मूर्त सहित नव नाम कठोर। बरनत है जे कवि सिरमोर [३-१-१२६]

वर्द्धमान :

प्रौढ प्रवृद्ध समेत गनि एधित मन मो मानि। वर्द्धमान के नाम जुग कहे सुवंस बखानि [३-१-१२७]

पुराना :

प्रत्न पुरातन प्रतन गनि और चिरंतन मानि। नाम पुराने के छयो जुत पुराण बुधिखानि [३-१-१२८]

नवीन :

अभिनव नूतन नव्य गनि नव प्रत्यग्र सिहारि। षट नवीन के नाम है कहे सुवंस विचारि [३-१-१२९]

कोमल :

कोमल मृदु अरु मृदुल गनि बहुरि सहित सुकुमार। पांच नाम ए नरम जुत बरनत सुकवि उदार [३-१-१३०]

पीछे चलै :

अन्वक अनुपद अनुग गनि औरौ है अन्वक्ष। नाम चारि पीछे चलत ताके ए मति स्वक्ष [३-१-१३१]

अनन्यवृत्ति :

एकसर्ग एकायन जानि। एकतान एकाग्र रु मानि। ए अनन्यवृत्ति के नाम। पांच कहत कवि जे अभिराम [३-१-१३२]

आदि :

आद्य और पौरस्त्य गनि प्रथम पूर्व मन मानि। पांच नाम ए आदि के कविवर कहत बखानि [३-१-१३३]

अंत :

अंत्य चरम पाश्चात्य गनि पश्चिम और जघन्य। कहत नाम षट अंत के जे है कविवर धन्य [३-१-१३४]

स्पष्ट :

प्रव्यक्त स्फुट उल्वण बुधिवान। ए जुग नाम स्पष्ट प्रमान। एकाकी एकक बुधिधाम। कहत एक के ए त्रै नाम [३-१-१३५]

निस्फल :

मोघ निरर्थक नाम त्रै निष्फल के बुधिधाम। लहौ मित्र सामान्य यह साधारण के नाम [३-१-१३६]

भिन्न :

एक अन्य त्व इतर अरु अन्यतर मन में मानि। कहत नाम षट भिन्न के जे कवि गुन की खानि [३-१-१३७]

मृदुवेधी :

मर्मस्पृक अरुंतुद मर्मभेदी के त्रै नाम। नाम निरर्गल कहत है बिन बाधा बुधिधाम [३-१-१३८]

विरुद्धार्थ :

गनि अपष्टु अपसव्य अरु है प्रसव्य प्रतिकूल। पांच विरुद्धार्थी सहित नाम कहत बुधिमूल [३-१-१३९]

सव्य :

वाम अंग को सव्य यह बरनत बुद्धि विचित्र। दक्षिण अंग अपसव्य है जानि लीजिए मित्र [३-१-१४०]
संकट औ संबाध द्वै नाम जु सकरे ठौर। परिवापित मुंडित विये बरनत कवि सिरमौर [३-१-१४१]

दुःप्रवेश :

गहन कलिल औ संकीर्ण। बहुरि सहित संकुल आकीर्ण। दुःप्रवेश के मन मो मानि। ए षट नाम कहत बुधिखानि [३-१-१४२]

बिसरवु :

अंतर्गत विस्मृत कहत बिसरे के त्रै नाम। प्रणिहित बरनत प्राप्त को जे मेधा के धाम [३-१-१४३]

कंपित :

धुत आकंपित वेल्लित प्रेंषित चलित सुजान। सात सहित आधूत है कंपित के अभिधान [३-१-१४४]

चलावै :

क्षिप्त अस्त आविद्ध सिहारि। नुन्न नुत्त निष्ठूत विचारि। ईरित सहित बुद्धि अभिराम। कहत चलावै के वसु नाम [३-१-१४५]

स्थापित :

स्थापित के त्रै नाम है न्यस्त और निसृष्ट। आहत बरनत गुणित को जिनके वाणी इष्ट [३-१-१४६]
तीनि धुरेटे के कहत रूषित गुंडित नाम। पक्व विनाशोन्मुख त्रई पाक नाम बुधिधाम [३-१-१४७]
काचित औरौ कहत है शिक्थित बुद्धि विचित्र। सिकहर मे जो धरो है तासु नाम द्वै मित्र [३-१-१४८]

लपेटे :

आवृत वलयित वेष्टित अरु संवीत सिहारि। रुद्ध लपेटित के कहे ए षट नाम विचारि [३-१-१४९]

पैन :

शात क्ष्णुत अरु निशित गनि तेजित सहित सिहारि। सान धरे ते पैन त्यहि नाम कहत ए चारि [३-१-१५०]
ह्रीण ह्रीत लज्जित त्रई नाम कहत बुधिधाम। संयोजित को जानियो मित्र उपाहित नाम [३-१-१५१]

समासाद्य अरु प्राप्य युत [133] तीनि गम्य अभिधान। बिना परिश्रम कृत विषै फांट [134] कहत बुधिवान [३-१-१५२]

स्रवै :

स्यन्न रीण स्राव स्रुतं बरनत बुद्धि विचित्र। पांच स्रवै के नाम है जानि लीजिए मित्र [३-१-१५३]

गनि संगूढ संकलित नाम। त्रै रुजनामा के बुधिधाम। नाम ख्यातगर्हण अवगीत। निंदिति के त्रै जनिए मीत [३-१-१५४]

विविध :

बहुविध नानारूप गनि और पृथग्विध जानि। बहुप्रकार जुत विविध सर नाम कहत गुनखानि [३-१-१५५]

जरे :

प्रुष्ट प्लुष्ट गनि उषित अरु दग्ध कहत बुधिधाम। मित्र लीजिए जानि ए पांच जरे के नाम [३-१-१५६]

तीनि विचारे के कहत नाम विन्न अरु वित्त। निर्वृत्त औ निष्पन्न त्रै सिद्ध नाम बुधिचित्त [३-१-१५७]

अर्चित :

अपचित अपचायित बहुरि अर्चित नमसित मानि। सहित नमस्यित नाम षट अर्चित के गुनखानि [३-१-१५८]

उपासित :

वरिवस्यित वरिवसित अरु उपचरित रु बुधिधाम। कहत उपासित सहित जुग सेई ज्यहि त्यहि नाम [३-१-१५९]

संतापित :

धूपायित संतप्त अरु धूपित दून प्रमान। संतापित के नाम ए पांच कहत बुधिवान [३-१-१६०]

प्रसन्न :

हृष्ट मत्त पुनि तृप्त गनि प्रमुदित अरु प्रल्हन्न। आनंदित औ प्रीत जुत ए वसु नाम प्रसन्न [३-१-१६१]

कटा :

छिन्न छात छित लून दित कृत्त वृक्ण अरु दात। नाम नवौ ए कटे के बरनत कवि अवदात [३-१-१६२]

गलित :

स्रस्त ध्वस्त च्युत भ्रष्ट अरु पन्न स्कन्न सिहारि। सात गलित के नाम ए कहे सुवंस विचारि [३-१-१६३]

सजल :

उत्त समुन्न तिमित बहुरि आर्द्र सार्द्र बुधिवान। क्लिन्न सहित कवि कहत है सात सजल अभिधान [३-१-१६४]

ढूंढै :

अन्वेषित अन्विष्ट सिहारि। और गवेषित मृगित विचारि। जुत मार्गित बरनत बुधिधाम। ढूंढै के ए है षट नाम [३-१-१६५]

प्राप्त :

लब्ध विन्न भावित बहुरि आसादित अरु भूत। प्राप्त नाम ए षट कहत कवि जिनके गी वूत (?) [३-१-१६६]

रक्षित :

गोपायित पुनि गुप्त गनि अवित त्रात अरु त्राण। रक्षित के षट नाम ए बरनत सुकवि सुजाण [३-१-१६७]

अनादृत :

अवमानित अवज्ञात सिहारि। अरु अवमत अवगणित विचारि। गनि परिभूत अनादृत जानि। ए षट नाम कहत बुधिखानि [३-१-१६८]

त्यक्त :

धूत विधुत उत्सृष्ट गनि हीन समुज्झित मानि। त्यक्त नाम षट जानिए सुकविन कहे बखानि [३-१-१६९]

उक्त :

आख्यात जल्पित उदित अभिहित लपित प्रमान। भाषित जुत ए उक्त के सात नाम बुधिवान [३-१-१७०]

जानै :

133 प्रपेजुत - नी०, प्रयेजत - ग०।
134 फोट - नी०ग०।

विदित मनित प्रतिपन्न अरु बुधित बुद्ध बुधिधाम। अवसित अवगत ज्ञात जुत जानै के नव नाम [३-१-१७१]

अंगीकृत :

उपगत संश्रुत संविदित उपश्रुत। प्रतिज्ञात ऊरीकृत आश्रुत। उररीकृत संगीर्ण सुजान। अंगीकृत के दस अभिधान [३-१-१७२]

खादित :

भक्षित लिप्त ग्लस्त अरु चर्वित जग्ध गिलित मन मानिए। प्रत्यवसित औरौ गनि खादित भुक्त अशित जुत जानिए। अभ्यवहृत पुनि अन्न प्सात लहि मित्र विचारि बखानिए। चौदह नाम खाइडारे के अमर मतो लै गानिए [३-१-१७३]

स्तुति :

वर्णित अरु ईलित शस्त पणायित स्तुत ईडित अरु प्रणुत पनायित। गीर्ण अभिष्टुत पणित पनित रवि। नाम स्तुतीव्य बरनत है कवि [३-१-१७४]

इति श्रीविश्वनाथ पुराखंड मंडल धराधीस चौधरी शिवसिंह वंशावतंस उमराउसिंह कारिते शुक्ल सुवंश विरचिते उमराउकोसे तृतीय कांडे विसेष्यनिग्रह वर्ग [१]

अथ अनेकार्थ :

करि विनै गुरु गोपाल गणपति गिरा गौरि महेस को। अरु दै असीस सुवंस कवि उमरावसिंह नरेस को। गनि एक एक के नाम मै विरचे अनेकन छंद ते। अब एक नाम अनेक को भाषौ महाआनंद ते [३-२-१]

एक नाउ बहुत्पन विषै लहि कवि होत समर्थ। याते रचत सुवंस कवि वर्ग अनेकन अर्थ [३-२-२]

शिव :

हर खंडपरशु [135] कील अरु शुक्ल सहित कल्याण। ए षट को शिव नाम है बरनत सुकवि सुजाण [३-२-३]

शिवा :

गौरी अवरा [136] सुतवती हरैं और सियारि। इन पांचौ को शिवा कवि बरनत नाम विचारि [३-२-४]

गौरी :

उभय वंश की शुद्ध जु नारि। कन्या गोरोचन जु सिहारि। उमा सहित बरनत बुधिधाम। इन चारौ को गौरी नाम [३-२-५]

हरि :

बाजी किरण यमराज मारुत विष्णु मघवा जानिए। शशि सिंह पन्नग और बानर भानु दादुर मानिए। गनि स्वर्ण वर्ण समेत भीरुक कीर सहित सिहारि कै। ए पंद्रहौ को नाम हरि भाष्यौ सुवंस विचारिकै [३-२-६]

मधु :

महुआ [137] सुधा दैत्य मधुमाखी औ वसंत ऋतु लहिकै। चैतमास मकरंद वारि जुत औ अकास को चहिकै। क्षीर बहुरि मदिरा समेत गनि कोस मतो मन मानि। ए गेरह मधु नाम जानि ए सुकवि सुवंस बखानि [३-२-७]

क्षुद्रा :

नटी भटकटैया को जानि। मधुमक्षिका वेश्या मानि। ए चारौ को क्षुद्रा नाम। बरनत कवि जे मति अभिराम [३-२-८]

वाह :

वाह प्रवाह रु जानि अरु बाहु मेघ मन मानि। ए पांचौ को नाम है वाह कहत गुनखानि [138] [३-२-९]

भाव :

मन पदार्थ गनि आत्मा औरौ सत्ताभाव। नाम सुवंस कहे हरषि इन चार्यौ को भाव [३-२-१०]

---

135 सियारपसु - नी०; षियारपौ - ग०।
136 अवरी - नी०ग०।
137 मौहा - नी०ग०।
138 वाहा हारन खानि - नी०।

हार :

मुक्तावलि गनि ईटचै औरौ रजत सिहारि। हार नाम ए तीनि को कह्यो सुवंस विचारि [३-२-११]

कुथ :

प्रातस्नायीद्विज कुश जानि। कीट और कंथा मन मानि। करि की झूल कहत बुधिवान। ए पांचौ को कुथ अभिधान [३-२-१२]

कुतप :

मध्याह्नकाल कुश छागकंवल म्यान [139] । जल तिल अग्नि कहत बुधिवान। अंबर गनि औरौ दौहित्र। ए दस कुतप नाम है मित्र [३-२-१३]

गौ :

वाक् भूमि शर दिशा वज्र पशु अग्नि सत्व जिय जान्यौ। इंद्रिय स्वर्ग वारि अरु माता किरण और सुख मान्यौ। ए गौ नाम चौदहौ राजै सुकवि सुवंस बखान्यौ। ता रक्षक गोपाल हिए मै राखि महासुख आन्यौ [३-२-१४]

भग :

योनि कांति सौभाग्य यश श्री महिमा शशि सूर। ए आठौ को नाम भग बरनत है कविपूर [३-२-१५]

देव :

सूर्य देवता पति भूपाल। कोढी मेघ औरऊ बाल। व्यौहारी जिगीषु जुत लहिए। ए नव नाम देव के कहिए [३-२-१६]

कर :

पद्म मयूष सूंड अरु श्रीफल। तीर्थ हस्त धौल है सुमति बल। करनी द्वीप दंड धीधाम। बरनत ए कर के दस नाम [३-२-१७]

कः :

कंचन मयूर प्रवीण पावक निगम ब्रह्मा जानिकै। सिर चित मारुत काम यम सुख शब्द जल मन मानिकै। अहमेव रवि अरु दक्ष काल रु द्रव्य काय सिहारि कै। ए वीसहू कः नाम को भाष्यौ सुवंस विचारि कै [३-२-१८]

हंस :

है राजा रवि जीव मराल। गनौ तपस्वी बुद्धि विशाल। श्वेत धर्म गनि कहे सुवंस। ए वसु नाम जानियो हंस [३-२-१९]

रस :

नवरस षटरस गादी [140] विष पारा हर्ष रु वारि। ए रस के सातौ कहे नाम सुवंस विचारि [३-२-२०]

कीलाल :

माट मघ मकरंद जल घृत शोणित औ क्षीर। सातौ को कीलाल यह नाम कहत कवि धीर [३-२-२१]

पललं :

बल मल कोमल शब्द सब मिस कीच अरु क्षीर। पीना जुत नव नाम को पलल कहत मतिधीर [३-२-२२]

ललाम :

भूषण शैलधाम वसि (?) पुच्छ। ध्वजा पुंड्र है गनि मति स्वच्छ। औ गुनवानपुरुष नव नाम। इन्है ललाम कहत बुधिधाम [३-२-२३]

वसु :

अर्चिद्रव्य वसु रत्न ख धर रु [141] अग्नि सुरनाथ। ए वसु नाम इन्है कहत वसु जे गुन के गाथ [३-२-२४]

वर्ण :

139 मध्यान्ह छाग काल कुश कंवल म्यान - नी०ग०।
140 गादि - नी०; ग्यदि - ग०।
141 धिरा - नि०ग०।

अक्षर रंग अरु नाट्यमुखगान [142] द्विजाती चारि। इन्है वर्ण मन मानियो कहे सुवंस विचारि [३-२-२५]

अर्जुन :

श्वेत पार्थ तृण जातिद्रुम हैहय जुत ए बान। इन के अर्जुन नाम है बरनत सुकवि सुजान [३-२-२६]

बलि :

त्रिवली पूजा दैत्य बलि वृद्धखाल उपहार। कर धीरा संपात स्वर [143] ए बलि बुद्धि उदार [३-२-२७]

पट्ट :

पट्टेबाज चौपथा जानि। पट्टा चमर जीत मन मानि। व्रण पट्टे जुत षट गानि। इन्है पट्ट कवि कहत बखानि [३-२-२८]

अंतर :

छिद्र वस्त्र वर्जन अवकाश। समयविशेष मध्य बुधिवाश। अंतःकरण बीच नव नाम। इन्है कहत अंतर बुधिधाम [३-२-२९]

अरिष्ट :

वृषभासुर सूतीसदन काक नीम उत्पात। ए सर इन्है अरिष्ट गनि बरनत कवि अवदात [३-२-३०]

कंबल :

इंद्रिय कंबरु कमल अरु गलकंबल ए चारि। इनको कंबल नाम है कह्यौ सुवंस विचारि [३-२-३१]

मंडल :

सरमासुत छितिभाग त्रै ग्वउरा (?) [144] जुत जुग नाम। इनको मंडल कहत है पंडित कवि अभिराम [३-२-३२]

कुंतल :

देसविशेष जु सूत्रधर कच अरु भालावान। ए जुग इनको कहत है कुंतल सुकवि सुजान [३-२-३३]

मणि :

लिंगअग्र मणि कूपमुख भग ए चारि सिहारि। इनको मणि मन मानिकै बरनत सुकवि विचारि [३-२-३४]

तंत्र :

कुल सुख शास्त्र विशेषबल औरौ सहित अधीन। ए गनि कै पांचौ विषै तंत्र कहत परवीन [३-२-३५]

नेत्र :

कस्तुरिहामृग चक्षु अरु कठनी वस्त्रविशेष। ए चारौ को नेत्र गनि बरनत जे बुधिवेष [३-२-३६]

सुधा :

एक बेर को भोजन जानु। सेंहुड औरौ कलई मानु। अमृत दामिनी छयू सिहारि। इन्है सुधा कवि कहत विचारि [३-२-३७]

धातु :

शैलोद्भव मज्जादि अरु क्रियाभाव को जानि। अरु वातादिक को कहत धातु सकल बुधिखानि [३-२-३८]

कांड :

बल समूह तरुमूल अरु तुला बाण जुत काल। ए षट कांड कहावई बरनत बुद्धि विसाल [३-२-३९]

वेला :

समय कंदरा शब्द तट वेला जुत ए चारि। इन्है कह्यो वेला हरषि सुकवि सुवंस विचारि [३-२-४०]

क्षण :

उत्सव पहुंचा व्यवस्था समय महूरत नेम। ए छह को क्षण नाम है कहत सुकवि करि प्रेम [३-२-४१]

भ्रूण :

अंडज शिशु द्विज गर्भ अरु विकल भीरु षट गानि। इन्है भ्रूण सब कहत है जे गुनगन की खानि [३-२-४२]

142 नाट्यमुखगाय - नी०ग०।
143 कर धारा संपातषर - ग०।
144 ग्वडरा - ग०।

अहि :

वृत्रासुर रवि पथिक अरु राहु सर्प ए वान। इन्है कहत अहि जानिकै सकल सुकवि गुनवान [३-२-४३]

व्याल :

सर्प द्विरद उन्मत्तनर व्याघ्र बहुरि आकाश। ए सर व्याल कहावई बरनत बुद्धि प्रकास [३-२-४४]

इंद्र :

श्रेष्ठ और शब्दादिमर [145] सुरपति जुत ए सात। इन्है इंद्र कवि कहत है जिनके गी सरसात [३-२-४५]

धेनु :

नदी सुखकरीवृत्य अरु हथिनी छूरी गाइ। धेनु कहत इन शर विषै कविवर चाउ चढाइ [३-२-४६]

वृष :

अंड वर्द्र भूषित बहुरि धर्म श्रेष्ठबल काम। इन सातौ को वृष कहत जे मेधा के धाम [३-२-४७]

योग :

ज्योति वहैया [146] लाभ जो ध्यान संयोग उपाय। ए गनिकै पांचौ विषै योग कहत कविराय [३-२-४८]

सालः :

कील भृत्य कलि मूर्ख मद औरौ सर्पविसेष। सालः [147] छयू विषै कहत जे कवि बुद्धि विसेष [३-२-४९]

सीता :

रमा उमा अरु जानकी गंगा [148] लांगलबान। इन्है विषै सीता कहत जे वर बुद्धि निधान [३-२-५०]

नाभि :

क्षत्रिय तोंदी नाह अरु सहित कुटुंबी चारि। इन्है नाभि यह नाम है कह्यो सुवंस विचारि [३-२-५१]

गोत्र :

छितिधर औरी (?) अवर गनि नाम वंश ए चारि। इन्है गोत्र अभिधान है कह्यो सुवंस विचारि [३-२-५२]

घन :

सघन लोहमुग्दर बहुरि मेघ मोथ मन मानि। ए जुग इन्है विचारिकै घन बरनत गुनखानि [३-२-५३]

शुक्र :

जेठमास अरु दैत्यगुरु बान अग्नि अरु रेत। ए सर इन्है विषै कहत शुक्र नाम बुधिकेत [३-२-५४]

राम :

परशुराम बलभद्र अरु रामचंद्र जिय जानि। वसुविशेष जुत चारि ए राम कहत गुनखानि [३-२-५५]

जिन :

बुद्ध और विरक्त पुनि नारायण गनि काम। सम केवली समेत कर इन वसु को जिन नाम [३-२-५६]

द्रोण :

चारि काष्ठा द्रोणगिरि द्रोणाचार्य प्रमान। कारोकौवा सहित जुग इन्है द्रोण अभिधान [३-२-५७]

धात्री :

धात्री पृथ्वी मातृका [149] अंवरा जुत ए चारि। इन्है धात्री कहत है पंडित सुकवि विचारि [३-२-५८]

प्रवाल :

विद्रुम वीणादंड अरु पल्लव बुद्धि विसाल। सूधोगज जुत चारि ए इनको कहत प्रवाल [३-२-५९]

कोण :

वीणाधुनि अरु मषी गनि कोटकोन जुत नाम। इन्है कोण बरनत सबै जे मेधा के धाम [३-२-६०]

काष्ठा :

---

145 शब्दादिसर - नी०ग०।
146 व्हैया - ग०।
147 सलि ए - नी०ग०।
148 मंद्रा - नी०; मंगा - ग०।
149 धातकी - नी०ग०।

कालविशेष दिशा बहुरि पृथ्वी जुत त्रै जानि। इन्है काष्ठा कहत है पंडित सुकवि बखानि [३-२-६१]

पलाश :

पत्र राक्षस हरितरंग किंशुक जुत ए चारि। इन्है पलाश कहै सुकवि हर्षित कोस सिहारि [३-२-६२]

कल्प :

घिए तषा भष सेविला कारदि मरु अग्या सेष। अलस कुलक चार्‌यौ विषे कल्प सुकवि बुधिवेष [३-२-६३] [150]

विष्टर :

आसन औ कुसमूठि द्रुम जपा सहित जग जानि। इन्है विषे विष्टर कह्यो सुकवि सुवंस बखानि [३-२-६४]

सित :

रजत बद्ध [151] पुनि शुक्ल गनि शर अरु शुक्र समेत। ए शर इनको सित कहत जे कवि बुद्धि निकेत [३-२-६५]

सत्र :

धन वन औरौ सदन गनि यज्ञ तेज पुनि दान। ए षट सत्र कहावई बरनत ज्ञान निधान [३-२-६६]

समिति :

समरभूमि अरु समान [152] गनि और सभा संग्राम। ए जुग इन्है समिति कहत जे कवि मेधा धाम [३-२-६७]

चित्रक :

सर्पविशेष तिलक बहुरि चीता चीतल जानि। चित्रक ए चार्‌यौ विषे कह्यो सुवंस बखानि [३-२-६८]

बल :

रक्त [153] तेज औषध हली यज्ञ सैन्य बुधिधाम। दैत्यविशेष समेत षट इन्है कहै बल नाम [३-२-६९]

परिग्रह :

दानलेवु गनि और हठ सैन्यपृष्ठ मन मानि। पीकदान जुत जुग कहे इन्है परिग्रह जानि [३-२-७०]

कदंब :

वृक्षभेद निर्गुणपुरुष बाण कुभार्या नंद। चय जुत शर इनको कहत लहि कदंब कवि चंद [३-२-७१]

प्रियक :

भुक्तवती प्रिय व्याघ्र अरु बीजसार मन मानि। प्रियक कह्यो चार्‌यौ विषे सुकवि सुवंस बखानि [३-२-७२]

अक्ष :

रावणसुत कृति मनका [154] पांसा वृक्षविशेष। नेत्र सहित इन सर विषे अक्ष कहत बुधिवेष [३-२-७३]

चक्र :

चक्रवाक जलभंवर चय पहिया [155] औरौ देश। औ हथियारविशेष षट चक्र कहत कविवेश [३-२-७४]

खर :

पुरुषोत्तम व्यौहारपटु औ रासभ बुधिधाम। चारि सत्यवादी सहित इन्है कहत खर नाम [३-२-७५]

कृपि :

वैश्वानर मुनि काल कपि औ आटक मन मानि। गोत्रविसेष समेत षट कृपि बरनत गुनखानि [३-२-७६]

जाति :

लता जन्म गोत्रादि गनि औ मालती सिहारि। ए जुग इन्है विषे कह्यो जाति सुवंस विचारि [३-२-७७]

फणा :

मंथन भेंडा अहिफना औरौ जटा विषान। ए जुग फणा कहावई बरनत ज्ञाननिधान [३-२-७८]

तिलक :

---

150 अए तषा मव सेविला करादि मरु अग्यारो अलम कुला कर्ष विषे कल्प सुकवि बुधिवेष - नी०।

151 वृद्ध - नी०ग०।

152 समै समरकीभूमि - नी०ग०।

153 रत्न - नी०ग०।

154 मनदा - नी०; मनदी - ग०।

155 चै पैहा - नी०ग०।

टीका और प्रधान गनि वृक्षभेद मन मानि। ए चौ तिलक कहावई बरनत गुनगनखानि [३-२-७९]

गंधर्व :

तुरंग गान औ श्रेष्ठमृग देवभेद ए चारि। ए गंधर्व कहावई कह्यो सुवंस विचारि [३-२-८०]

श्रृंग :

शिखर प्रवेशन [156] औरऊ सहित प्रधान। ए त्रै श्रृंग कहावई कहत सुजान [३-२-८१]

सारंग :

गज चातक शशि मोर काम निशि कुसुम कमल लहि। शंख वृहस्पति हंस सर्प सारस वीणा चहि। भ्रमर दीप्ति नभ कान्ह मेघ कर्पूर हेम गनि। कोकिल पृथवी नेत्र धनुष पर्वत रु चक्र [157] भनि। ध्वनि भूधर मृग मृगारि अरु कठिन रक्तचंदन परषि। ए बतीस विषे सुवंस कवि सारंग नाम कह्यो हरषि [३-२-८२]

करण :

हेतु क्षेत्र इंद्रिय बहुरि जातिभेद मन मानि। इन्है करण बरनत सुकवि जे मेधा के खानि [३-२-८३]

पुंडरीक :

श्वेतछत्र दिग्गज सरोज लहि। व्याघ्र कमंडलु व्याल चित्त चहि। श्वेतकमल श्वेतरंग [158] गन्यौ। ए वसु पुंडरीक कवि भन्यौ [३-२-८४]

भूत :

राक्षस भूत पंचजिय जानि। बीतोकल प्राप्तसुत मानि। औ प्राणी जुत ए दस गानि। इन्है भूत बरनत गुनखानि [३-२-८५]

अष्टापद :

शरभ कील कृमिजाति अरु कंचन जुत ए चारि। अष्टापद इनको कह्यो सुकवि सुवंस विचारि [३-२-८६]

बालक :

द्रव्यसुगंधित [159] व्याध्र अरु बच्चानभचर जानि। जटाजुट जुत पांच ए बालक कहे बखानि [३-२-८७]

श्यामा :

श्री प्रियंगु पीपरि सहित मुग्धा निशि ए बान। इनको श्यामा जानियो बरनत ज्ञान निधान [३-२-८८]

शुभा :

शोभा हंसी सुधा अरु हर्र छेरी सिहारि। ए शर शुभा कहावई कह्यो सुवंस विचारि [३-२-८९]

गुरु :

श्रेष्ठ पिता गुरु वृहस्पति औरौ भारीभार। ए पांचौ को गुरु कहत जे वर बुद्धि उदार [३-२-९०]

कांतार :

बडोअहारी इंद्रवन ऊखभेद मन मानि। बरनत ए चारौ विषे कांतार गुनखानि [३-२-९१]

खर्जूर :

शूद्र जातिफल गार जुत और खजूर छोहार। ए खर्जूर कहावई पांचौ बुद्धि उदार [३-२-९२]

वप्र :

त्रैतट पिता और केदार। इन्है वप्र बरनत बुधिसार। सर्प और चौपथ ए दोइ। इन्है व्याल बरनत सब कोइ [३-२-९३]

तल्प :

दारा सज्जा अट्ट त्रै इनको तल्प प्रमान। केरा औ देवांगना रंभा कहत सुजान [३-२-९४]

धिष्ण्य :

156 प्रवेषान - नी०ग०।
157 पहिया - नी०ग०।
158 पीतरंग - नी०ग०।
159 द्रव्यसुगंधिप - नी०; द्रव्यसुगंधिय - ग०।

धूमकेतु तारा सहित औरौ सदन स्थान। ए जुग धिष्ण्य कहावई बरनत सुकवि सुजान [३-२-९५]

अभिख्या :

नाम औरऊ कांति गनि कीर्ति सहित बुधिधाम। ए त्रै विषे बखानिए जानि अभिख्या नाम [३-२-९६]

कल्प :

विधि अरु विद्या दंड गनि तुल्य न्याय [160] पुनि काल। कल्प के ए पांचौ विषे बरनत बुद्धि विसाल [३-२-९७]

मोचः :

केरा सेमर ए दुवौ मोचः नाम प्रमान। भानु मेष पर्वत त्रई ए अवि कहत सुजान [३-२-९८]

इडा :

शनि वसुधा पुनि वाक गनि मदिरा [161] औरौ नीर। इडा कहत पांचौ विषे जे कवि गुन गंभीर [३-२-९९]

स्व :

निज अरु धन पुनि जाति [162] गनि जुत निजवस्तु सिहारि। ए चारौ को स्व कह्यौ सुकवि सुवंस विचारि [३-२-१००]

ककुद :

कांध मुख्य नृपचिह्न त्रै इन्है ककुद है नाम। कुंदकली तारा मघा मघा जुगुल बुधिधाम [३-२-१०१]

शत :

साधु सत्य पुनि श्रेष्ठ गनि औ प्रशस्त मन मानि। ए चारौ को शत कह्यो सुकवि सुवंस बखानि [३-२-१०२]

वर्ग विशेष निघ्न द्वै मित्र। सहित और अनेकार्थ विचित्र। द्वै सै छंद सतत्तरि है हर कांड तीसरे मै बुधिवर [३-२-१०३]

युग रस वसु अरु निसापति संवत वर्ष विचार। माघकृष्ण प्रतिपदा को भयो ग्रंथ अवतार [३-२-१०४]

ग्रंथ संज्ञा :

वर्ग वीस यक कांड त्रै छिति रस वसु शशि छंद। बरनत शुक्ल सुवंस कवि करिकै महाअनंद [३-२-१०५]

इति श्रीविश्वनाथ पुराखंड मंडल धराधीस चौधरी शिवसिंह वंशावतंस उमराउसिंह कारिते शुक्ल सुवंश विरचिते उमराउकोसे तृतीय कांडे अनेकार्थ [२]

*

160 नाम - ग०।
161 मंदिर - नी०।
162 ज्ञाति - नी०ग०।

शब्दानुक्रमणिका

[प्रथम कांड का पहला वर्ग आश्रयदाता से संबंधित है, अतः इस वर्ग के ३२ छंदों में आए पद अनुक्रमणिका में सम्मिलित नहीं किए गए हैं। मोटे छापे के शब्द विषय को सूचित करते हैं। आगे उसी छंद का समान शब्द होने पर पहले वाले को छाँट दिया गया है।]